QRMS 译丛

装备科技译著出版基金

# 以可靠性为中心的维修再造工程

## Reliability Centered Maintenance−Reengineered:
## Practical Optimization of the RCM Process with RCM−R®

[美] 热苏斯·R. 西冯特
[美] 詹姆士·V. 雷耶斯-皮克内尔   著

祝玉林   游藩   姚凯缔   译

国防工业出版社

·北京·

著作权合同登记　图字:军-2018-060 号

**图书在版编目(CIP)数据**

以可靠性为中心的维修再造工程/(美)热苏斯·R.
西冯特(Jesús R. Sifonte)等著;祝玉林,游潘,姚凯
缔译 . —北京:国防工业出版社,2020. 10
书名原文:Reliability Centered Maintenance-
Reengineered:Practical Optimization of the RCM
Process with RCM-R®
ISBN 978-7-118-12133-9

Ⅰ. ①以… Ⅱ. ①热… ②祝… ③游… ④姚… Ⅲ.
①装备维修-可靠性工程 Ⅳ. ①E145. 6

中国版本图书馆 CIP 数据核字(2020)第 127607 号

※

国防工业出版社出版发行
(北京市海淀区紫竹院南路 23 号　邮政编码 100048)
三河市腾飞印务有限公司印刷
新华书店经售
*
开本 710×1000　1/16　印张 16¼　字数 288 千字
2020 年 10 月第 1 版第 1 次印刷　印数 1—2000 册　定价 98. 00 元

**(本书如有印装错误,我社负责调换)**

国防书店:(010)88540777　　书店传真:(010)88540776
发行业务:(010)88540717　　发行传真:(010)88540762

# 译　者　序

本书是一本关于以可靠性为中心的维修(RCM)理论开展研究的技术专著，原著作者以其在工程维修领域的深厚理论功底和丰富实践经验，创新性地提出了以可靠性为中心的维修再造工程(RCM-R)理论。该理论虽然是对 RCM 理论的继承与发展，但不应被视为一个单纯的学术理论观点，因为它在工程领域有着广阔的应用前景、蕴含无穷的经济效益。本书第 1 章阐述了资产管理的内涵与重要性，第 2 章介绍了 RCM 的历史及其与当今行业的关联，第 3 章详细介绍了 RCM-R 理论的演化与基本要素，第 4 章介绍了关键资产执行 RCM-R 操作之前的准备工作，第 5 章重点讨论了资产的功能和功能性故障相关问题，第 6 章讨论了故障模式及其原因，第 7 章主要介绍了如何检测和发现故障，第 8 章讨论了如何对故障影响按照后果类型进行分类，第 9 章详细介绍了各种主动维修技术，第 10 章讨论了维修策略选择和 RCM-R 决策图，第 11 章讨论了对 RCM 分析的微调问题，第 12 章介绍了实施 RCM-R 的步骤与注意事项，第 13 章讨论了如何利用好 RCM-R。

本书的翻译工作主要由祝玉林、游藩、姚凯缔完成。其中，祝玉林负责前言与第 1 章至第 8 章，游藩负责第 9 章和第 10 章，姚凯缔负责第 11 章至第 13 章及注释部分。每位译者都在工作之余花了很多时间精推细敲、反复斟酌原文和译文，几经修订才使本书得以呈现在读者面前。

在本书的成稿和审定过程中，得到了诸多领导和专家的关心和指导，在此深表谢意！首先感谢陆军装备部装备保障大队张东湖大队长、胡国轩政委对本书出版的关心与支持，同时要感谢李军副大队长、雷金红、王永杰、方帆、谢武德、刘洋等领导和专家在本书翻译过程中所提供的指导和帮助。

由于我们翻译水平有限，加之国内可供参考的资料缺乏，故在译文和注释中难免有错误和不妥之处，恳切希望得到业内学者和广大读者的批评指正。

译　者

2020 年 7 月

# 序

本书是作者热苏斯·R. 西冯特(Jesús R. Sifonte)和詹姆士·V. 雷耶斯-皮克内尔(James V. Reyes-Picknell)关于以可靠性为中心的维修(RCM)理论开展研究的一本专著,自出版以来广受业内欢迎。在过去的几十年里,RCM 理论的外部环境已大为改变,RCM 理论需要应对实践过程中不断出现的各种难题。各种新的理论研究成果不断涌现,本书的出版是对该领域成果进一步融合发展的最新理论成果。本书不仅是对以往理论的总结回顾,而且是作为划时代的观点,引领以可靠性为中心的维修再造工程的研究向前发展。

Jesús R. Sifonte 和 James V. Reyes-Picknell 拥有处理相关工程极强的理论和实践背景。在本书的开始,首先对现有 RCM 理论的应用做了回顾。接着,在第 3 章提出了以可靠性为中心的维修再造工程(RCM-R)理论并暗示未来该理论在相关领域的推动作用。以可靠性为中心的维修再造工程理论不仅是一个单纯的学术理论观点,在接下来章节继续介绍了其实际应用方法和价值,同时配合大量的有用事例和详细的图表为该理论在工程上的实践优化方法做出了进一步的阐述。

简单来说,RCM-R 理论相比 RCM 理论更加注重数据的有效获取。总体来说,为了达到决策目的,RCM-R 理论需要具有可用、技术、可靠、维修相关、失效原因、材料特性、金融、安全性和环境数据等相关数据帮助决策分析。如何在 RCM 理论基础上进一步完善是本书最重要的内容。第 9 章例举了基于状态维修技术详细应用事例,其中作者与相关研究人员详细研究了基于状态监控技术的应用实例,包括振动分析、红外技术、润滑和油液分析、超声技术以及无损检测技术。在第 12 章,作者将 RCM 理论扩展到备件供应领域,包括一节内容专述大型缓慢备件的处理。

加拿大多伦多大学 Andrew K. S. Jardine

# 目　　录

# 为什么选择 RCM-R

RCM 于 20 世纪 70 年代被成功研发。当时的航空工业正面临严峻的挑战，为了制定飞机非结构部件的故障后果管理策略，航空工业在发展新工艺的过程中克服了重重困难，例如高昂的维修费用、频繁的组件故障，以及为满足联邦航空管理局要求而提出的飞机客运量提升设计。后来，一种以可靠性为中心的维修工艺终于被提出，并在采矿业和核工业中取得成功应用。在 2014 年，国际资产管理标准(ISO 55000)出台，它强调了对从实物资产获取的价值进行优化的必要性。自此，一套对资产和工艺进行风险评估与管理的标准化流程呼之欲出。RCM 工艺是在美国汽车工程师学会(SAE)JA1011 和 JA1012 标准中被首次提出，自诞生以来已经历经 40 年的实践检验，如今已应用于几乎所有的工业部门。有一些 RCM 案例获得了成功，令人印象深刻；也有相当一部分遭遇挫折，没有达到预期效果。

某家拥有高质量标准的财富百强制造公司已经在当地的一家工厂实施了一些预测和精确的维修技术，该公司的全球管理部门认为，当地机构应该对其关键资产执行 RCM 工艺，以提高工厂的产量。新雇用的可靠性工程师被安排与一组维修技术人员一起领导设备关键资产的失效模式及影响的分析工作。他们通过分析提出了新的维修流程，在获得管理部门批准后得到实施。不幸的是，经过 3 年的努力，公司并没有通过 RCM 取得预期的效果。随后他们寻求了外部帮助，希望弄清楚问题到底出在哪里，其中一位资深的 RCM-R 协调员在审计这个项目时发现存在如下的基本缺陷：

(1) 没有雇用经验丰富的 RCM 协调员；

(2) 没有采用多学科团队的方式；

(3) 糟糕的故障模式原因分析；

(4) 只建议了维修任务(无一次性变更)；

(5) 推荐的 C/T 型任务过少；

(6) 仅对主要功能进行了评估。

遗憾的是，仅有一人洞悉了其中的问题，而且他还缺乏状态监测和可靠性工程方面的经验，所以得出的结论很不理想。此外，过程中采用的还是一种简化的计算机化方法，仅仅输入维修数据，而缺乏必要的预测性维修和精确维修的相关知识,从而没有得到最佳结果。

该公司的另一个部门在吸取了同行的教训后运作了一个非常好的项目,并取得了惊人的成果。他们的工作包括:由技术员和操作员共同执行由后果管理策略生成的维修任务、对运行流程进行修改、对部分小型机器重新设计以及调整零部件库存水平。他们雇用了一个训练有素的多学科团队和一位经验丰富的RCM-R协调员,并且还引入了故障统计分析的方法,以精确调整其后果管理策略的选择。他们发现,通过对纠正性维修工作订单中记录的关键故障事件的统计分析,常常能揭示出一些与假定的故障物理现象截然不同的东西。可靠性、可用性和可维护性分析可以帮助团队量化系统的当前状态,作为后续改进提高的基础。1年后的项目实施结果显示,预防性维修工时减少了63%,纠正性维修的总成本降低了50%。在第一个项目实施数年之后,该公司继续通过可靠性、可用性和可维护性分析来监测资产的性能,并在RCM分析中新增了一部分以往未曾考虑的故障事件。此外,为改变资产的固有可靠性,对个别组件进行了更新,并配备了一些新的预测性维修工具。持续改进是维持资产管理的基础,毕竟资产会经历工作环境的改变和物理属性的调整,甚至在其使用寿命周期内发生关键度的变化。

RCM-R是一套更先进的故障后果管理策略开发工艺,通过在行之有效的SAE JA1011标准阐述的RCM方法中引入其他一些技术,确保资产维护和操作专家的知识能够被有效地用于实现企业目标。它还可以作为一种促进企业学习和知识流动的工具,帮助那些缺乏经验的员工快速成长。确保资产数据的完整性既是RCM不可或缺的一个方面,也是伴随资产全寿命周期的整个资产管理决策制定过程的一个重要部分。该过程依据国际标准化组织制定的标准开发资产和故障事件关键度排序矩阵,使企业能够将稀缺资源集中在影响其目标的关键业务上,同时过滤掉那些非必要的事项。RCM-R能让我们具体地获悉哪些是迫切需要数字化的内容,哪些数据需要收集和监控。这对于正在迈入物联网时代的我们来说是非常重要的,届时几乎所有的东西都可以和其他东西说话。也就是说,RCM-R能帮助我们更好地受益于数字化,而不是被数字化所干扰。RCM-R通过在工作准备阶段收集线索与数据,大大提高了传统分析能力,从而有助于团队开展优先分析和最终实施。同时,由于这种基于证据的维修是建立在对资产实际故障事件进行统计分析的基础上,可显著提高被选任务的有效性。可见,定量分析的引入为计算资产的固有可靠性和可用性奠定了基础。总体来说,RCM-R过程已经成为企业持续改善效能,以实现公司的财务、安全及环境目标的日常文化的一部分。

# 第1章 资产管理

为了确保实物资产的功能持续生效,需要对故障管理策略进行开发,以可靠性为中心的维修是我们可以借助的最有效的方法。名字中虽然提到了维修,但实际上远远超出了维修的范畴,其实还包括操作、工程、流程、工艺及培训等众多方面。眼下,只要我们手上掌管着实物资产,它便能触及企业的方方面面。既然RCM具有如此广泛的含义,那么在现代企业管理系统中我们应该对其如何定位呢?

毋庸置疑,RCM是良好资产管理的一个关键要素,因为二者都有着类似的预期产出。可以说,任何现代企业的系统性资产管理系统都离不开RCM。让我们来看看为什么和如何做到。

资产管理从史前时代就已经开始了,当时的人们才刚学会使用工具和武器。也就是从那时起,人类一直面临着这些抉择:需要什么工具来帮助自己?什么工具可以用来做它?它们应该具有什么形式和功能?它们应该如何维修(修复或更换)、如何改进以及如何处理?随着我们的实物资产越来越丰富,这些抉择和后续行动也变得逐渐复杂起来,如管理铁路系统远比管理开放草原区的一队马车要复杂得多。后来,人们开始专门从事资产管理方面的一些工作,如制作陶器和砖块之类、设计和建造(建造金字塔)、安装(给马装上蹄铁)、修理金属工具和容器(铁匠)、物流(建筑材料和其他货物的运输)、大批量生产(工业革命)、研究和开发新方法(炼金术、化学、核物理)、控制以及信息管理等。显然,专业化能使人类做得更多、更好。因此,当下很少有所谓的"行业万金油"——大家更渴望做行业内的大师。也正是因为有这些大师的相互配合,才生产出了惊人的成果,从而创造了我们一直以来赖以生存的物质财富世界。当然,由于专业化和分工,有时我们也很难意识到这种彼此依存关系的存在,可能只在事后才会有所觉悟。直到面对故障时,我们才会由衷地感到,技术对我们原来是如此的重要。往后,人类社会的进化道路很可能需要我们更好地管理复杂性和相互关系,而这正是资产管理所涉及的内容。

从实物资产中获取价值,涉及众多看似独立却实则紧密相关的活动。从市场预测未来的需求,设计师决定如何更好地提供满足需求的供应,工程师设计和建造,金融买单,操作员让其正常运转,维护人员的维修保障,这些活动都相当复杂,以至于其中任何一个领域就足以耗尽你的整个职业生涯。要想实现优势最大化,离不开上述环节的整体协同配合。尽管资产的寿命周期很复杂,但仍需要对其进行管理,以便我们能在可承受的价格与可容忍的安全、环境及业务风险下,获得所需的资产性能。反之,如果忽视了对整个寿命周期的考虑,资产性能必定好不到哪儿去,甚至可能根本无法使用。其实,无论是资产性能的供应方还是需求方,都或多或少地认识到了这一点,但问题是每个元素都是彼此独立而并不是作为一个系统整体进行优化,这时候资产管理的作用就体现出来了,它能很好地解决这一不足。当然,资产管理更关注的还是资产在其整个寿命周期内所能为我们提供的价值,好的资产管理知道怎么运用 RCM 来实现这一点,但事实上仅有少数行业充分利用了它。

一些行业在资产管理方面需要做得比其他行业更胜一筹。像公用事业、运输网络、航空公司和军方,普遍都会因为安全、环境因素、高成本或其他一些原因而在资产管理上感到压力巨大。但有意思的是,这些行业居然还是最早一批 RCM 的尝试者。为了降低贷款者的成本,市政当局在规划和预测未来需求、资产(街道、路灯、办公楼、学校、医院等)的运行与维修管理方面正逐渐趋于完善,但在其他许多方面仍然有很长一段路要走。比如在公益项目中,许多主管机构的资产管理规划仍备受诟病,因为他们并未将特定的规格或标准作为首要考虑事项,所以取得的效果总是毁誉参半。

在一些地方,犯错误的代价历来很高。新西兰、澳大利亚和南非这些国家地处偏远且人口稀少,那里的人们缺乏欧洲和北美的工业基础和规模。因此,他们不得不妥善管理好自己的资产,否则一旦某些部件和材料出现故障,就需要等待很长一段时间来恢复它们。他们逐渐表现出非凡的创造力,并通过一些创新的方式领导世界的实物资产管理。资产管理首次作为一门学科正式形成是发生在新西兰和澳大利亚,今天,我们发现许多发展中国家也开始对资产管理领域感兴趣,虽然也面临着当年澳大利亚和新西兰所遭遇的相似挑战,但所幸他们有资产管理理念的优势,而这些理念已慢慢演变到足以应对这些挑战。正是由于采取了这些做法,这些国家在降低劳动力成本的同时加快了自身发展,并在全球化竞争中逐渐占据一席之地。而作为生活在更发达世界里的我们,难道不更应该有所警醒吗?

英国有一个人口众多的小岛,其中的一处基础设施融合了老旧的历史建筑和现代建筑。这里配备有一个复杂的公路和铁路系统,以及各种密集的电力、水、天然气和电信配送系统。随着这些系统的老化失效,造成了大量的破坏、不便甚至是伤亡事故。如果仅对这些老化资产进行更换,那将是一笔非常庞大的开支,因此他们清楚,应该更好地加强对这些资产的管理。正是受到这一需求的刺激,澳大利亚和新西兰在管理资产方面率先采取了一些措施。在 2004 年,英国诞生了世界上第一部"资产管理规范"——PAS55-1 和 PAS55-2,并首次在英国的天然气、电力和水利行业中投入使用。它们围绕资产管理灌输了一种纪律观念,开始表现出利益与承诺。这些规范及其后来在英国网络公共事业中的快速推广,获得了世界各地的广泛关注。至 2014 年,国际标准化组织(ISO)以英国的规范为蓝本提出一套系列标准——ISO 55000、ISO 55001 和 ISO 55002,对于管理我们身边日益复杂的实物资产提出了相关要求。这些标准是一般性的,适用于任何有形资产和与之相关的非有形资产,如文件、培训项目等。作为一套自愿执行的标准,没有人被迫去使用它们,但被要求强制执行已是大势所趋。

ISO 55000 描述了为什么我们应该进行良好的资产管理,ISO 55001 指定了必须做什么来实现它,ISO 55002 则对怎么做进行了简单描述并给出了实用的建议。

在英国以及其他越来越多的一些地方,需要遵守正式的资产管理标准。如今,有资产管理计划需求的市政当局更青睐那些实用的标准,因为它们为这些计划提供了一个合理的框架。保险公司正为如何进行良好的风险管理忙着到处取经,其实这也源于良好资产管理的理念,如果风险管理不善,保费就更高。鉴于灾难中(其中很多都归结于不良资产管理的结果)的高额保险支出,保险业正在寻求风险最小化的方法,它通常依靠持续降低风险的良好做法来实现这一点。一些保险公司甚至采取向已通过正式标准认证和使用 RCM 方法的公司提供保险优惠的方法来提高风险管理。

作者隐约能看到未来的一个发展趋势,随着社会越来越热衷于诉讼和更严格的监管,以推动安全和环境规约的遵守,人们更倾向于寻求更好的方式来做事情。一旦发现哪里不对劲,我们首先会去检查是什么地方出了问题,一部分人会进一步确认还需要做哪些改进,而另一些人则会把责任归咎到别人身上,并开始诉诸法律。随着越来越多的保险公司和律师开始了解这些新的标准,他们将越来越期望公司遵循这些标准,以证明自己已经尽了最大努力。不久的将来,对标准的遵守将成为一种常态,并被司法部门和监管机构当作硬性要求被执行,并可能需要得到第三方的认证。最终,我们会看到一些玩忽职守的资产管理者、公司以及他们的管理层将因没有遵循良好的资产管理实践而被告上法庭,事实上已经有个别公司的执行官因玩忽职守而锒铛入狱。那么,有什么比照搬照抄别人的成功经验更好的办法来保护自己吗?

我们管理企业就是为了通过出售商品和服务来获取一定的利润,良好的资产管理能带来的一个好处就是,可以对企业风险进行管理。应该要能够对风险进行识别,知道怎么应对并付诸行动,最后还要记录下它,只有这样才能证明你已经做到了对风险的管理。风险从概念到被处理,可以在资产的整个寿命周期内以各种方式呈现。资产寿命的很大一部分处于运行阶段,即资产处于使用和维护的阶段。资产的设计越完善,就越能成功地满足用户的需求。在寿命周期的早期,任何可以在不增加风险和成本的情况下改进设计的方法都是有益的。同样,在寿命周期的后期,任何能够使资产以最低维护成本可靠运行的方法也是有益的。正是在设计和运行这两个寿命周期阶段,RCM 发挥的功效最显著。

RCM 最初是被开发用于新飞机的设计阶段,其目的是提高飞行安全(性能),且能比行业继续使用其传统做法的成本更低。第 2 章会更详细地论述 RCM 的发展历史。RCM 确实是一种可以让航空公司更受益、更安全的非常明智的方法。

任何实物资产的可靠性都是由该资产的设计决定的。要想使产品更加可靠,就不得不在设计上费尽心思,但让事情变得更糟却要简单得多。资产的运行方式、运行环境、维护与否都是影响可靠性的因素。在飞机工业中,设计、操作和维修都会受到严格的控制,飞机一般都能达到很高的可靠性。飞行员知道,在指定的飞行范围(高度、攻角、速度等)之外,飞行安全便得不到保证,因为那样做可能导致飞机部件或结构发生故障,甚至机毁人亡。因此,他们很少会违反这些操作限制。可以说,除了设计上的改变和设备升级外,飞机的可靠性基本上掌握在飞机维护人员的手中。因此,RCM 希望通过处理好维修程序来实现可靠性目标。保持可靠性的关键在于维修,因此得名以可靠性为中心的维修。

RCM 嵌入了一种对故障模式和影响进行分析的方法(FMEA),旨在识别设计上的缺陷、培训或技能方面的弱点、操作实践以及在操作过程中应该预料到的一般故障。在系统寿命周期的设计阶段,应用 RCM 有助于识别设计上还存在哪些不足。

当它被应用到已经在运行的系统中时,干预设计的机会就已经错过了。然而,即使在运行的系统中,RCM 还是可以识别出那些依赖维护进行管理的设计缺陷。如果无法做到这一点,用户恐怕只能付出高昂的成本去进行重新设计。为了避免这种情况发生,RCM 最好能列入设计工作的一部分。

RCM 在飞机工业之外也有广泛应用。在核能和军事系统中,它用于资产设计阶段的实例并不比航空业少。在其他一些故障后果通常不太严重的场合,RCM 同样可以发挥作用,并已经广泛用于各行各业。不同的是,大多数其他行业并不是在设计阶段应用它。让我们看看为什么会发生这种情况,以及结果会怎样。

在设计阶段应用 RCM 需要额外的资金投入。大多数企业一般会竭尽所能让前期资本投入最小化,以此来降低新项目的财务风险。不幸的是,这种做法有点被误导了。低成本往往酿成的是低质量和令人失望的苦果。同样,在涉及 RCM 时,前期的资本紧缩通常会导致性能的持续低下——而这正是人们不想看到的!的确,短期内资金是可以节省下来,但如果及早地应用 RCM,就有可能博取更大的收益和节省更多的钱。

如果在设计阶段不采用 RCM,那么设计可能无法达到预期的功能要求。并且,维修方案也不一定能很好地适用于运行背景下的资产——因为每个企业的运行背景通常各有不同。其结果是,新项目在启动时会遇到问题(初期问题),需要很长时间才能达到完全生产水平。从收入损失的角度来看,长期的低产出所付出的代价是不菲的。初期问题常常以设备意外故障的形式出现。在这种情况发生时,会发现所需的零件、工具、维修计划,甚至员工技能通常都是短缺的。出现这种情况的原因是需求预测不够早,因此不能及时提供必需品。然而,如果应用 RCM,这种故障便极有可能被预测到。在资产管理方面,故障一般都是因为对风险管理不善造成的。

在许多工业环境中,将一项新业务提升到满负荷运行可能需要数月时间,个别情况下甚至需要 1 年或更长时间。如果新车不能在数月或数年内满负荷使用,我们就不会购买。试想一下,一架新飞机在开始的几个月里只能半满载地飞行,或者一个新的军事武器系统要经过多次试射才能命中目标。对于一个新系统,如此低的性能水平是我们大多数人无法接受的,我们当然也不乐意为其买单,但在工业系统中,我们似乎可以容忍它们。汽车的产量数以百万计,因而有大量的工作经历和经验可以指导设计、磨合方法和周期,以及维护。而航空业和军队不可能有如此多相同的资产投入使用,其系统操作经验水平自然较低,因此需要依赖 RCM。在其他行业,我们一般也不会有丰富的现场经验或进行 RCM 分析,一些大型工业设施更不可能去大量复制,所以根本不会像我们在汽车行业那样积累如此多的经验和知识。既然没有,我们自然就需要点别的什么东西。RCM 正好提供了这样的机会:在资产投入使用并持续提供服务时,对其进行正确的管理。

有些人认为,RCM 的劳动量投入大、成本高昂,因此并不值得去做。他们可能从未感受到 RCM 带来的好处,也有可能是他们根本不愿意承认。让我们先说说成本方面。

一个新设计的 RCM 程序的花费会占到新资产成本的 2% ~ 3%。而新工厂中各种部件、设备和子系统的延长保修费很容易超过这个数额。可以说,延长保修期并不会给你带来实实在在的好处。这本质上像是一种赌博,而且你是在和自己对赌,因为只有当设备发生故障了,你才会获得回报!既然这样,为什么不尽一切可能来避免故障,或者为那些无法避免的故障做好应对准备呢?

维持保单有效性的行政花费高昂,给生产运行也会带来许多麻烦。保障是有条件的,通常,你必须遵循制造商推荐的维护程序,并严格遵守其操作参数,其中甚至包括一个漫长的磨合过程。大多数工业系统制造商实际只生产相当少量的产品,这些系统也很少是相同的,而且制造商通常对自己的系统几乎没有任何操作经验,他们推荐的做法果真就值得信赖吗?以作者在 RCM 方面的经验来看,制造商推荐的做法往往很不适用,甚至常常对资产造成严重损害。虽然我们不愿意相信这其中有什么恶意的企图,但事实上一旦你在零部件和售后服务上遇到麻烦,那些制造商无疑会在零件销售和售后服务中获益。他们很少会将 RCM 应用到自己的产品上,然后根据客户的工作环境对其进行分析。

现在,让我们来看看 RCM 的好处。在飞机工业中,正如在第 2 章中讨论的,在操作安全和成本绩效方面有了很大的改进。可以说,如果没有 RCM,这个行业的规模将会比现在小得多。作者曾将 RCM 应用于多种不同的场合,都取得了巨大的成功。在大多数情况下,所付出的努力在整个分析程序完成之前就已经获得了回报。在个别案例中,甚至第一个试点项目就能反复多次获益!当然,在实际进行分析工作之前,这些确切的效益是很难预测的,这有点像鸡生蛋还是蛋生鸡的问题——谁是首位的。我们是相信投资必有回报,还是观望将来会遇到什么麻烦,然后再求助于 RCM 作为补救措施?可悲的是,尽管有大量证据表明 RCM 值得一做,但大多数公司还是会选择后者。以短期成本为中心的思维占据了上风!那么,让公司采用 RCM 的痛苦到底在哪里呢?

想想温水煮青蛙的故事。随着水温升高,青蛙适应了逐渐变暖的温度,但温度会一直上升。最后,水温变得实在太高了,可这时的青蛙已经被热量削弱了体力,无法再跳出来。青蛙的生命最终在沸水中结束,而只要它在感到轻微不适的时候及早跳出去,便能保住小命。人是有趣的生物,有时会有点像这只倒霉的青蛙。我们很能安于不适,能够长期忍受那些让我们感到不舒服的状况,直到它们变得如此糟糕,如此难受,才会最终决定去做点什么。我们在生活的各个方面都是这么做的,即使在工作中也不例外。当然,在工业中,这种行为和它所造成的痛苦也是工业规模上的!

根据作者的经验,RCM 的许多工业应用都发生在寿命周期的运行阶段,而且由于实物资产的不可靠性,它们通常会在很长一段时间表现出不可接受的性能。在这些情况下,RCM 通常被认为是处理棘手问题的一种解决方案。该问题,或者说一系列的问题,正一点点地蚕食着设备运行过程中的资金。即使在市场状况良好的情况下,公司收益也会因生产跟不上而受到影响,因为他们没法保持生产线始终按照生产能力和可靠性要求正常运转。故障会对生产造成干扰,影响产品质量、过程中的原材料成本、废料等。频繁的故障(多因计划和材料供应问题造成)通常会导致高昂的维修支出、过多的零件消耗及加班成本。在某些情况下,设备故障可能加重安全风险或事故概率,进而导致出现罚款和诉讼,甚至伤亡。在其他情况下,故障可能导致排放超标或有害物质泄漏。同样,罚款、吊销营业执照和负面的公众舆论也随之而来。运行可靠性差使商业预测面临重重挑战,而保守的预测通常又被认为是不可接受的解决方案。预测错误和失准可能导致股票市场的灾难性表现。维持运转的高昂成本导致预算超支,随后是紧缩开支,在维修和运行中,这可能会导致人员培训或主动维护的减少,一方面会使员工技能变得萎靡低下,另一方面会导致更多的故障出现。这将是一个很难阻止和逆转的恶性循环,如果不加以纠正,这种情况很可能会导致企业破产和倒闭。一旦陷入绝望中,肯定会迫切需要找到一个解决方案。

不管你相信与否,这些场景常常在世界各地上演。有时 RCM 可以派上用场,有时情况实在过于严重,我们不得不失去另一只青蛙。尽管 RCM 有很多优点,但它并不是一个立竿见影、百试百灵的方法。它也不能单独工作,所以你不能仅仅指望 RCM 来摆脱困境。它只是庞大的正式或非正式的资产管理系统中的工具之一,该系统是企业为管理实物资产及其寿命周期的方方面面而进行的活动的集合,无论这些是否作为一个整体系统来管理。当然,最好是以一种有凝聚力的、战略性的方式把它们放在一起进行管理,这也是资产管理标准可以帮助实现的目标。但如果你还没有将其付诸实践,你就应该敢于尝试在适当的场合实施这些举措,以取得成效,把你的青蛙从热水中解救出来。

如果一家企业陷入麻烦之中,不得不做出某些改变来进行挽救时,表明可能存在好几件事情出了问题。首先,它的预防性维修(PM)计划(假设它有一个)可能没有被严格遵循,或者它可能包含无效的 PM 任务。RCM 可以处理后者,但对前者无能为力。PM 程序要求在规定的时间间隔内或者根据时间或设备使用情况完成预定的工作(任务)。例如,每 1 万 km 更换一次汽车的机油是一项计划中的 PM 任务,如果你不这样做或不及时做到这一点,那么你的汽车就会处于危险境地。按时完成工作除了要遵守一定的纪律外,还需要其他一些"条件"。

在一些企业中,我们发现遵守计划中的 PM 的情况很差,并且经常还存在一些其他的问题:

(1)频繁的工作中断(一种症状):表明 PM 不起作用或没被采用。

(2)反应型文化:故障受到了普遍关注。设备故障正在逐步加重,而企业未能对其进行有效管理。PM(如果使用的话)的工作优先级较低,而且通常很晚才执行(如果有的话)。

(3)规划不良:工作完成后,要么计划欠考虑,要么根本没有计划。缺乏工作估计会导致计划无效并缺乏对工作的准备(即缺少零件、工具等),致使工作需要很长时间才能完成。

(4) 操作、维修规划、人员监督和物料管理之间沟通不畅。

(5) 维修工作可能在操作人员中声誉不佳:不能按时完成工作(如果他们承诺了),而且时常需要返工。

(6) 维修费用很高。

(7) 运行不稳定:不可靠的工厂和设备造成生产线的产出波动大,常常难以维持质量水平。运行的可控性差,势必导致大量的返工、不合格产品,或是废品。

RCM 的用处很多,但它关注的是"你做什么",而不是"你怎么做"或"如何实现它"。在精确维修已经常态化、管理系统能够以低波动性维持高水平生产的环境中,RCM 的效果最佳。如果一家企业不能做到这一点,而又想尽可能多地从 RCM 中受益甚至接近良好的资产管理实践,那么它还有大量的工作要做。

资产管理是一门涉及维修管理并采用 RCM 作为驱动维修和工程决策的主要工具的广泛而全面的学科。如果不借助 RCM,要想在维修管理和资产管理方面出类拔萃是很困难的,甚至是不可能的。

在这里,我们把维修管理和资产管理的领域留给其他工作,如"正常运行"[1]和新的国际标准[2]——ISO 55000、ISO 55001 和 ISO 55002。本书的其余部分主要关注于 RCM,特别是对 RCM-R 的基本方法的改进。

# 参 考 文 献

[1]  John D Campbell,James V Reyes-Picknell. *Uptime*:*Strategies for Excellence in Maintenance Management*,3rd edn,2015,Productivity Press,New York,USA.

[2]  International Standards Organization,ISO 55000. *Asset management*:*Overview*,*principles and terminology*;ISO 55001. *Asset management*:*Management Systems—Requirements*;and ISO 55002. *Asset management*:*Management systems—Guidelines for the application of ISO 55001*,January 2014,International Standards Organization,Geneva,Switzerland.

# 第 2 章　RCM 的发展历程与当今行业的关联

以可靠性为中心的维修(RCM)有意义吗? 如果你不知道 RCM 从哪里来,这是一个很难回答的问题。现阶段,为关键资产选择维修计划并没有可值得推荐的好方法,这背后有一个复杂的原因。

当前,工业面临着许多前所未有的挑战。一家偏远小镇鞋厂的员工,怎能想到曾经引以为傲的、由自己喜爱的公司所生产的鞋子会有一天被外国的鞋子所取代,最终致使公司破产吗? 仅仅对公司和产品忠诚是不够的,要知道那些乡下男孩脚上穿的中国鞋在大型商店里只需花一半的钱就能买到。再比如说,为什么波多黎各的一家世界上最大的朗姆酒生产商需要购买国外的甘蔗? 波多黎各不是全球第六大甘蔗生产地吗? 早在 50 年前,这里还曾有 51 家糖厂,可如今这些却都已不复存在。很显然,行业是不稳定的,变化也是不可避免的,没有人能仅凭以往的辉煌表现就指望未来一定会成功,何况今天的竞争比 50 年前要激烈得多。

在过去,竞争对手之间经常面对面,他们每个人都知道对方能提供什么。但如今,最具威胁性的竞争对手可能位于另一个遥远的大陆,却能为你那些追逐更多价值的客户提供商品。遗憾的是,这在当下还是司空见惯的事情,历史仍旧反复在重演。要知道,我们从开发一个产品,到它被生产、使用、改进,最终大量生产,需要经历一个何其漫长的过程,到头来,这些流程却变得毫无用处,不得不重新设计,以应对内部或外部威胁带来的挑战。糟糕的做法、竞争、运营成本、税收政策的变化等,都与我们作对,如果不回应那就注定只能失败。航空业所面临的这种困境已经持续了很多年。

## 2.1　RCM 的发展历程

第一次商业飞行归功于飞行员托尼·雅努斯(Tony Jannus),他将乘"客亚伯拉罕·菲尔"(Abraham Pheil)号从圣彼得堡以 15 英尺的高度穿越开阔水域运送到了坦帕。21 英里(1 英里约为 1.6km)的飞行持续了 23min,乘客为此支付了 400 美元,这一事件也预示了民航时代即将开启。但是,直到 1926 年,美国联合航空公司(United Airlines)的一架飞机首次用于投递邮件,这才开始了第一次真正的商业飞行。与此同时,英国飞机制造商和设计师弗雷德里克·汉德利·佩奇(Frederick Handley Page)领导了一个委员会,开展对民航需求的评估,他们发现民用航空和军用航空的要求截然不同,此次调查的成果就是在 1937 年成立了航空注册委员会(ARB)。ARB 负责英国商业航空公司适航证书的签发和续签,并根据制造商的建议批准了维修时间表。航空公司需要遵守这些维修计划以维持其适航认证。几乎所有推荐的维修任务都会要求对使用寿命(以工作时间表示)周期内的部件进行大修,这样就能避免承运人因不遵守认证要求而对行业造成损害。在那些日子里,大多数负责维修的工程师都认为所有的部件都遵循着"浴缸曲线"的故障模式(图 2.1)。他们意识到在进行维修时必须慎之又慎,因为在大修之后很可能会发生过早失效。他们认为,在大修之后的磨合阶段结束后,所有部件都将保持较低的故障率状态运行相当长一段时期,这段时期便被称为使用寿命,随后部件的故障率会不断增加,直至发生磨损失效。作为一项维护策略,必须按照批准的维修时间表在磨损期到来之前对部件进行更换。有一种普遍的观点认为,飞机维修的工作量(小时)与其可靠性和耐久性有直接的关系。

图 2.1　作为一种传统的观念,浴盆曲线呈现出一种独特的构件失效模式

到 20 世纪 50 年代,商用飞机的尺寸与 20 世纪 30 年代的飞机相比有了很大的增加。商业航空公司开始抱怨适航认证过程,并对许多维护任务的必要性表示怀疑。他们在进行维修时发现,其实许多大修部件仍能运转良好。同时,他们也注意到大修后出现了一些意想不到的故障,由此推断是过度的维修工作引发了额外的(可避免的)过早故障。其实他们的观点并非完全没道理,只是当时还拿不出令人信服的证据。

适航认证对航空公司来说就是一场噩梦,因为它会导致检修费用飙升,并且在大修完成后还会常常出现意想不到的故障。例如,对于拥有 150 客运量的波音 707 飞机,在达到 20000h 的运行时间之前,竟然需要 400 万工时的大修任务!显然,商业航空公司的经济可行性遭受到自身适航认证要求的威胁。

20 世纪 50 年代,航空公司发现,不可能有把握地确定飞机甚至部件的检修频率,因为可靠性和检修频率之间没有直接联系,个别短寿命部件会决定部分子系统的可靠性。他们还发现,对于没有明显工时-可靠性关系的部件,取消其检修任务可以降低维护人力的成本并且不会对可靠性造成影响。

同样在 20 世纪 50 年代,美国联邦航空局(FAA)也在努力应对这样一个事实,即某些型号的飞机引擎即使经过了大修频率的优化也还是会发生故障。然后,FAA 开始对保险公司记录的故障事件进行统计分析。他们要求所有制造和销售飞机的企业为每一种飞机型号制定一份经过批准的、有详细文件的预防性维修计划。到 20 世纪 60 年代,波音公司提出了一种新的飞机设计方案,其载客量是当时最大的 707 机型的 3 倍。依据其政策,FAA 要求为 747-100 型飞机制订一个可接受的维修计划。他们认为,现有的维修计划包括基于时间的严格检查、维修和更换,其成本和时间也将是 707 机型的 3 倍。因此,FAA 认为研发747-100 型客机在经济上根本不可行。但即便如此,波音公司和联合航空公司(UA)仍然决定挑战当时业界普遍认可的浴盆磨合模型假设。

联合航空公司和波音公司随后进行了一项新的研究,即根据历次故障的物理属性来确定需要什么样的维修资产来确保适航性能。他们设立了一个维修指导小组(MSG),专门负责开发系统的常识性工艺,用来确定如何为波音 747-100飞机保留系统的各项功能。不负所望,MSG 通过提出一项可接受的主动维修(PM)计划,证明了技术和经济的可行性,并最终获得了 FAA 的认可。MSG 还编写了一本手册,介绍了为新波音 747 飞机制定维修策略的方法,随后于 1968 年由美国航空运输协会(ATA)出版,并被命名为《维修评估与方案评估》(MSG-1),其基础是为维修策略选择而设计的决策图。这份文件在 20 世纪 70 年代被推广到其他飞机上使用。文件的第二版称为 MSG-2,标题是《航空公司/制造商维修方案计划书》,后来用于洛克希德 1011、道格拉斯 DC-10 和其他一些军用飞机上。20 世纪 70 年代,美国国防部(DoD)命名了以可靠性为中心的维修(RCM)这种新方法。1975 年,DoD 规定所有主要系统需要采用 RCM 方法进行评估。

UA 在对其掌握的大量故障案例进行研究后,证明了非结构部件存在不止一种故障模式。基于 230 个非结构性部件建立的故障密度函数显示:绝大多数这样的故障都是自然随机分布的,如图 2.2(d)、(e)、(f)所示;仅有 11% 的故障与工作时间相关,如图 2.2(a)、(b)、(c)所示;此外,只有 4% 的故障符合浴盆曲线。乐观点的话,可以合理地假设当时的维护计划有效地防止了大约 11% 的故障发生;而悲观地说,维修计划仅在 4% 的情况下是有效的,也就是说 96% 的情况下它们没有达到目标。这一发现具有里程碑式的意义。UA 将它发现的六种故障模式(图 2.2)分为了两类,并发表在由 Stanley Nowlan (UA 的维修分析总监)和 Howard Heap (UA 的维修方案策划经理)于 1979 年所做的报告《以可靠性为中心的维修》中[1]。图 2.2 所列各图表示随着时间的推移出现故障的条件概率。其中:图(a)是前面描述的浴盆曲线;图(b)表示老化模式,故障的可能性随着时间的增长而增加;图(c)表示一种特殊的老化情况,其抗失效性能会随磨损、腐蚀和疲劳的加重逐渐下降;图(d)显示了一种先快速老化,然后随机失效的模式,它通常出现在液压和气动系统中;图(e)表明了一种完全随机失效的恒定故障率;最后,图(f)显示了最糟糕的一种情况——系统发生"夭折",它通常是由大修或更换新部件等干预措施导致。

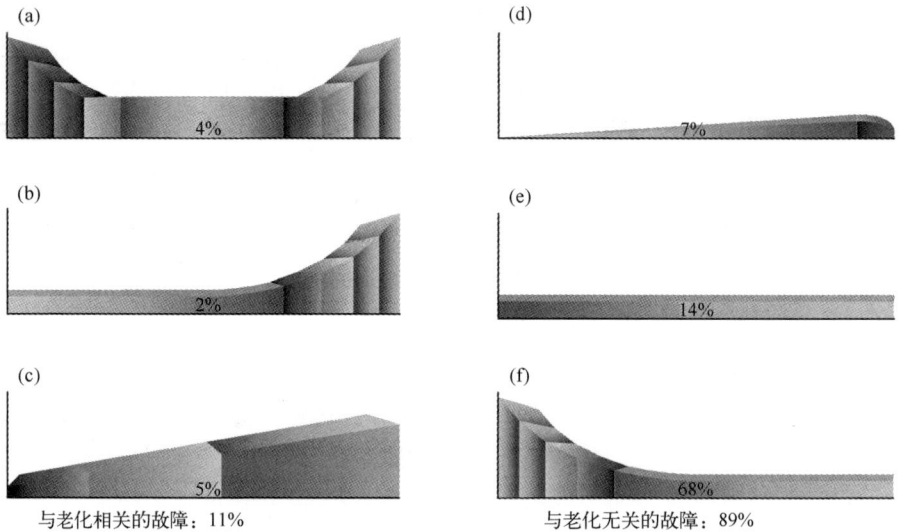

图 2.2　波音公司和联合航空公司的研究结果表明存在六种故障模式并可以分成两组

联合航空公司的报告后来被修改为 MSG-3(1980 年),应用于波音 757 和 767 等新机型的维修过程。1993 年,一份名为《欧洲维修系统指南》的欧洲版 MSG 被应用于"协和"飞机和空客 330/340。RCM 原理的应用和分析反馈,为空气动力学设计提供了惊人的安全改进,已从 20 世纪 60 年代每百万次起飞大约有 60 次坠毁,降低到 20 世纪 90 年代的仅不到 2 次(现在是 0.2 次)。更令人印象深刻的是,改进是在大幅降低成本的情况下实现的。图 2.3 显示了航空业在将 MSG-1 应用到波音 747-100 型飞机上后与旧款 DC-8-32 的对比。

后来,核工业开始采用 RCM。1982 年,美国电力研究所(EPRI)在核电站开展了两个试点项目。到 1987 年,美国的整个核工业都采用了这种方法。1993 年,EPRI 模式的简化版本得到开发,有效节省了 RCM 过程本身的成本。1982

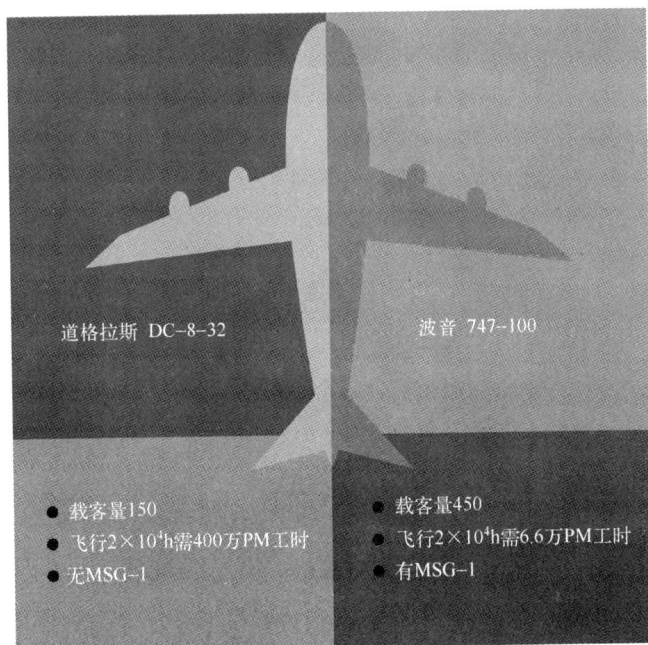

图 2.3　应用 MSG-1 前后所需的主动维修工时比较

年,RCM 被应用于南非的采矿业和其他一些行业,1986 年被推广到其他地方,首先是欧洲、北美和南美,然后是中东和大洋洲。关于 RCM 的第一批商业出版物出现在 1991 年[2] 和 1993 年[3],在这些书籍出版之后,RCM 变得越来越出名和流行。RCM 简直完美地贴合了当时日益复杂的产业化进程、日益增长的精细维修技术需求以及日趋激烈的全球化竞争,当然还包括以尽可能低的成本优化资产产出的需要。20 世纪 90 年代开始出现了一系列令人困惑的 RCM 变体,其中一些甚至还超过 Nowlan 和 Heap 以及后来的书中所描述的严格程度。为了解除这些困惑,提供一种手段去筛除那些不太凑效的方法,同时也为了给当时已出台的异常复杂的军事标准提供一个备用方案,美国汽车工程师学会(SAE)于 1999 年发表了一个新的标准(SAE JA1011,以可靠性为中心的维修(RCM)工艺评估标准)。从那以后,仅有其他少数几本关于这个话题的书出版过。

现在,让我们回到本章开头提出的问题,一种不失偏颇的答案已显而易见。如今,人们乘坐飞机比 60 年前更便宜也更安全,这都要归功于该行业开发的 RCM 工艺,而且那已是不争的事实。幸运的是,RCM 的忠实实践者(如那些遵循 Nowlan 和 Heap 所设计的方法论的人)在对工厂和其他实物资产进行 RCM 分析时,也收获了很好的效果。作者和他们的可靠性工程团队已经培训了许多维修技师,并使 RCM 在北美、南美、非洲和欧洲的数百家工厂中的推广使用。这些采用 RCM 进行评估的行业和资产类型主要包括汽车、制药、生物技术、医疗设备、水处理、采矿和矿石加工、食品和饮料、油气生产和改装、水泥、钢铁、制造、水下施工、发电、传输与分布、运输等。我们在 RCM 方面的经验是令人满意的,因为我们欣喜地看到,在对现有方案应用 RCM 后,预防性维修的时间减少了 40%~70%,而与修复性维修相关的成本减少了 50%。

没错,在您的工厂实施 RCM 工艺应该是值得一试的。我们将在第 12 章对 RCM 的优点展开介绍,但在此之前我们先讨论一下如果 RCM 工艺应用不当,它会如何成为一个无效的任务。

RCM 是一套系统工艺,用于确定必须采取哪些措施来确保资产在当前运行背景下能稳定执行操作人员的操作意图。换句话说,这是一套生成有效"故障管理策略"的工艺。具体来说,它生成的维修计划应该要能根据设备的故障后果明确哪些维修任务应该优先开展,哪些维修任务是特别针对故障原因的。它还能生成其他一些决策,如操作人员执行的任务、流程或工艺的一次性更换、设计的修改,甚至正常运行资产直至出现故障等。同时,我们也必须承认,RCM 并不能应用于所有资产,也并不是所有可能的故障原因都需要一个程序化的维修任务。正因如此,RCM 需要从一种仅执行 PM 的传统维修管理方法,彻底蜕变到能服务于需要防止故障发生的任何地方,那样我们就能以最低的成本(和风险)对资产进行必要的维修,使其完成所需的操作。

RCM 过程需要一个多学科团队解答关于资产评估的以下 7 个问题:

(1)资产在当前操作环境中的功能和相关的性能期望标准是什么(功能)?换句话说,操作者希望资产做什么,而资产在其最高性能水平时能做什么?

(2)它是如何不能充分发挥功能的(功能性故障)?我们需要明确哪些功能性故障与之相关并值得深入分析?

(3)每种功能失效的原因是什么(失效模式)?我们需要对所有可能的故障事件及其原因进行头脑风暴。

(4)每次故障出现时会发生什么(故障效果)?我们必须通过描述每个故障模式发生时出现的事件序列来确定每个故障的影响。

(5)每个故障都意味着什么(故障的后果)?安全、环境、生产或维修成本如何受到影响?故障是由于保护装置不合格造成的吗?

(6)应该做什么来预测或防止故障(主动任务和任务间隔)?我们必须确定是否任何形式的主动维修都可以用来避免故障发生,即在什么条件或时间实施主动维护,需要依据任务而定。

(7)如果找不到合适的主动任务,应该怎么办(默认行为)?在主动任务从技术上或经济上都不可行的情况下,团队必须为故障管理确定最佳行动方案。在这个阶段,我们必须决定是否可以放任故障发生,或者是否需要重新设计或其他一次性更改来避免故障或其后果。

这些行动的选择将在第 4 章和第 11 章中讨论。

RCM 被认为是最强大的工具之一,它能够帮助公司从实物资产中获得更多的价值。作为那些高度成功的维修程序的基础,RCM 可以让机器帮助经营者按照需要进行交付,从而实现或超过股东所要求的财务预期目标。它还能通过对资产可靠性和可维修性进行优化,以谋求更长的正常运行时间。可见,RCM 是一套不仅能提高可靠性,还能带来许多其他好处的工艺。

正在对资产管理和维修管理进行调整的企业,不仅会将 RCM 视为一项单独的工程,而且会将其作为一个基础方案来采用,以便在未来获取最大的收益。机器整体认知能力取得提高、员工了解和参与生产的激励政策得到改善、维护工作量显著减少、机械设计获得改进优化、资产的安全度更高、性能更优越、环保理念增强、维护和操作体验更健康、备件消耗降低,以及团队合作(维护、生产、计划、安全等)的加强,以上所有的这些好处,都是一家公司在正确应用 RCM 后可以实现的。

此外,RCM 不应该面向所有资产,而应该只针对那些被认为对公司至关重要的资产。但是,也不要以为 RCM 可以独立完成所有这些工作,甚至在它被应用到资产并取得完全成功之前,维修和业务流程的许多其他方面也许都需要进行修改。在 RCM 之后,还需要执行 RCM 工艺生成的后续一些维修计划和其他建议。

虽然大多数企业已经意识到,维修是他们业务中非常重要的方面,甚至远远超出大多数股东的想象,但在最初设计生产和最终执行生产计划的时候却常常被忽略。即使是在今天,除了航空、核能和军事等应用领域外,很少会有资本项目投向资产调试完成后的维修工作中。

作为专业维修人员,我们知道成品的维修费用可能会占到生产总成本的 5%～50%。如今,维修被视为一类合法的职业方式甚至是一个工程领域,该学科设置有学士、硕士甚至博士学位。有时,通过对维修工程与可靠性工程进行融合,可以开辟一个新的维修和可靠性工程领域。

以上这些都是为了满足在维修、可靠性、资产管理、寿命周期成本、可靠性-可用性-可维护性-系统(RAMS)工程等方面日益增长的知识需求,以实现或超出公司的期望。糟糕的维修习惯肯定不是什么好事情,势必会导致公司蒙受巨大的生产损失。此外,维修不当或维修管理不善很可能会引发一些安全和环境事故,甚至导致不符合政策和其他重要法规的问题出现。

RCM 适合您的企业吗？这是另一个关键问题。如果 RCM 不适用于我们的组织,为什么还要煞费苦心呢？在开始介绍 RCM 之前,让我们先看一些相关的内容。您可以通过回答以下这些关键问题,来对 RCM 是否适合您的企业进行自我评估:

(1) 我的企业在机械、建筑和车辆方面有相当大的资本投入吗？(是,否)

(2) 我们需要提高生产和/或降低维修成本来保持或提升竞争力吗？(是,否)

(3) 我们有竞争对手吗？(是,否)

(4) 仅仅一台或几台机器的故障就会造成严重的生产损失吗？(是,否)

(5) 最重要的生产单元是否冗余或重复？(是,否,有点)

(6) 我们有良好的维修和故障记录文档吗？(是,否,有点)

(7) 机器故障是否严重影响生产？(是,否,有点)

(8) 您的组织是否意识到需要依据 ISO 55000 标准[4]和运行时间方法实践[5]的建议进行资产管理和维修管理？(是,否,有点)

(9) 高层管理人员会支持你实施 RCM 计划吗？(是,否,有点)

(10) 您的组织是否对资产管理和维修管理做出了长期远景规划？(是,否)

(11) 您在寻找长期的解决方案吗？(是,否)

(12) 您的公司是否对 RCM 从业人员进行过培训,或者是否考虑过对其进行认证？(是,否)

然后,按照表 2.1 中的计分方案量化自我评估的调查结果。

表 2.1 RCM 可行性自我评估

| 问题序号 | Y 值(是) | SW 值(有点) | N 值(否) |
| --- | --- | --- | --- |
| 1 | 35 | — | 0 |
| 2 | 5 | — | 0 |
| 3 | 5 | — | 0 |
| 4 | 10 | — | 0 |
| 5 | 0 | 5 | 3 |
| 6 | 5 | 3 | 0 |
| 7 | 10 | 5 | 0 |
| 8 | 5 | 3 | 0 |
| 9 | 5 | 3 | 0 |
| 10 | 5 | — | 0 |
| 11 | 5 | — | 0 |
| 12 | 5 | — | 0 |

将 12 个调查问题得到的值相加,得出评价数值结果。如果您的分数等于或超过 70,RCM 可能非常适合您的组织。如果得分低于 70,但大于 50,则表明您的组织需要在开始执行 RCM 工艺之前先开展一些前期工作,以获得良好的后续结果。得分低于 50 的结果则表明,RCM 并不适合您的组织。资产管理、维修管理、RCM、基于状态的维修根本原因故障分析、备件优化和关键性能指标监测,对于确保资产最佳性能的发挥都是缺一不可的。

并不是所有这些都很容易实现。决定 RCM 能否在您的企业正常运行取决于众多因素,其中许多涉及维修之外的其他环节。第 1 章提供了资产管理和维修管理的总体概念,以及 RCM 如何融入整个资产管理范围。后面的章节会对 RCM 过程进行详细阐述,并且会介绍如何根据 SAE JA1011 标准用其他一些定性和定量手段来补充得到真实的 RCM,以获得更好的结果。我们将这种改进后的工艺称为"以可靠性为中心的维修再造工程"(RCM-R)。

# 参 考 文 献

[ 1 ]　Stanley Nowlan F, Howard F Heap. *Reliability Centered Maintenance*, December 1978, United Airlines, San Francisco, CA.

[ 2 ]　John Moubray. *Reliability – Centred Maintenance*, 1991, Butterworth – Heinemann Ltd, Oxford, UK.

[ 3 ]　Anthony M, Smith P E. *Reliability–Centered Maintenance* 1993, McGraw, New York, USA.

[ 4 ]　International Standards Organization, ISO 55000. *Asset management*：*Overview, principles and terminology*；ISO 55001. *Asset management*：*Management systems—Requirements*；ISO 55002. *Asset management*：*Management systems—Guidelines for the application of ISO 55001*, January 2015, Geneva, Switzerland.

[ 5 ]　John D Campbell, James Reyes–Picknell. *Uptime*：*Strategies for Excellence in Maintenance Management*, 3rd edn, 2015, Productivity Press, New York, USA.

# 第 3 章　RCM-R 工艺

## 3.1　RCM—SAE JA1011 标准

以可靠性为中心的维修(RCM)是由商业航空工业开发的,旨在提高其运行的可靠性、安全性和成本效益。美国联合航空公司(United Airlines)的 Stanley Nowlan 和 Howard Heap 在 1978 年由美国国防部发布的报告中记录了这一点。RCM 工艺基于一个带有决策图的常识性流程,该图主要用于创建维修策略以维持资产的功能。自诞生以来,RCM 在世界上的许多工厂和几乎所有工业化国家都得到了应用。对 Nowlan 和 Heap 的报告存在许多不同的解释,导致了与原始工艺大相径庭的各种方法的产生。1999 年发布的 SAE JA1011 提出了一个所有这些方法必须共同遵循的标准,称为 RCM。

该标准主要基于 Nowlan 和 Heap 于 1978 年发布的报告《以可靠性为中心的维修》中确立的 RCM 工艺和概念。其他文件,如美国海军航空部队的《MILSTD-2173》《NES 45 海军工程标准 45》《以可靠性为中心的维修工艺在 HM 船舶、皇家舰队辅助船和其他海军辅助船的应用要求》以及 John Moubray 编写的《以可靠性为中心的维修(RCM 2)》也被用作开发它的依据。2009 年 8 月修订的这份 12 页的文件(指《以可靠性为中心的维修(RCM 2)》),对判断一套流程是否符合 RCM 工艺的下限标准进行了描述。

该标准为判断给定工艺是否符合 RCM 原则提供了依据,并可以作为企业开展 RCM 培训、建导或咨询的指南。在解释 RCM-R 方法之前,下面我们先对 SAE JA1011 标准中描述的这种原汁原味的经典 RCM 工艺[①]进行一下概述。

2009 年 8 月的 SAE JA1011 文件规定,要将一个流程确认为 RCM,它必须依次遵循以下 7 个步骤:

(1)描述资产的运行环境、功能及相关的性能期待标准(运行环境和功能);

---

① 经典 RCM 一词常用于描述 Nowlan 和 Heap 开发的 RCM 工艺,但也用于描述其他严格的 RCM 工艺。

（2）查明资产是如何不能充分发挥其功能的（功能性故障）；

（3）明确各种功能失效的原因（失效模式）；

（4）描述每次发生故障时的情况（故障效果）；

（5）对故障后果进行分类（故障后果）；

（6）明确预测或防止故障发生所应采取的措施（任务和任务间隔）；

（7）判断其他故障管理策略是否更有效（一次性更改）。

## 3.2　运行环境和功能

该标准对于如何记录分析中的资产功能是非常明确的。务必要知道，RCM 过程是由常识驱动的。所以，规划维修或故障管理策略（或标准所称的资产管理策略）的逻辑起点是充分理解该资产是用来干什么的。这也表明维修人员的视角需要发生改变。通常情况下，维修部门不会主动去了解特定资产所起的作用。然而，如果我们要维持特定功能的发挥，就需要确切地知道这些功能是什么，以及能反映操作所需性能水平的操作参数。而作为首次任职的维修工程师，很少会对这一点考虑得这么细致。

据我们团队的成员回忆，20 多年前高级维修工程师让我们学习制造商的维修和操作手册，以确定工厂资产的维修任务，但两年后再将类似的维修计划应用于同类机器上时就明显不好使了，因为其中一些机器还是会出现故障。另外，在进行设备大修时发现，故障部件以外的其他部分其实仍保持着很好的状态。经过艰难的探索后我们才终于发现，单纯基于时间的大修或更换反而会导致故障发生。

那位高级工程师即将退休，他是负责运营的公共事业部主管，而维修和公共事业是该工厂的核心业务。他曾经说过："我这周不会让你们对那个水泵进行预防性维修的"。当被问到"为什么"时，他解释道："在我来这里工作前，根本没听说过要对设备开展什么预防性维修，而公司现在却要求这么做。"然后他又笑着说："年轻人，我并非对你和你的预防性维修项目有什么成见。但事实是，原本还能正常工作的水泵，在你们小组上次大修之后却坏掉了。"要知道，在那之前和运营部门合作是相当困难的，因为这两个部门之间存在很多分歧，对于在这两个不同部门工作的技术员来说，相互指责是常有之事。偏偏 RCM 需要在其作者明确决定如何实施之前创建，它需要团队协作才能开展，因为单方面的维修根本没法获取用来回答前述 7 个基本问题所需的全部信息。为了正确地定义运行环境，RCM 团队（维修和操作共同协作）必须遵循与标准一致的如下结构来对功能进行描述：

（1）应该对实物资产或系统将要运行的状态予以定义和记录，并确保它是可行的；

（2）应该对资产或系统的所有主要和次要功能进行明确；

（3）所有的功能说明都应该包含一个动词、一个对象和一个定量的性能标准（尽可能地）；

（4）在功能说明中提到的性能标准应该是资产用户在当前运行环境中所期望的性能水平，但设计能力不应该包含在功能说明中。

## 3.3　功能性故障

如果你让工厂中的一群人来定义"故障"这个词，他们可能会给出各种各样的答案。维修人员很可能会告诉你，当资产无法运行时就表示资产已经发生了故障；机器操作员认为，机器的运转达不到设计能力就说明出现了故障；生产经理或厂长则将不能实现全部生产需求的过程视为故障。SAE JA1011 标准将功能性故障定义为"实物资产或系统无法以期望的性能水平执行特定功能的状态"。由此可见，定义功能性故障前需要首先对资产的功能和期望它能达到的性能水平有一个准确的理解。与 JA1011 配套的标准是 SAE JA1012，即《以可靠性为中心的维修（RCM）标准指南》，该指南于 2002 年发布，旨在进一步阐明如何满足 JA1011 的要求。

功能性故障可以是整体的，也可以是部分的，也就是说资产可能根本不能发挥某个特定的功能，或者它只是以低于预期的性能水平执行该功能。考虑到不同人对功能及其性能标准的期望也不同，前述三种回答可以说都没有错。并且，三种不同故障的原因可能也是不同的，虽然这不一定是显而易见的。SAE 标准要求对每项功能对应的所有故障状态进行区分，以便我们能够识别全部的相关故障原因。

## 3.4　故　障　模　式

"故障模式"这个词听起来并不像"故障"一样频繁，即便对于维修人员也是如此。故障模式是导致功能性故障发生的独立事件，每个故障模式通常对应一个或多个原因。因此，有必要对所有可能阻碍资产发挥出应有水平功能的事件进行头脑风暴。这听起来似乎工作量不小，于是这些标准为避免过度工作给出了一些提示。此外，他们还建议不要对故障模式的因果关系只是一知半解，在列故障模式时，要考虑以下情况：

（1）应识别所有可能导致功能性故障的合理故障模式。

（2）在确定某种"很可能发生的"故障模式是由哪些因素构成时,所选方法应受到资产所有者或使用者认同。通常,决定分析哪些故障模式和舍弃哪些故障模式需要符合业内共识。

（3）故障模式原因的查找必须足够详尽,以便制定合适的故障管理策略来管理它们。

（4）分析报告中列出的故障模式必须考虑以前发生过的事件、现有预防性维修程序中防止的故障模式以及在实际操作环境中有可能发生但还未曾发生过的其他事件。

（5）造成故障事件的人为错误和设计错误必须包含在故障模式列表中,除非它们将通过其他分析方法被处理。

## 3.5　故　障　影　响

故障影响对各个特定故障事件可能对工厂或组织造成的"损害"进行了量化,并对"故障模式发生时导致了什么"进行描述。该标准推荐了几个相关的考虑因素,以帮助理解每个特定的故障原因可能有多严重。我们已经对资产的工作原理、故障机理以及造成故障的原因进行了明确,在此步骤中,我们会考虑每种故障模式的如下相关因素:

（1）是否有任何迹象表明故障已经发生?

（2）故障对人员安全的潜在危害是什么?

（3）故障对环境的潜在影响是什么?

（4）生产或运行受到了怎样的影响?

（5）故障是否造成了物理损害?

（6）在发生故障后,是否必须做些什么来恢复系统的功能?

## 3.6　故　障　后　果

依据故障迹象,可以将故障影响划分为不同类别:对安全的影响、对环境的影响、对运行能力的影响、对成本的影响。我们需要判别这四种类型中的哪一种更适合作为当前故障模式的影响,但只能选择其中的一种——最严重的那种,而且必须清楚地区分是隐性故障模式还是显性故障模式。具有安全或环境影响的故障必须与只具有经济影响的故障进行区分,这可以通过它们是具有运行后果还是非运行后果来判断。与 RCM 工艺中的每个步骤一样,故障后果的确定是至关重要的,应该基于以故障后果为出发点的决策过程,针对每个关键故障原因仔细甄选维修策略。

## 3.7　维修策略的选择

在推荐故障管理策略时,应该考虑到每种已识别故障的最可能起支配作用的故障模式。根据图2.2所示的2组共6种主要故障模式,故障的出现与资产用龄和使用情况有关或者随机发生,它们也可能过早发生,或者在某些重要的运行时间后出现磨损模式。因此,必须要根据实际的主故障模式推荐维修任务。SAE JA1011给出了5种可用于减轻故障后果的维修策略:

(1)基于状态的维修任务。这些任务是基于对潜在的故障进行检测后提出的,这种检测应该尽早进行,以便在功能丧失之前采取纠正性措施。同时,为了在发生功能性故障之前对功能丧失的趋势进行跟踪,对状态监视任务应该明确固定的时间间隔。图3.1显示了潜在故障事件和功能性故障事件之间的时间间隔(P-F间隔)随时间变化的关系曲线。可以看出,对功能性故障做出反应的最短时间等于PF间隔减去任务间隔,由图3.1中的"最短反应时间"区域标识。显然,我们必须确保用于计划和执行纠正措施的时间足够长。

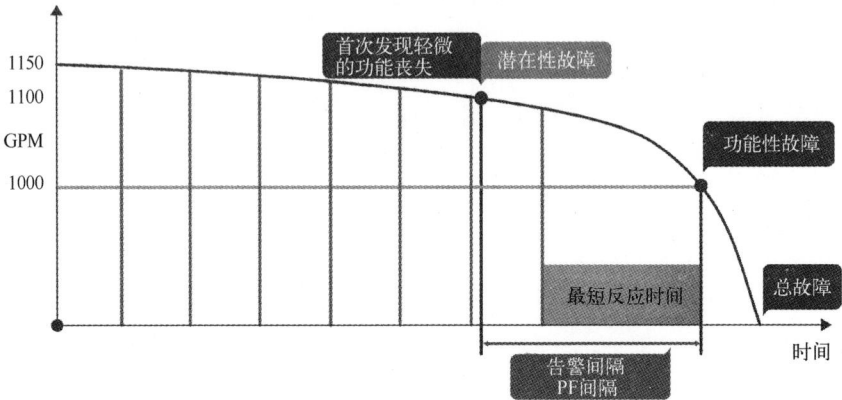

图3.1　潜在故障事件和功能性故障事件之间的时间间隔(P-F间隔)随时间变化的曲线

(2)定期大修任务。基于时间的维修任务必须基于部件的使用寿命,即部件故障率不再恒定的时间。从理论上讲,在使用寿命结束时,部件故障率的增长速度超出了我们所能承受的范围,这对应于图2.2中(a)、(b)、(c)曲线的右端。除了使用寿命这一项外,预防性维修的费用也需要评估,即需要对大修的成本与功能性故障的成本进行比较,以确保这项任务的经济可行性。

（3）定期替换任务。当证明替换比大修更经济有效时,定期报废和替换任务将被予以考虑。通常推荐在所谓的"经济"寿命期结束时进行这种替换。

（4）故障查找任务。这些任务旨在检测通常与保护装置或冗余组件相关的隐性故障。我们必须确保所建议的故障查找任务在实际上是可行的,并且任务频率对于资产的所有者是可接受的。更多关于任务频率的内容详见第 11 章和附录 A。

（5）重新设计任务。有时无法确认关键故障模式的适当时间、条件或故障查找任务,可能需要对既定任务进行修改（也称为一次性更改）,以尽可能减轻故障带来的后果。一次性更改或重新设计的可能形式包括对资产物理配置、操作或维修过程、操作员/维修工培训的更改以及运行环境的改变,这些都可能成为减轻故障后果的潜在要求。如果存在可能导致二次故障的隐性故障,而这些隐性故障又具有安全或环境后果且无法通过故障查找任务被发现,则必须通过重新设计任务来解决,这样能够将二次故障的发生概率降低到用户可以容忍的程度。另外,对于不具有安全或环境影响的隐性故障,只需要进行经济可行性评估。如果故障是显而易见的,并会造成安全或环境影响且不适合采用主动维修策略进行处理,这时同样也需要对任务重新设计,以便将风险降到用户可接受的水平。而对于只有经济影响（生产损失或维护/维修成本）的显性故障而言,重新设计任务则是可选项目,且同样只需对其经济可行性进行评估。

在制定维修任务时,应该为其指定适当的频率,以有效地降低故障影响。在设定任务间隔区间时,可能需要用到一些数学公式和统计学公式。在这种情况下,SAE JA1011 标准建议,所使用的数学知识应该征得资产所有者的同意。此外,在推荐资产的新维修任务时必须慎之又慎,因为 RCM 工艺无论如何不能违背现有的法律、法规和/或合同义务,除非获得这些官方管理机构的同意。因此,明智的做法是让有资质的内部审计师评估并接受其作为 RCM 工艺的一部分。

## 3.8　RCM-R

本书两位作者都有 RCM 的早期经验。20 世纪 80 年代初,James 在一家石化工厂工作,他在那里了解到,有关如何处理故障的最佳信息通常来自于维修人员,只有他们才知道资产的实际使用情况。他学到了很多关于预防性和预测性维修的知识,以及为什么要这么做,这些都是他在早期做船舶工程师时没有完全理解的东西。后来,他意识到这是一个普遍的问题——很少或根本没有关于主动维修的教育来解释我们为什么这样做,而只是教大家"如何做",更深刻的洞察力和获取更大价值的潜在能力通常来自实践经验。因此,迫切需要更注重于实际的教育。20世纪80年代中期,他在一个国防项目中正式接触到了RCM,在这个项目中,他采用RCM制定了一个舰队的维修和支持计划。在接触过RCM复杂的军事背景后,他对使用Nowlan、Heap和Moubray定义的这种功能性方法所带来的效能有了更切身的体会和认同。1995年,James进入了咨询业,此后在他职业生涯的其余时间里,他广泛使用RCM,并且花了大量时间直接向John Moubray和他所入职的RCM2实践者"Aladon"网络中学习。2004年,他成立了自己的咨询公司,将RCM作为他"正常运行时间"模式的一部分并保持正常运行至今。

James在RCM方面的经验是,即使经过良好的分析,在后续的决策执行中也难免存在问题,这与他实施"正常运行时间"模式的经验相似。一旦咨询顾问停止工作,之前的努力就会逐渐退化,有时甚至会中止。此外,随着企业变得越来越精简、对短期结果更感兴趣,它们开始不太愿意在培训和长期的RCM项目上大举投资。于是,他开始对提供RCM和其他咨询服务的方法进行重新设计,并在这个过程中遇到了Jesús。那时,Jesús已经成功地应用了他在研究生论文工作中开发的RCM改进版,即将着手写一本书。正好当时James已经完成了他三个合著版本中的两个,于是两人决定共同编写这本关于RCM-R的书。

那么,Jesús是怎么走到这一步的呢?

1993年5月,Jesús在一家大型化工厂接受了"设备可靠性工程师"职位的工作面试。他在面试中第一次听到了"以可靠性为中心的维修"这个词,当时他未来的老板向他介绍了RCM在航空业所取得的成功。在之前工作的那家大型制药工厂,Jesús辅助开展了一个基于振动分析、红外成像、油分析和超声波监测的预测性维修项目,因此在进行第一次RCM分析之前,他学到了很多关于预防性、预测性和精确维修的知识。在这些年中,他也参与过对维修备件仓库的管理、计划和安排,因为他需要相关背景知识来理解这些环节是如何通过RCM工艺正确地组合在一起的。Jesús一直在维修部参与运营和公用事业工作,预测维修和精确维修是他的爱好,他喜欢执行各种有趣的分析。他珍视的另一件事是"工厂停工"。对其他人来说这简直是个噩梦,因为他们需要连续工作好几个星期,但对Jesús说,停工则代表着一个最佳时刻的到来,因为在随后的修理期间和修理后总能学习和使用到很多精密工具。

2001年,Jesús决定离开这家私营企业,成立自己的服务公司。他的公司一开始做的是精密和预测性维修,尽管业务覆盖了整个地区(波多黎各),同时在加勒比地区还开设了一些关于振动分析的演讲课程,但从事的基本上是和以前一样的预测和精确维修工作。他仍然玩命工作,将大部分时间都投入到工厂工

作,弄脏自己的双手,进行公共培训。一天,一个朋友问了他一个有趣的问题:
"你有没有考虑过,在你的维修服务提升到很高水平时,去教一些新的工程师如
何开展预测和精确维修?"这家伙当时甚至还称不上是一个维修员,但却已经敏
锐地意识到在维修中应该存在一些"管理"领域。然后,Jesús 想起了他前任老板
在 RCM 上说的话,开始寻找并最终学习了维修和可靠性工程的研究生课程。他
渴望对可靠性到底意味着什么进行研究,但又不希望纯粹从维修部的角度来看
待这个问题。

在研究生期间,他需要对一些重要的维修和可靠性方法,包括 RCM,开展研
究并进行一些实践项目。在其中一个项目中,他访问了一家拥有资深 RCM 工程
师的公司,从而更深入地了解了 RCM 工艺并查看了他们的一些分析文档。没想
到的是,一名向他展示 RCM 报告的工程师透露,这项分析虽然已经完成好几年
了,但相关资产仍然存在各种各样的问题。那时,Jesús 已经接触过一些定性和
定量的可靠性工具,于是他请求将他一年来所做的毕业设计论文应用到这上面,
在征得大学和公司的同意后,他对课题进行了设想和规划。

经典的 RCM 分析,为其实践者提供了对资产功能、临界性及其故障后果的
清晰理解,有助于制定正确的维护策略去处理各个相关的功能性故障根源,同时
也增长了他们对所研究资产的知识,因为他们花了大量的时间和精力去理解它
是如何工作的,又是如何失效的,以及应该采取哪种类型的维修。RCM 被认为
是根源故障分析(RCFA)的一种取代形式,它可以在设计阶段就应用于某项
资产。

当 RCM 应用于正在运行却有故障记录的资产时,其分析最好与故障数据
分析相辅相成,这些故障事件能将分析团队的注意力引向最可能发生的故障
模式,而这说不定就是正在发生的那种。如果故障事件被清晰地记录在了修
复性维修的工作日志中,就可以获得一些重要信息帮助理解每个相关故障的
性质,这样可以更好地选择合适的维修策略。通过对那些重要的指标进行量
化,例如平均故障间隔时间(MTBF)、平均修复时间(MTTR)和固有可用性
(Ai),能让我们直观了解每个资产的当前状态。维修成本数据也非常有用,
通过与故障数据分析结合,可作为今后改进的依据。RCM-R 一般由 5 个基本
要素组成:

(1)数据完整性。维修人员记录在工作日志中的数据质量必须是最高的。
如果重要的故障事件没有被正确地登记在册,那么一些关键的可靠性工具在工
厂中就是形同虚设。小时计读数必须参考故障和发现的故障原因。修复时间、
备件和人力是提高设备正常运行可靠性的重要部分。

(2)经典 RCM。该工艺可以为关键资产设计合适的维修任务,这是毋庸置

疑的。但实践者在应用它时需要注意——必须遵守一个符合 SAE JA1011 标准的方法。另外，我们还需要确保分析团队对维修有深入的了解，特别是现代的维护技术。在一些良好的 FMEA 工作中却还出现糟糕的维修建议，就是因为 RCM 团队成员缺乏对基于状态的维修的了解，这些工作通常是以基于时间的修复和替换的任务形式表现出来的，因为它们不能正确地识别基于条件的维修方法，而这些方法实际上可能更合适。

（3）故障数据分析。只要有良好的文档记录数据，就可以应用 Weibull 分析（关于 Weibull 分析和其他数据分析工具的更多细节详见第 11 章），该分析使团队能够发现实际的故障模式，而不再是猜测它们。有时，我们发现团队可能设想的是一个损耗模式，而实际发生的却是随机故障，相反的情况也可能发生。我们甚至还遇到过团队假设的是过早故障正在发生，而实际上已经观察到磨损模式的迹象。意见是有价值的，但好的数字才不会误导人。

（4）RAM 分析。可接受的正常运行时间和可用性是良好的可靠性和可维修性组合的结果。因此，对工作规程进行良好的数据分析将使我们能够确定数量可靠性、可维修性和有效参数。

（5）持续改进。变化是绝对永恒的，你可能经常听到人们这样说，他们是对的。流程、资产需求和维护方法，以及许多其他东西，都可能发生变化。此外，还可能对机器进行改造和升级，意外的故障也可能突然出现。我们需要意识到，RCM 永远不会结束，应该视其为一个永不停歇的过程，大多数经典 RCM 工艺之所以失败，其核心就是因为没有做到这一点——如果它不能通过这么一个动态过程来保持新鲜活力，再伟大的 RCM 项目也会随着时间的推移变得陈旧，变得低效。

# 3.9　RCM-R 项目

许多公司花费大量时间和精力去开展定性的 RCM 分析，从而为那些可维修的资产设计一个全面的维修计划。一些企业后来意识到，尽管 RCM 非常强大，但它并不总是能够避免一些组件故障对关键资产的固有可用性（Ai）产生重大影响。如果准确地记录了相关的维修信息，就可以很容易地识别出那些最常见的故障模式。只要从维修历史记录中提取故障数据并进行分析，就可以根据其可靠性特点推荐合适的维修措施。如果数据相当准确，所有故障类型（磨合、随机、磨损以及这些类型的组合）通常都可以识别出来。在大多数情况下，故障管理任务可以将故障率降低到最低，并且可以确定机器可用性是否还存在提高的潜力。接下来，让我们了解一下技术方面的细节。

下面是数学中使用的符号列表：

Ai——固有可用性

$\beta$——形状参数（Weibull 分布）

$\eta$——特征寿命（Weibull 分布）

CBM——基于条件的维修

CM——纠正性维修

e——2.718281828（自然对数的基数）

$F$——故障

MTBF——平均故障间隔时间

MTTR——平均修理时间

PM——预防性维修

$R$——可靠性

$t$——时间（故障时间或更换时间）

# 3.10　系统描述

制药工艺的空气处理和除湿装置可以提供具有一定流量、特定温度、相对湿度和纯度的连续空气流动。一个典型单元的子系统通常由以下设备构成：

（1）预冷系统；

（2）除湿机系统；

（3）冷却盘管系统/送风机；

（4）工艺间；

（5）排气扇。

图 3.2 中的功能框图显示了子系统之间的关联,并给出了一些相关的控制和保护装置,以及它们的工作流程。使用的缩略词有：

AC：交流电（供电）；

CFM：每分钟立方英尺空气流量；

Comp Air：压缩空气；

PCV：压力控制阀；

PSV：压力安全阀（缓解超压）。

大部分经过处理的空气（14050 CFM）在回路中循环,另外有 2500 CFM 的新空气进入回路,而同样数量的空气被排出。

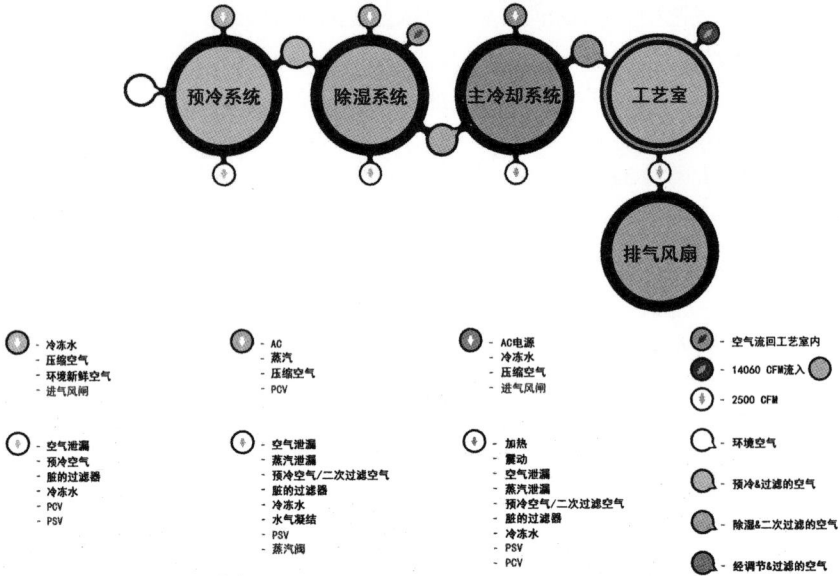

图 3.2　空气处理和除湿系统功能框图

## 3.11　可靠性、可用性和可维修性(RAM)分析

用于衡量可靠性、可维修性和可用性的量化参数定义如下。

可用性[1]是指"资产能够执行其指定功能的预定时期"。它表示在可靠性、可维修性和维修支持的综合影响下,一件物品在一段规定的时间内,在有需要时便能完成指定功能的可能性。它表示的是一种概率,即只要求资产有运行的可能,而不必运行到可用的水平,其定义为

$$A = \frac{MTBF}{MTBF + MTTR}$$ (3.1)

可维修性[2]是指"在设备发生故障或平均修复时间(MTTR)后,使设备恢复可用的能力的一种度量"。定义为

$$MTTR = \frac{故障停机总时间}{故障数}$$ (3.2)

可靠性[3]是指"停机频率或平均故障间隔时间(MTBF)的度量",其定义为

$$MTBF = \frac{运行总时间}{故障数}$$ (3.3)

# 3.12 现 状 分 析

通过对三个空气处理单元(AHU)进行经典的 RCM 分析,形成了自 2006 年开始实施的全面预防性维修(PM)计划,它包括系统技术图纸中确定的各个部件和仪器的维修任务。

根据该计划,维修人员需要对每个螺栓、阀门、过滤器、旋转部件、保险丝等进行检查。该计划通过两个主要的半年度预防性维修工作任务表(分别是机械和电气任务)和一个季度润滑预防性维修工作任务表进行管理。此外,每月需要对所有电机和风扇进行振动谱分析,以查明早期旋转部件的问题。

作为广泛的红外热成像程序的一部分,每 6 个月要对变电站、电机控制中心机柜和可编程逻辑控制器(PLC)板进行一次调查,每个单元平均每年需要分配 75 小时的工作时间。

工厂有三个空气调节系统和除湿系统,分别是 A、B 和 C 系统,详见表 3.1。

表 3.2 列出了 2009 年每个单元的预防性维修(PM)和纠正性维修(CM)的成本。这两个表是完全相关的,因为故障次数和 MTTR 都会影响每年纠正性维护的总成本。这些数据使我们能够看到系统当前的可靠性性能以及与实现可靠性相关的成本。工厂还提供了 PM 和 CM 成本数据。

表 3.1 2009 年系统可用性

| 系 统 序 号 | 故 障 次 数 | MTBF/天 | MTTR/h | 固 有 可 用 性 |
|---|---|---|---|---|
| A | 20 | 18.25 | 5.27 | 0.988 |
| B | 26 | 14.04 | 2.86 | 0.922 |
| C | 18 | 20.28 | 3.2 | 0.993 |
| 总计 | 64 | | | |

表 3.2 2009 年维修成本数据

| 系统序号 | PM/CM 时间比 | 每小时故障 成本/美元 | 每小时 PM 成本/美元 | 每年总故障 成本/美元 | 每年 PM 项目 成本/美元 | 每年维修 总成本/美元 |
|---|---|---|---|---|---|---|
| A | 0.230 | 2000.00 | 200.00 | 210800.00 | 4848.40 | 215648.40 |
| B | 0.980 | 2000.00 | 200.00 | 148720.00 | 14574.56 | 163294.56 |
| C | 0.740 | 2000.00 | 200.00 | 115200.00 | 8524.80 | 123724.80 |
| 总计 | | | | 474720.00 | 27947.76 | 502667.76 |

# 3.13　故障数据分析一览

从计算机维修管理系统（CMMS）获得的故障数据，按图 3.3 中的故障组件进行分组，并按故障发生次数排序。如果加以控制，故障次数大致等同于企业的成本节约机会。图 3.4 显示了故障数据分解为故障模式并按修理时长进行排序。

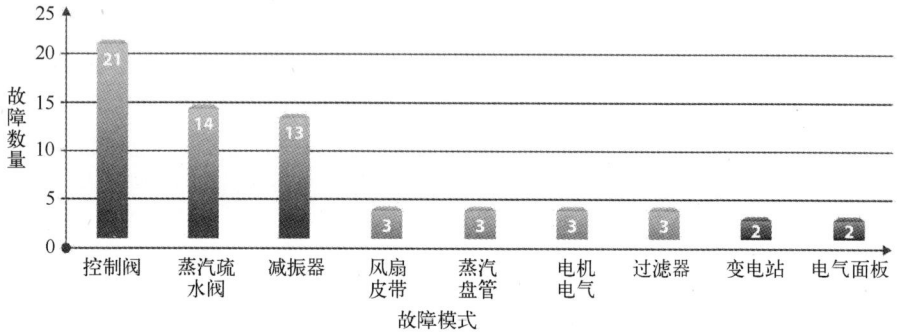

图 3.3　2009 年部件故障数据

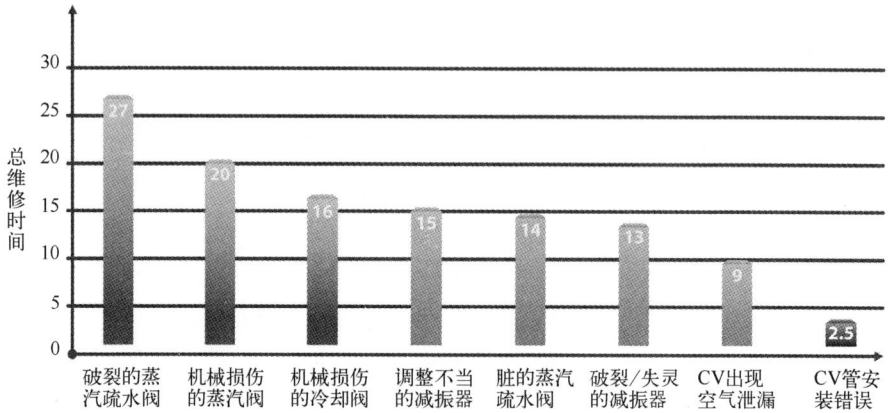

图 3.4　2009 年大多数重复出现的故障模式

# 3.14　Weibull 分布与分析简介

Weibull 分析的主要优点是能够在极小的样本中提供合理准确的分析和故

障预测。Weibull 曲线的两个特征参数包括形状参数 $\beta$ 和特征寿命 $\eta$[4]，其中形状参数 $\beta$ 与故障的物理性质有关，特征寿命 $\eta$ 是 Weibull 分析中出现故障的典型时间。这种双参数 Weibull 分布是目前寿命数据分析中应用最广泛的一种分布[5]。从 Weibull 累积分布函数（CDF）可以得到故障概率 $F(t)$ 和截止时间 $(t)$：

$$F(t) = 1 - e^{\left(\frac{t-\gamma}{\eta}\right)^{\beta}} \tag{3.4}$$

$$R(t) = e^{-\left(\frac{t}{\eta}\right)^{\beta}} \tag{3.5}$$

式中：$F(t)$ 为到 $t$ 时刻之前发生故障的概率；$R(t)$ 为可靠性，即到 $t$ 时刻之前不会发生故障的概率。

形状参数 $\beta$[6] 的意义可以解释如下：

$\beta<1$：表明过早故障发生，需要对其实施修理。此外，建议对维修质量进行检查，也可能需要做出改进设计。预防性替换将增加故障的数量。

$\beta=1$（近似）：表明随机故障以恒定概率出现。如果故障频率高，应对设计进行改进。不建议实施定期更换，因为它们不会降低故障概率。如果经济条件允许，对故障开展预防性监测或许更好。

$\beta=1\sim3$：表明磨损形故障发生并表现出一些随机故障的特征。固定时间更换通常不建议。如果成本允许，可以对其进行监测，并在故障时开展一些维修可能是必要的。

$\beta>3$：表明出现磨损。固定时间更换可能是有效的，这取决于对 PM 成本与故障成本的权衡。

基于 Weibull 分析，一些部件在规定的运行时间后将被丢弃或更换，在这种情况下，需要计算出最佳的更换时间。要使得这种预防性更换是合适有效的，必须同时满足两项要求。首先，当组件状态随着时间的推移变得越来越差时，PM 的意义得到体现。换句话说，随着组件老化，它变得更容易失效或容易磨损，从可靠性来看这意味着组件有一个不断增加的故障率。第二个要求是预防性替换的成本必须小于发生故障时 CM 的成本。如果这两项要求都满足，那么 PM 是合适的，并且可以计算出进行预防性更换的最佳时间（产生最低成本）[7]。

## 3.15　最佳更换时间分析

总维修成本是纠正性维修成本和预防性维修成本之和，图 3.5 显示了上述三者之间的关系。一般来说，只要预防性活动减少，纠正性活动（对故障设施修理）就会随之增加。总成本通常是一条最低或最优的曲线。

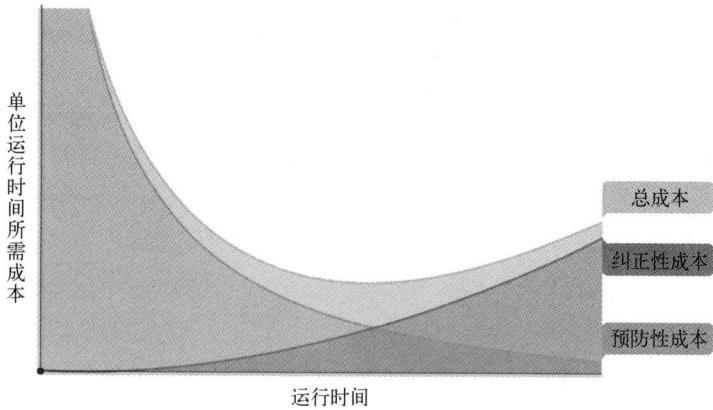

图 3.5　计算最佳更换的时间

采用式(3.6)可以计算出最佳的更换或预防性修复时间:

$$\mathrm{CPUT}(t) = \frac{寿命周期内总更换成本}{预期寿命} \tag{3.6}$$

$$\mathrm{CPUT}(t) = \frac{Cp * R(t) + Cu * (1 - R(t))}{\int_0^t R(t)\,\mathrm{d}t} \tag{3.7}$$

式中:$Cp$ 为预防性更换成本;$Cu$ 为纠正性更换成本;$R(t)$ 为 $t$ 时刻之前不会发生故障的概率。

## 3.16　使用 Weibull 分布的详细故障数据分析

利用 Weibull 分布分析了最常见的故障模式。Weibull 报告见表 3.3。图 3.6 给出了 Weibull 图的一个示例。

表 3.3　Weibull 参数汇总

| 故障模型 | 总修复时间/天 | 形状参数 $\beta$ | 特征寿命 $\eta$/天 | 故障类型 |
|---|---|---|---|---|
| 破裂的蒸汽疏水阀 | 27 | 0.75 | 86.7 | 过早 |
| 机械损伤的蒸汽阀 | 20 | 4.01 | 508.9 | 磨损 |
| 机械损伤的冷却阀 | 16 | 2.25 | 195.5 | 随机+磨损 |
| 校准不当的减振器 | 15 | 1.53 | 195.8 | 随机+磨损 |
| 肮脏的疏水阀 | 14 | 0.96 | 29.9 | 随机 |
| 破裂/失灵的减振器 | 13 | 3.93 | 169.39 | 磨损 |

Weibull概率图

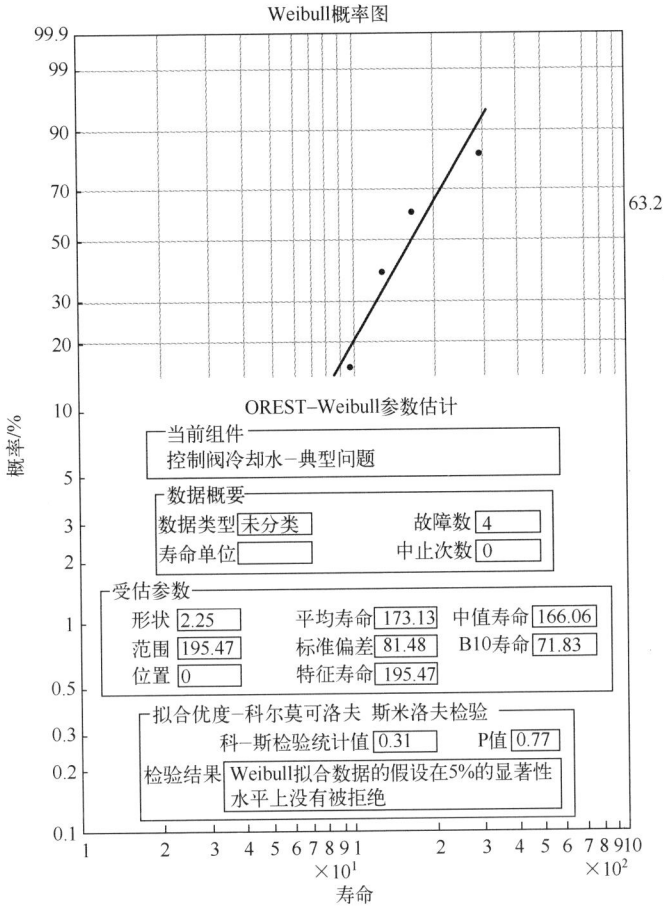

OREST-Weibull参数估计

当前组件
控制阀冷却水—典型问题

数据概要
数据类型 未分类　　故障数 4
寿命单位 　　　　中止次数 0

受估参数
形状 2.25　　平均寿命 173.13　　中值寿命 166.06
范围 195.47　　标准偏差 81.48　　B10寿命 71.83
位置 0　　特征寿命 195.47

拟合优度-科尔莫可洛夫 斯米洛夫检验
科-斯检验统计值 0.31　　P值 0.77
检验结果 Weibull拟合数据的假设在5%的显著性
水平上没有被拒绝

图 3.6　冷却水控制阀故障的 Weibull 分析图(原图模糊—译者注)

　　表 3.3 总结了 2009 年期间最频繁出现的故障模式的 Weibull 参数。表 3.4 列出了基于故障分析和当前维修策略建议的维修策略。如图 3.7 所示,使用 RelCode[①] 软件计算了最佳更换时间。

表 3.4　维护策略建议汇总

| 故障模型 | 当前维修策略 | 最佳更换时机和单位成本 | 推荐的维修策略 | 任务细节和频率 | 任务耗时/h | 故障率/% |
|---|---|---|---|---|---|---|
| 破裂的疏水阀 | 检查、预防性维修需 180 天 | 无 | 检测和重新设计 | 检查维修质量,培训技术人员 | 0.5 | 50 |

---

① 该 RelCode 软件已被其所有者停止使用。

（续）

| 故障模型 | 当前维修策略 | 最佳更换时机和单位成本 | 推荐的维修策略 | 任务细节和频率 | 任务耗时/h | 故障率/% |
|---|---|---|---|---|---|---|
| 机械损伤的蒸汽阀门 | 检查、预防性维修需180天 | 223 天 @ 4.78美元/天 | TBM | 更换 @ 180 天 @ 5.06美元/天 | 3 | 2 |
| 机械损伤的冷却阀门 | 检查、预防性维修需180天 | 67 天 @ 21.76美元/天 | CBM | 阀门开启时间监控和趋势预测-30天 | 0.5 | 1 |
| 调整问题减振器 | 检查、预防性维修需180天 | 72 天 @ 16.20美元/天 | TBM | 重新调整 @ 90 天 @ 16.26美元/天 | 1 | 26 |
| 肮脏的疏水阀 | 检查、预防性维修需180天 | 无 | 检测和重新设计 | 检查正确的阀门使用/安装设计 | ? | ? |
| 破裂/失灵的减振器 | 检查、预防性维修需180天 | 74 天 @ 7.33美元/天 | TBM | 大修 @ 90 天 @ 7.80美元/天 | 3 | 8 |

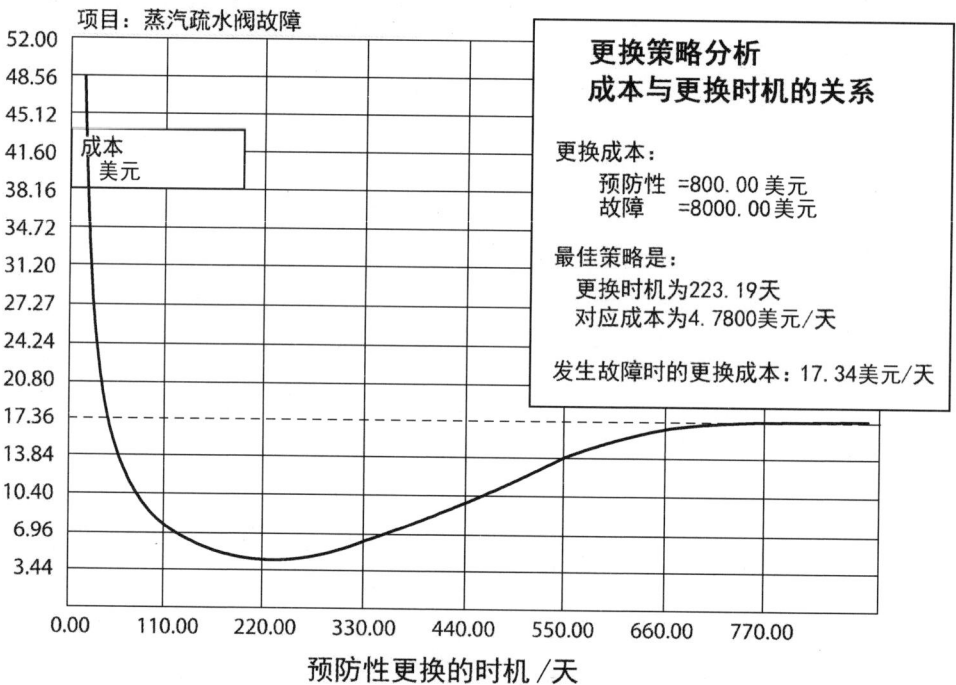

图3.7 蒸汽控制阀更换分析

通过将 Weibull 分析和最佳更换分析两者结合,使我们能够根据2009年的基本故障数据来确定和预测维修计划成本。表3.5显示了推荐的策略对可靠性、可维修性和可用性的影响,可以看出新策略避免了28次与最常见故障模式相关的故障。此外,与 PM 相关的成本也显著增加,但与故障相关的停机成本预计将下降一半以上,如表 3.6 所列。由此看来,通过采用新的维修策略,那些最费钱的故障模式确实减少了。

表 3.5　采用新的维修策略预测系统可用性

| 系 统 序 号 | 故 障 次 数 | MTBF/天 | MTTR/h | 固有可用性 |
|---|---|---|---|---|
| A | 12 | 30.42 | 2.92 | 0.9960 |
| B | 11 | 33.18 | 3.31 | 0.9959 |
| C | 13 | 28.08 | 2.77 | 0.9959 |
| 总计 | 36 | | | |

表 3.6　采用新的维修策略预测维修成本

| 系统序号 | PM/CM 时间比 | 每小时故障 成本/美元 | 每小时 PM 成本/美元 | 每年总故障 成本/美元 | 每年 PM 项目 成本/美元 | 每年维修总 成本/美元 |
|---|---|---|---|---|---|---|
| A | 2.855 | 2000.00 | 200.00 | 70080.00 | 20007.84 | 90087.84 |
| B | 2.910 | 2000.00 | 200.00 | 72820.00 | 21190.62 | 94010.62 |
| C | 2.900 | 2000.00 | 200.00 | 72020.00 | 20885.80 | 92905.80 |
| 总计 | | | | 214920.00 | 62084.26 | 277004.26 |

## 3.17　结　　论

通过使用 Weibull 分布对具有故障历史且故障事件有良好文档记录的设备进行故障数据分析,显著提高了经典 RCM 分析的能力,从而能够在数据中识别故障模式和修复时间。这种分析能揭示故障的物理性质,从而选择合适的维修策略来解决故障并降低其故障率。此外,当 CM 和 PM 成本已知时,能够通过确定和实施最佳的更换策略或 PM 间隔来减少与某一故障类型相关的总维修成本。

我们对空气处理和除湿装置的具体案例的结果显示,执行拟议的维修战略可使这三个装置的总故障减少 59.4%,从而每年减少总维修费用 215 663.50 美元。预期的设备可用性是通过减去 2009 年本应避免的维修小时数来确定的。

## 3.18　RCM-R 工艺图

对项目的结果进行分析,并将处理客户问题的所有工作组织到一个逻辑过程中需要一些时间,如图 3.8 所示。这种特定的可靠性分析是为具有特殊需求的客户执行的,但是,如果该客户的"特殊"需求在其他公司重演呢？RCM-R 因此被开发出来,作为一个按照美国汽车工程师协会(SAE)JA1011 标准与可靠性量化工具来补充经典 RCM 的工艺。当应用的对象是具有故障历史记录的关键资产时,RCM-R 是一种特别有效的工具。虽然严格准确的故障数据是进行Weibull 分析所必需的,但如果只有一些不太精确的数据可用,这种方法也还是可以采用的。在某些情况下可以使用访谈方式来收集足够的信息,从而尽可能准确地估计 Weibull 参数,这些参数可以与现有数据相关联。但是,不管怎么样都应该鼓励资产所有者提高故障数据文档的质量,以便将来进行更好的可靠性分析。

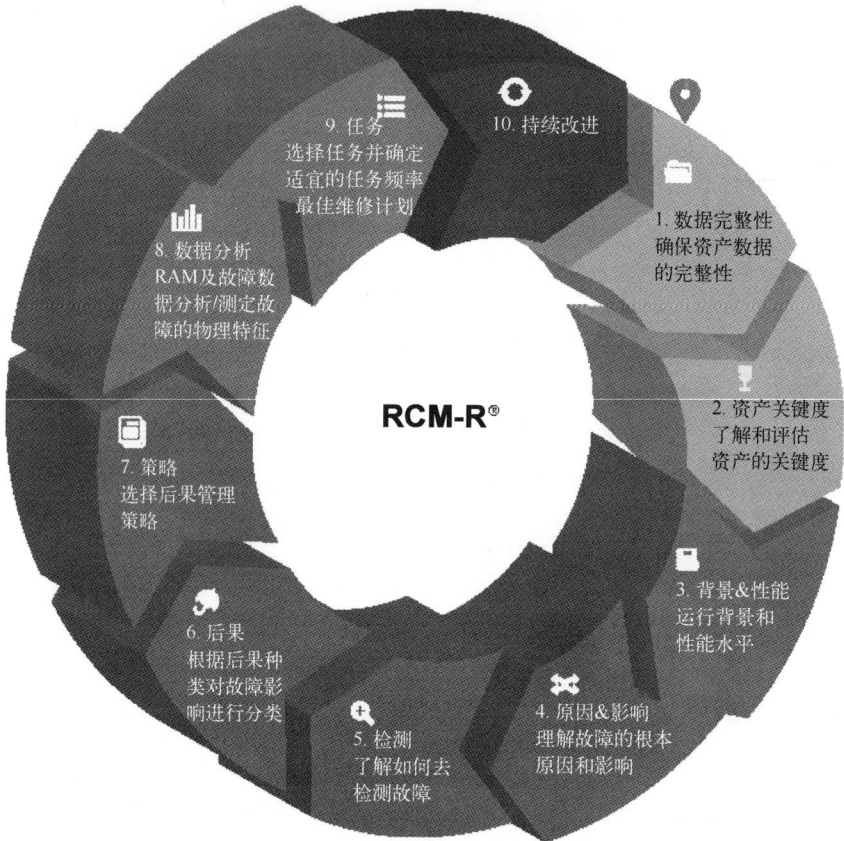

图 3.8　RCM-R® 工艺的十个阶段

　　RCM-R 工艺的全部 10 个阶段将在下面的章节中详细解释。第 4 章关注在对关键资产执行 RCM-R 操作之前要考虑的方面。第 1 和第 2 阶段涉及资产数据完整性和关键度,以及其他重要的考虑因素,将在本章进行讨论。第 5 章将集中讨论资产的功能和功能性故障,第 3 阶段涉及的功能和功能性故障的各个方面都至关重要,此外故障类型和类别也将在本章中讨论。第 6 章通过讨论故障模式及其原因来介绍第 4 阶段的部分内容,而该阶段的其余部分将作为第 7 章的一部分来讨论故障影响。第 7 章还包含了第 5 阶段的讨论,旨在理解如何检测故障。第 8 章对故障影响按照后果类型(阶段 6)进行了分类。第 9 章详细讨论了各种主动维修技术。第 10 章讨论的是维修策略选择(阶段 7)和 RCM-R 决策图。RCM 微调(第 11 章)侧重于对补充的定量工具的使用和任务频率(第 9 阶段)的确定,前者包括 RAM 和 Weibull 分析(第 8 阶段)。最后,第 10 阶段将在第 12 章中介绍。现在我们已经介绍了 RCM-R 方法,接下来准备详细解释整个重新设计的过程。

# 参 考 文 献

[1]　John D Campbell, James V Reyes - Picknell. *UPTIME*:*Strategies for Excellence in Maintenance Management*,3rd edn,2015,Productivity Press,New York,456.

[2]　Emile W Eerens J. *Basic Reliability Engineering*,1st edn,2003,Le Clochard,Mount Eliza,22.

[3]　Campbell,Reyes-Picknell. *UPTIME*,464.

[4]　Robert B Abernethy. *The New Weibull Handbook*,5th edn,April 2010,Abernethy,Author and Publisher,North Palm Beach,Florida,1-3.

[5]　Abernethy. *Weibull*,2-2 to 2-3.

[6]　Raymond Beebe. *Machine Condition Monitoring*,2001 edn,MCM Consultants Pty,6-7.

[7]　Reliasoft. *Quarter 2 2000*:*Issue 1*,*Optimum Preventive Maintenance Replacement Time for a Single Component*,www. reliasoft. com/newsletter/2Q2000/preventive. htm.

# 第4章　RCM-R 的准备工作

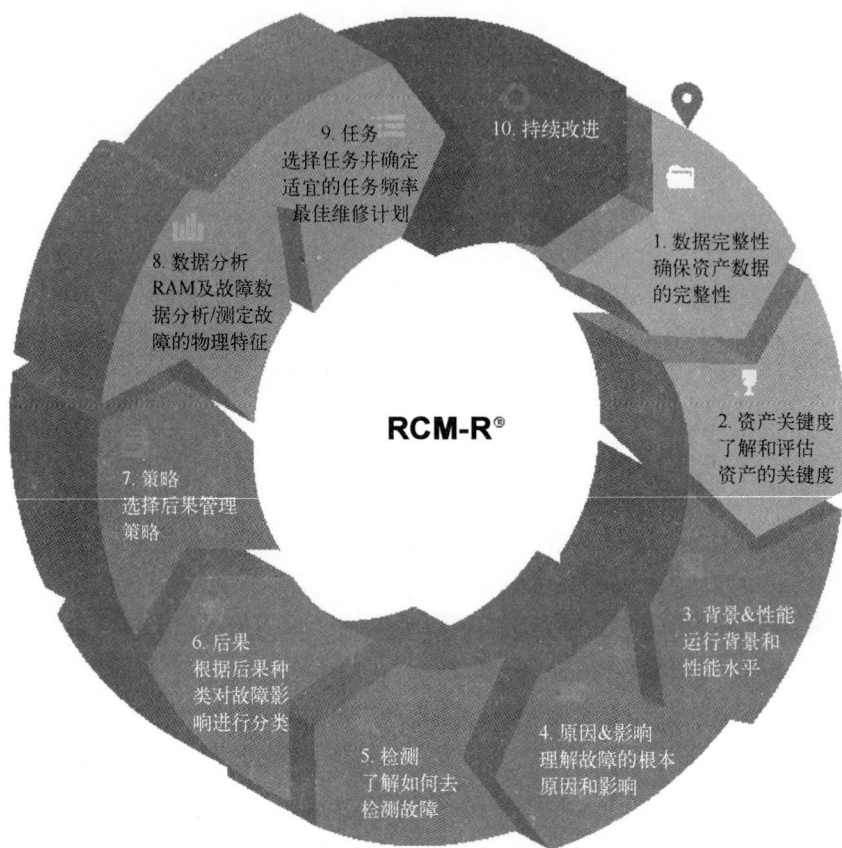

四个内部子工艺：

- Ⅰ－准备工作
- Ⅱ－AE JA1011/1012
  对应的RCM
- Ⅲ－微调
- Ⅳ－实施&支持

# 4.1　确保资产数据的完整性

数据本身没多大用处，只有放在具体的背景中，它才有了意义。在我们的背景中，资产数据完整性就是要确保数据准确，并且在特定的背景中有意义。资产数据是关于工厂资产的事实（数据）的集合，这些事实（数据）以原始、完整和可靠的形式向需要它的人提供相关信息。那么，什么样的数据才是开展资产维修优化所需要的呢？我们认为，RCM-R 分析是建立在以利益相关者的期望为商业目标的基础上的，因为这些期望被传达到了操作层级。维修管理决策需要基于能转化为相关信息的事实。

如今，许多公司都是数据丰富甚至超负荷的，但其中的很多都是信息贫乏的，或者是数据不在正确的背景中，或者是不准确的、不完整的，甚至是缺失的。在今天的企业中积累了大量的数据，其中相当一部分与操作和维修有关，我们应该善于挑选那些对分析有用的数据。我们从资产数据中获取的价值有可能为你的公司效益做出重大贡献，但如果你的资产数据不可靠，你的公司就可能无法避免各种不可预知的风险。想当然地认为数据可靠是有风险的，而将数据转化为可以信任的信息可能相当复杂。

在《信息周刊》（2007 年 1 月）的一篇文章[1]中，作者 Marianne Kolbasuk Mc-Gee 报道了埃森哲公司（Accenture）的一项研究结果，该研究调查了 1000 多名来自美国和英国的企业管理者，他们的年收入超过 5 亿美元。研究发现，中层管理者平均每天要花大约 2h 去寻找他们所需要的数据。有两个主要的原因导致了他们在很多情况下都没能找到他们想要的东西，以至于大量的时间都被浪费了，首先是数据的量太大，而大部分都是不需要的；其次是数据的质量或完整性通常较差，许多数据要么是不准确的、过时的、不一致的、不完整的，要么是格式不正确的或难以理解的。

如果企业想从资产中获取最大价值，重视资产数据信息对于所有层级都是至关重要的。设备的原始数据是没有直接经济价值的，除非将它们转换成对执行工作或制定决策有帮助的信息。良好的数据就像法庭上的证据——对于判断和证明正在发生的事情，从而制定好的决策是必不可少的。因此，维修和操作的成功在很大程度上依赖于良好的资产数据和信息，有了它，就可以开展数据分析，并对数据进行处理，将其转换成有价值的信息。员工层面的良好信息对于实现生产目标至关重要。

管理者每天都需要获取准确、可用和符合目的的信息来进行分析，同时也有责任编写出简明扼要的报告，使高级管理层一直到首席执行官级别都能做出合理的商业决策。这样的决策,如果是基于可靠数据的分析,就可以为企业带来最大的利润。我们在所有业务层级上所做的选择,也可能受到外部所提供的数据的影响。资产设计者、供应商和安装人员需要提供与其工作、所提供的服务或所供应的设备相关的正确和可靠的数据。与此同时,资产的最终用户也必须对资产的功能使用计划和工作环境提供精确信息,甚至客户数据也是不可或缺的,因为它是整个流程的驱动因素。资产数据应遵循的过程如图 4.1 所示。

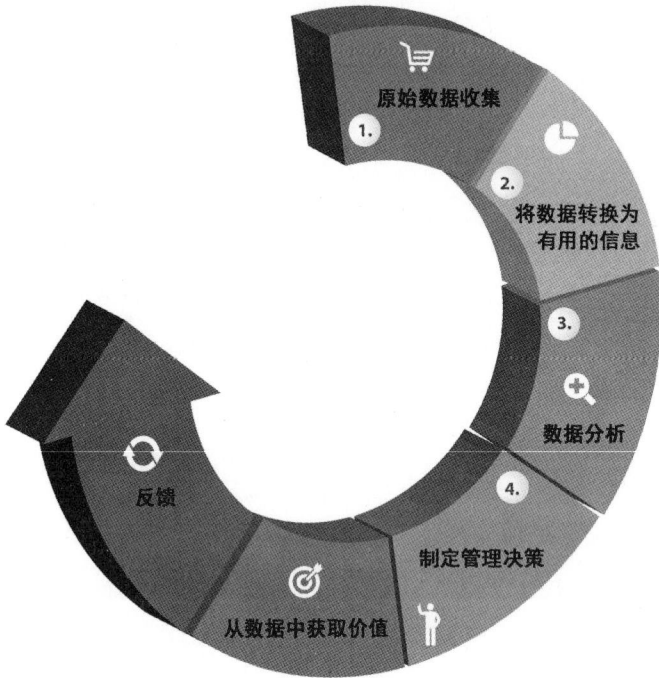

图 4.1　资产数据流程图

假设我们正在检查对工厂中最关键的旋转机器进行 RCM 分析后得出的建议。我们发现其中一个可能的故障模型是由于轴承老化出现了磨损,于是团队首先对轴承寿命进行了合理估计,同时给资产分配了适当的任务(振动分析),并通过一个"几乎无误"的数学模型计算出最佳任务频率。其次实施了新的维修计划,预测维修技术人员通过分析轴承盖上的振动数据,能够检测出轴承的早期磨损。然后,技术人员能够随着时间的推移对故障进行跟踪。维修和生产管理部门决定在不影响生产的情况下一次更换轴承。到目前为止,我们已经正确地应用了图 4.1 的资产数据流程图。因此,如果轴承维修工作实施得当,工厂就能将原始振动数据转化为有助于制定管理决策和避免关键机器发生意外故障的有用信息,从而获得价值。现在,让我们看看在这个事件中发生的其他事情。技术员去库房更换轴承时,发现维修库房资产登记号下的轴承并不适合该机器使用,经过确认是供应商的轴承数据有误,而专用轴承从订货到交付工厂的时间为5天,因此维修将不得不中止,这样既增加了机器故障的风险,也可能招致其他本可避免的停机时间。到底是哪里出了错?答案就是外部供应商提供了错误的信息,违反了图 4.1 中描述的资产数据模型的第一步。要知道如果由外部提供、处理和/或分析的数据不正确,即使是设计—建造—维护—操作都良好的工厂也可能面临严重的风险。在《资产数据完整性是一个严肃的事情》[2]一书中,作者解释说,资产数据具有很多组成部分,而这些组成正是制定资产在整个寿命周期内的管理决策所需信息的重要来源。根据作者 DiStefano[2] 的观点,数据可以分为不同的种类:

(1)物理数据。这种类型的数据描述了我们所提到的资产的类型。例如,物理数据可以描述某物是搅拌器、电机、热交换器、反应堆、泵或工厂设施中的任何其他资产。

(2)尺寸数据。这类数据与尺寸特征相关联,提供用户尺寸、形状、重量等方面的信息。

(3)技术数据。这类数据为用户提供了维修所需的更具体的信息。例如,建筑材料、管道和仪表图以及设计图纸都被认为是技术数据。

(4)以可靠性为中心的数据。来自预测技术的测量图和源自预防性维修工作的信息属于这一数据类别。

(5)与维修有关的数据。侧重于时间和材料要求的维修数据被归类为与维修有关的数据。

(6)故障数据。这是设备故障时实际发生的数据。寿命数据分析是 RCM-R 的一个重要组成部分,因为它的结果展示了故障的物理特征,这种分析使得管理层能够相应地重新设计维修策略。

(7)材料数据。建筑材料的数据对操作、维修和环境健康与安全(EHS)很重要;泵内的湿润部件材料对于处理环境危险液体的过程很关键。因此,需要谨慎选择冶金和弹性体部件的特性,以避免生产损失,同时也避免安全和环境危害。

(8)位置数据。物理位置描述资产所在设施中的部位。

(9)照片数据。对无法到达资产位置的用户而言,随时间推移拍摄的资产图片非常有价值。

(10)财务数据。资产费用信息可以通过资产组件的财务代码进行记录。与维修、操作和备件消耗相关的数据属于这一类。

（11）分层数据。保留特定组件、子系统和完整系统的数据是明智的做法。所以，搞清楚资产在设施中是如何定位的，以及如何在物理上和从过程的角度理解资产与设施内其他组成部分和系统的联系非常重要。

（12）安全数据。这类数据对于确保资产安全运行非常重要。

（13）环境数据。结合资产以往的表现，对其运行和维修过程中可能存在的环境风险进行分析是必要的。

怎么才算得上是好的数据？最重要的一点是，我们能够确信数据是正确的。如果我们获得的数据是不正确的，那么分析得到的决策也不会正确。准确性是良好数据所具有的另一个特征，即绝大多数情况下都能采集到正确数据的能力。图 4.2 总结了良好数据的要素。

图 4.2　与良好数据相关的特性

RCM-R 是一种对关键实物资产确定维修任务的非常有效的工艺，特别是在生命周期内的运行和维修阶段。因此，任务一级的数据完整性是通过 RCM-R 评估达到资产最佳可靠性的必要条件。从纠正性和预测性工作任务中采集的相关数据，是确定关键资产的当前性能状态，以便为后续改进奠定基础的关键因素。实现资产的数据完整性是一个复杂的过程，既存在于任务层面，也存在于战略业务层面。为了获得最优的价值，需要一个主动的数据管理过程，如果工厂的数据管理过程是被动的,而且数据采集效果也不佳,那么任何旨在提高资产可靠性的努力都得不到最好的结果。

## 4.2　RCM-R 数据

我们已经提到,成功的资产管理和维修管理依赖于基于良好数据的分析和决策,RCM-R 分析作为一种维修和资产管理工具,在其全部 10 个阶段也需要具体和可靠的数据,以便为实施该分析的机构提供最大价值。因此,为了搞清楚我们应该如何看待数据完整性,以及我们所拥有的数据是否可信,RCM-R 的第一步就是审查维修(有时是操作)数据的收集过程。

RCM-R 结合了定性和定量分析,需要有良好的数据。这一过程的某些阶段需要非常精确的数据分析,而另一些阶段可能只需要征求主题专家基于他们对所分析资产的经验所提出的观点。第 7 章和第 11 章将进一步对 RCM-R 的每一阶段所需的数据进行详细说明。在我们对整个流程的每一步进行介绍时,还将详细解释如何将 RCM-R 数据转换为有用的信息,向最终用户提供价值。一般来说,RCM-R 过程会用到涉及操作、技术、可靠性、维修、故障、材料、财务、安全以及环境等方面的各种数据,用来进行分析并制定决策,决策过程的产物是一项优化后的旨在为机构提供最大价值的故障管理计划。因此,停机期间的维护和操作文档、备件消耗情况、总 PM 工时、人员技能、修复性维修的工时、故障事件、质量缺陷等信息都是必不可少的。为了执行一项成功的 RCM-R 分析,系统管路和仪表图(P&ID)、维修和操作手册以及涉案资产的安全与环境问题通常都是必需的。此外,还需要对资产的当前状态有一个清晰的了解,以便为每个 RCM-R 项目建立相应的期望目标。最后,分析后的审计将揭示出每个特定资产的 RCM-R 项目的成功程度。

## 4.3　数 据 注 入

某公司创始人曾受邀对欧洲一个小工厂内设施的 RCM-R 实施方案进行讨论。在访问期间,他注意到在他与维修经理交谈时,该经理多次被打扰,机械师们反复走进维修经理的办公室,去领取由老板打印的文字处理程序发出的工作清单。每次维修经理都会打开日志,给没有正式资产号的设备手工签发一个工作清单号,同时提醒机械师列出他们修理故障泵所用的零件。这些观察结果显示,他们需要做大量的前期工作,才能在他们的设施中实施 RCM-R。在成功实施旨在提高资产可靠性的任何常规维修管理工作之前,有一些非常基本的工具必须就位。连贯一致的资产数据登记分类系统(通常称为分类法)及其对应的唯一资产标识,便是开发资产管理计划和做出基于事实的维修决策所需的工具之一。

资产数据登记可以是简单的资产列表,也可以是具有地理信息系统链接的技术数据库、技术规范、图纸、维修视频剪辑等形式的资产详细信息。资产登记的详细程度因公司而异。大多数公司都非常重视财务数据,而将工程和维修信息的重要性降低,这只会导致工程和维修决策上的错误或过度。因为,财务信息只记录支出,而维修和工程信息则可以为未来的决策和行动以及支出提供依据,可以说这对于维修企业运营更为重要。图4.3展示了资产数据登记册中记录的典型信息。

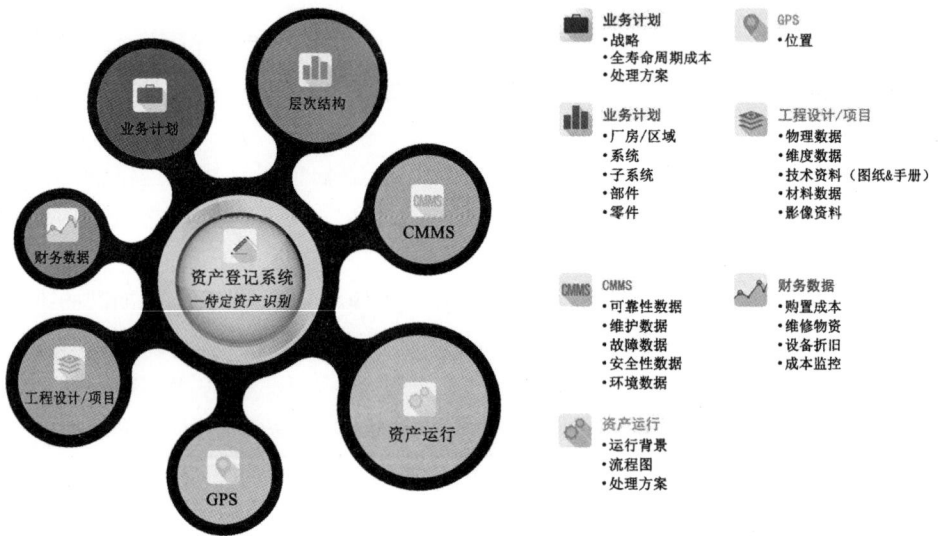

图 4.3　资产数据登记信息

"确保资产数据完整性"一节中提到的所有数据项目都包含在了数据登记系统中。但是,它们是按照所属的数据组被归类在不同的框中。例如,可靠性和维修数据属于计算机化维修管理系统(CMMS)数据组,而尺寸和技术数据包含在设计/项目工程组中。通常,这些数据组实际上是在单独的信息技术(IT)系统/数据库中管理的,能够访问所有这些信息并使它们彼此一致是一个重要的考虑因素。

为了更好地处理信息,必须在数据库中有序地记录数据。当数据库按照逻辑方法构建时,数据的存储、回忆、排序和分析会变得更加有效,否则在每次需要一个决策时,都必须对每个决策或每一类决策重新构建结构。资产数据的分级方式有多种,从3级到5级,一直到复杂的9级资产数据结构。ISO 14224 标准

《石油、石化和天然气工业——设备可靠性和维修数据的收集和交换》就建议为油气设施建立一个详细的 9 级分类系统。图 4.4 显示了 ISO 14244 标准推荐的资产分类系统。简单的 5 层结构提供了一种实用的方法,推荐用于不太复杂的设施。图 4.5 显示了在一般制造企业中广泛使用的 5 级结构分类模型。

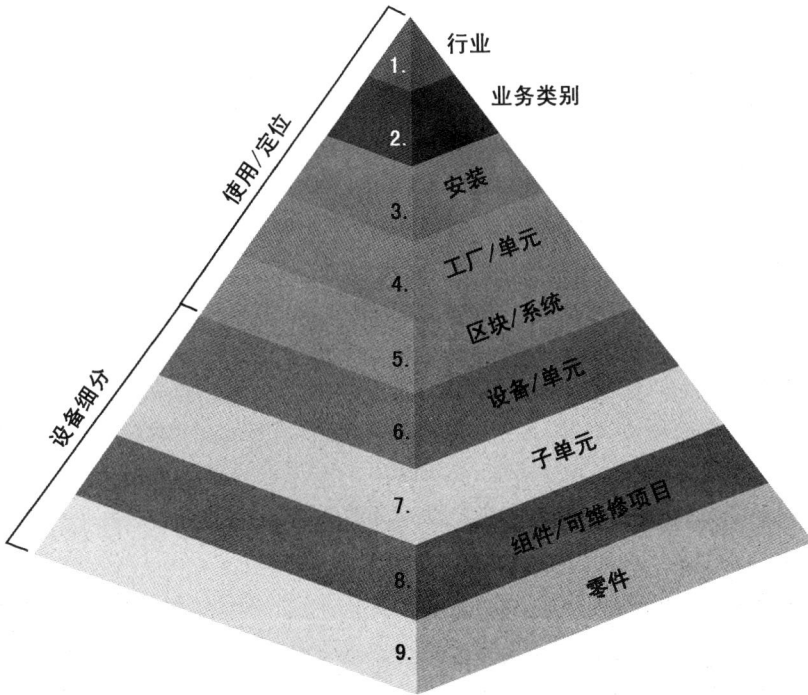

图 4.4　根据 ISO 14224 的资产数据登记信息

下面的示例展示了 ISO 142244 资产数据登记册是如何在全部 9 个资产数据级别组织信息的:

(1) 工业 = 石化;

(2) 业务类别 = 石化;

(3) 安装 = 石化综合设施;

(4) 工厂/单位 = 甲醇工厂;

(5) 部件/系统 = 冷却水;

(6) 设备单元 = 泵;

(7) 二级单元 = 密封润滑系统;

(8) 组件/可维护项目 = 润滑油泵;

(9) 备件 = 垫圈。

图4.5所示的资产数据登记系统从工厂或地域一级开始(1),其次是生产单位或功能资产组(2),然后是确定具有特定功能的资产或机器(3),然后是可维护的项目(4)。最后,才是经常发生维修的组件或零件(5)。请参阅下面的示例,其中使用了简单的5级结构。

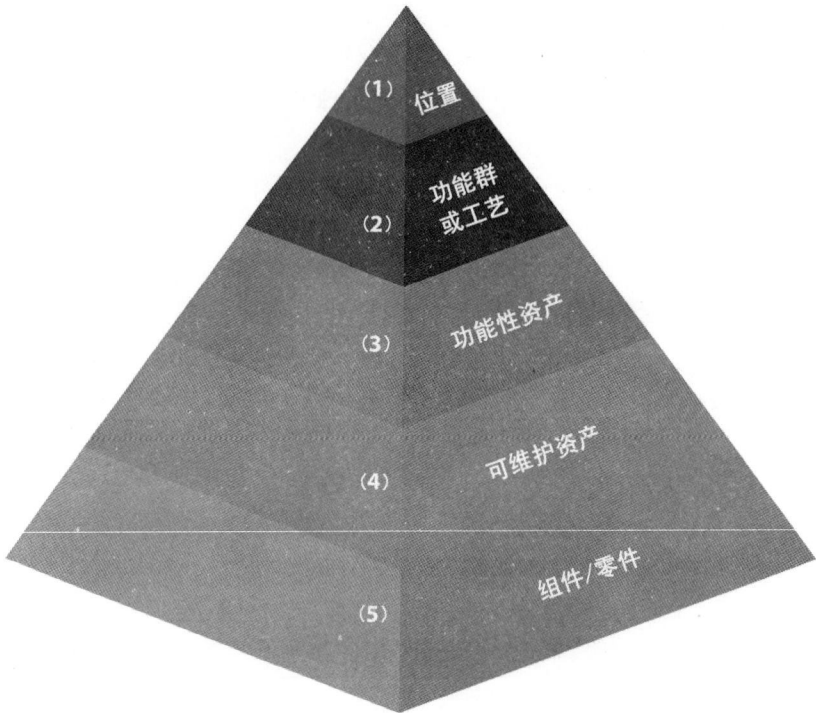

图4.5  资产数据登记信息为5级

(1)地点=休斯顿3;
(2)工艺=二氯甲烷蒸馏;
(3)功能资产=再流泵;
(4)可维修资产=感应电动机;
(5)组件=油封。

资产编号或唯一标识符与企业使用的资产登记类型相关联,而不论所选择的资产登记册系统的复杂性如何。通常,不能修理的单个项目如轴承、保险丝、密封件、小型联轴器和滤芯,不会被分配一个资产编号,而是一个维修部件库存项目代码。因此,资产数据登记系统示例中提到的泵电机最终可能只有一个4级设备编号或资产标识符。例如,H3-MCD-P1-M 可能是一个资产编号,用于标识 1 号泵的发动机,该泵为休斯顿 3 号工厂的 $CH_2Cl_2$ 蒸馏塔提供服务。从设计到维护,许多与 P1 这个单元相关的信息都可以记录在它唯一的资产号下。

## 4.4　工作清单数据

工作清单是 RCM-R 和其他维护管理工具及工艺的重要数据来源。因此,关于数据完整性的规则同样也适用于从工作清单中提取的信息,用于可靠性改进和关键资产的分析。可惜的是,大多数维修工厂在他们的维修工作清单中记录的数据都很糟糕,在审计关键资产的维修工作清单时,经常会发现诸如"单元已修复"或"电机已检查"之类的注释。从这些数据中获得的信息是如此模糊,以至于管理层不可能基于这些数据做出好的决策。例如,是什么故障导致需要进行修复,甚至是否发现了故障组件? 所有这些我们都无法从模糊的工作清单中分辨出来。确保良好、有用的数据确实增加了维修计划的工作量,但其出发点是希望操作报告的症状(如单元不能正常工作)能得到解决,甚至可能在将来的 PM 任务中被避免。RCM-R 流程的前提是可以对工作清单中记录的故障数据进行统计分析,从而找出每个关键故障的主要失效模式,然后可以基于故障数据的统计分析对 RCM 分析进行微调,以获得更好的维修策略和任务间隔分配。

对故障原因的识别和运行时间的精确确定是 RCM-R 过程中的一个必要环节。做到了这一点,就可以进行有效的数据分析,从而对维修策略做出正确的决策。工作清单数据是任何一个良好的可靠性改进程序的框架。因此,维护工程师和可靠性工程师必须确保重要的故障和维修数据包括在他们对关键资产的修复和主动工作清单中。ISO 14224 标准建议将此数据记录在用于维修目的的关键资产上,因为没有比维修工作清单更合适的地方来包含这些数据。

(1) 设备标识/位置:包括子单元和可维修的项目(正在维修中);

(2) 故障代码(与预防性维修无关);

(3) 进行或计划进行维修活动的日期(开始日期);

(4) 维修类别(纠正、预防);

(5) 维修优先级(高、中、低);

(6) 维修活动的描述,包括故障原因和主要发现;

(7) 对工厂运营的维修影响(零部件或全部);

(8) 维修数据备件消耗(位置和可用性);

(9) 各门类的维修工时(机械、电气、仪器等);

(10) 维修工时,总维修工时,维修资源使用;

(11) 对设备进行主动维修工作的时间;

（12）维修时间，维修延误/问题。

RCM-R 过程将工作订单中那些良好的数据转换成有用的信息，使 RCM-R 项目组能够为研究中的资产做出最佳的维修任务选择。

# 4.5　资产关键度分析

资产关键度分析（ACA）是评估资产故障如何影响企业目标的一个工具。当企业决定实施一个资产管理计划并拥有一个连贯的资产数据登记系统时，便需要用到 ACA 对即将开展 RCM-R 分析的资产区分优先次序。此外，ACA 还特别指出，可靠性的改进应该基于计算的风险而不是个人的主观臆断。资产关键度排序没有国际标准，但在故障风险管理方面有标准可循：

ISO 14224（石油、石化和天然气工业：设备可靠性和维修数据的收集和交换）；

ISO 31000（风险管理：原则和指南）；

IEC 60812（系统可靠性分析和技术：故障模式和故障影响的分析流程）。

这些用于故障风险计算的宝贵信息，在资产关键度排序评估工具的设计中同样能发挥作用。对此，一些私营公司开发了全面的基于标准的 ACA 方法。

ISO 31000 标准将风险定义为不确定性对目标的影响，目标可以是各种企业行为，如财务目标和 EHS（环境管理、职业健康、安全管理体系）目标，也可以适用于不同的组织层次，从部门到工厂，一直到企业。风险将潜在事件（故障）及其后果的组合与组织联系起来，因此风险是以事件的后果与事件发生的关联相似度相结合的形式来表示的。

ACA 也是一个根据故障对组织目标的影响来对资产排序的过程。ACA 的执行离不开来自操作、维修、工程、质量和 EHS 等多学科团队的整体参与，在某些情况下，可能还需要联合设计和材料等其他部门。之所以采用这种多学科的方法，主要是为了克服个人对特定资产关键度的主观臆断，以确保资产关键度排序分析的准确性，这个过程应该尽可能客观。如图 4.6 所示，团队在评估所审议的每一项资产时遵循了一个合乎逻辑的逐步程序。

如图 4.7 所示，风险矩阵准则由后果和似然成分共同决定。开展 ACA 所需的资产故障后果的 4 个基本部分分别是操作、维修、安全（和健康）以及相关的环境。团队在评估资产故障如何影响组织的目标时，通常都会考虑到这 4 个方面的综合影响。这 4 个部分可以细分成更多的分量，以创建一个更复杂的后果矩阵，如操作本身可以细分为操作吞吐量、使用等。此外，维修后果还包括可靠性方面，并可细分为平均故障时间（MTBF）、平均修复时间（MTTR）、平均修复成本（MCTR）、可检测性以及备件方面（可用性、成本、交货期、保质期等）。在为

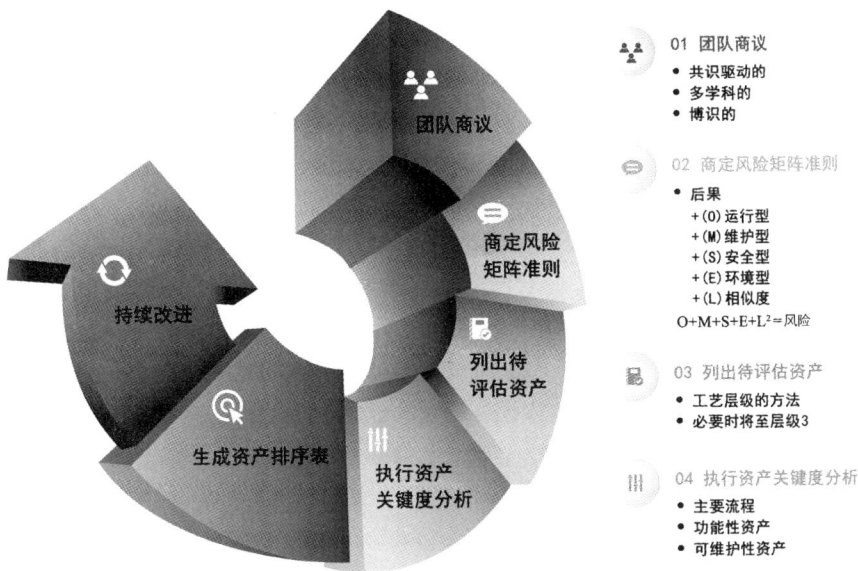

图 4.6　资产关键度分析的一般流程图

ACA 建立风险矩阵时,存在许多可能的组合,然而最重要的一点是,团队最终应该在一个模型上达成一致,并且系统所有者要相信该模型对其资产是适用的。图 4.7 显示了一个通用的 ACA 矩阵。一些 ACA 矩阵会含有对每种后果类型的乘数(数值加权因子),如图 4.9 中可能分别使用 1 表示维修后果,2 表示与生产有关的后果,3 表示环境后果,4 表示安全后果。另外,RCM-R 团队必须就排序分析的标准达成一致,而关键度矩阵便是其中的一个重要组成部分。

　　重要的是要记住,风险分析通常是针对故障事件而不是资产进行的。因此,建立一种将资产完全丧失其功能的最坏可能考虑在内的故障状态是至关重要的。同样有必要的是,应该首先在最高结构层次进行分析,然后在需要的时候降低到可维修的资产。因此,单个工厂的 ACA 必须首先在功能组或流程级别执行,当然,个别系统所有者随后还可能会要求为其所在区域提供 ACA。

　　让我们假设某制造工厂的公用事业经理只想对其职责范围内的资产关键度进行排序,ACA 的结果将用于确定开展 RCM-R 分析的资产优先次序,以及用于其他维修管理工具的应用。他必须首先组建一个多学科团队,按照图 4.6 对公用事业区域的子系统进行评估,然后团队必须商定用于风险评估的风险矩阵。他们决定开发一个类似于图 4.7 的版本。并对后果描述和似然标准做了一些修改,使其更适合他们的特定需求。图 4.8 例举了一个符合其特定需求的 ACA 风险矩阵。

| 简易的资产关键度分析矩阵 | | | | | |
| --- | --- | --- | --- | --- | --- |
| | | 后果类型 | | | |
| 值 | 严重程度 | 安全性 | 环境 | 生产 | 维修 | 可能性 |
| 0 | 无影响 | 无影响 | 无污染 | 无停产 | 无费用 | >5年 |
| 1 | 轻微的 | 无须医疗的损伤 对安全功能无影响 | 轻微污染 | 偶尔停产 | 费用少 | 1年<X<5年 |
| 2 | 中度的 | 需要医疗的损伤 安全功能略受影响 | 个别污染 | 尚可接受的停产 | 费用可接受 | 1月<X<1年 |
| 3 | 严重的 | 严重的人身损伤 安全功能可能丧失 | 显著污染 | 无法接受的停产 | 费用难以接受 | 1周<X<1月 |
| 4 | 灾难的 | 死亡 安全应急系统失效 | 重度污染 | 大规模停产 | 费用十分高昂 | X<1周 |

图 4.7　资产关键度分析的一般矩阵

| 简易的资产关键度分析矩阵 | | | | | |
| --- | --- | --- | --- | --- | --- |
| | | 后果类型 | | | |
| 值 | 严重程度 | 安全性 | 环境 | 生产 | 维修 | 可能性 |
| 0 | 无影响 | 无影响 | 无污染 | 无停产 | 无费用 | 故障从未听说 |
| 1 | 轻微的 | 无须医疗的损伤 对安全功能无影响 | 轻微污染 | X<2%产能 | 费用<$25000 | 故障发生 在行业内 |
| 2 | 中度的 | 需要医疗的损伤 安全功能略受影响 | 个别污染 | 2%<X<20%产能 | $25000<X<$50000 | 故障发生 在公司内 |
| 3 | 严重的 | 严重的人身损伤 安全功能可能丢失 | 显著污染 | 20%<X<50%产能 | $50000<X<$500000 | 系统中约一 年发生一次 |
| 4 | 灾难的 | 死亡 安全应急系统失效 | 重度污染 | X>50%产能 | >$500000 | 系统每年发 生严重故障 |

图 4.8　以公用设施工厂为例的资产关键度分析矩阵

然后,团队列出所有要分析资产关键度的公用事业子系统。接下来,他们使用多学科团队设计和选择的风险标准进行关键度分析,该假设分析的结果如图 4.9 所示。需要注意的是,乘数用于对 4 种后果类型中的每种类型赋予不同的权重,安全性的权重要比其他 3 种大。这些权重因子乘以每个后果类型评估所得到的数值,然后再将每个结果类型评估产生的值之和加到似然值的平方。每项资产的总额都记录在总分栏下,一旦对研究中的全部资产进行评估,就可以对它们进行相对排序,其中最右边的一列用于将 5 个子系统从上到下按 RCM-R 分析的优先级排序。

| 某制造公司——公共事业子系统中的资产关键度分析 | | | | | | | |
| --- | --- | --- | --- | --- | --- | --- | --- |
| 子系统 | 安全 (×4) | 环境 (×3) | 生产 (×2) | 维修 (×1) | 似然值 | 总分 | 子系统排序 |
| 冷冻水 | 0 | 1 | 2 | 2 | 3 | 18 | 4 |
| 冷却塔水 | 0 | 0 | 2 | 2 | 3 | 15 | 5 |
| 蒸汽125Pa | 3 | 1 | 3 | 3 | 3 | 33 | 2 |
| 压缩空气 | 2 | 1 | 3 | 3 | 3 | 29 | 3 |
| 发电机 | 4 | 2 | 4 | 4 | 2 | 38 | 1 |

排序类别 　紧急的　　重要的　　必要的　　非紧急的

图 4.9 资产关键度分析的假想例

上述公式是在研究了以下 3 个简单的选项后得出的经验公式:

(1) 将加权结果的和乘以似然值;

(2) 把它们加在一起;

(3) 将结果加在似然值的平方上。

在这些比较中,最后一项最符合客户基于对被审查资产的经验做出的排名认同。

从图 4.9 还可以看出,表底部有 4 个彩色块,表示可以将资产划分为 4 个可能的组。这个排名系统可以在维修部门进一步使用。例如,可以通过考虑系统、子系统和可维修项目的关键度,以及工作需求的紧迫性来分配工作指令的优先级,这将有助于规划、调度和功能实现。

# 4.6　本章小结

在实施任何正式的维修管理工具之前,企业应该考虑一些重要的方面,其中就包括 RCM-R。对此,我们主要讨论了两个需要切实执行的话题,这也是确保 RCM-R 成功所要做的必要前期工作。资产数据完整性至关重要,因为从不良数据分析得出的结论可能对任何组织都是灾难性的。数据处理工作包括收集、处理和分析原始数据,以供管理决策使用。ISO 14224 是一个推荐收集哪些数据用于可靠性分析的标准,并且向我们展示了如何设计数据登记册(用于分层方式的数据组织),以便在资产的整个寿命周期内更好地处理数据。必须按照正式的资产登记格式分配唯一的资产标识符或简单的资产编号。维修工作清单是维修管理和资产可靠性优化的重要信息来源。因此,从工作清单中收集来的用于可靠性分析的数据必须完全符合图 4.2 所述的特征,才能被认为是好的。最后,ACA 通常被简单地称为关键度排序,是开始执行任何主维修管理工具之前的一项基本工作,它主要用于根据故障对组织目标可能产生的影响,对资产进行优先级排序,从而我们可以利用这些排序来研究那些对企业最关键的资产。ACA 规定了对设施执行 RCM-R 或其他高端优化方法的顺序。

# 参 考 文 献

[ 1 ]　Marianne Kolbasuk McGee. Managers have too much information,do too little sharing,says study,January 2007,*Information Week Magazine*,New York,USA. http://www. informationweek. com/managers-have-too-much-information-dotoo-little-sharing-says-study/d/d-id/1050334.

[ 2 ]　Robert S DiStefano. *Asset Data Integrity Is Serious Business*,2011,Industrial,New York,USA.

# 第 5 章 功能和故障

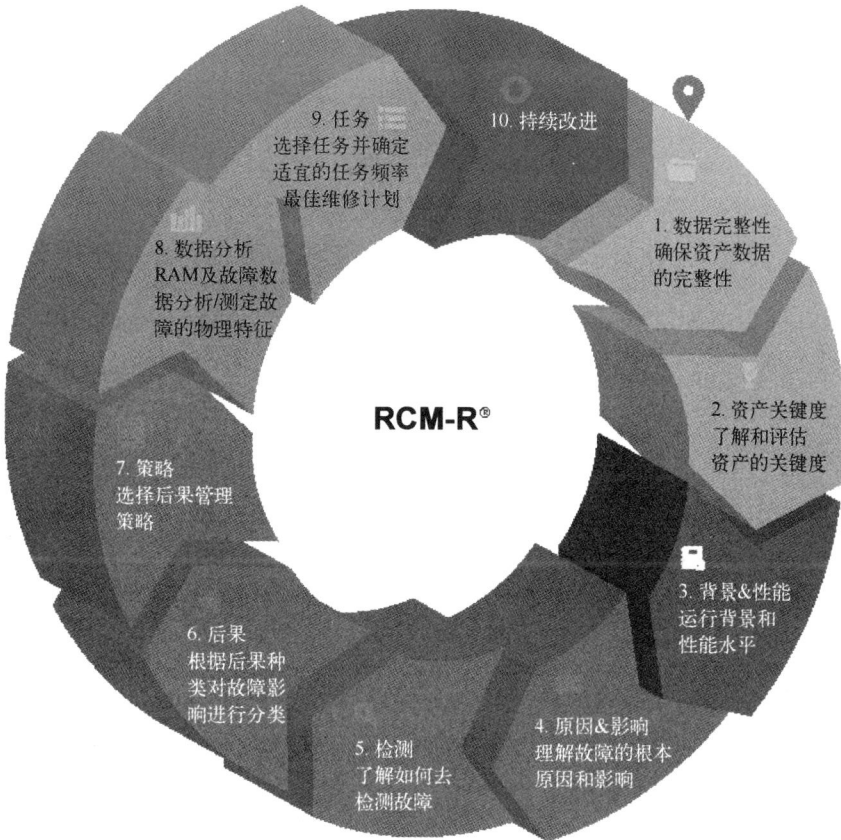

RCM-R®

9. 任务
选择任务并确定
适宜的任务频率
最佳维修计划

10. 持续改进

1. 数据完整性
确保资产数据
的完整性

8. 数据分析
RAM及故障数
据分析/测定故
障的物理特征

2. 资产关键度
了解和评估
资产的关键度

7. 策略
选择后果管理
策略

3. 背景&性能
运行背景和
性能水平

6. 后果
根据后果种
类对故障影
响进行分类

4. 原因&影响
理解故障的根本
原因和影响

5. 检测
了解如何去
检测故障

4个内部子工艺:

Ⅰ-准备工作      Ⅲ-微调

Ⅱ-AE JA1011/1012      Ⅳ-实施&支持
对应的RCM

# 5.1 运行背景

有时,作者会在日常生活中向 RCM 课堂参与者提问,以帮助他们掌握技术概念。例如,我们可能会让参与者指出一辆奔驰车有多少轮胎,或者一些类似的问题来让他们思考运行背景的概念。大多数人回答说一辆梅赛德斯-奔驰有 5个轮胎。的确,我们在高速公路上或购物中心看到的大多数奔驰汽车都安装了4 个轮胎,另外在后备厢里还安装了 1 个。这个问题有很多不同的正确答案,主要取决于我们所指的梅赛德斯属于哪一类型。奔驰轿车、摩托车、货车、卡车和一级方程式赛车可能需要 2~20 多个轮胎。在谈到 RCM 概念时,汽车通常是很有用的例子,因为大多数人都熟悉它们的运行和维护。即使是类似的汽车,也需要根据它们的使用目的制定不同的维修计划。在第 2 章中,我们将 RCM 定义为一个"确定资产需要什么样的维护来满足操作人员在当前运行背景下的需求的过程"。对资产运行背景的全面了解是 RCM-R 分析的一项主要要求,以便为其最终用户带来显著价值,同时也意味着分析的对象应该是当前应用程序中的资产。

我们已经看到,现有的维修计划被大量地复制到新的工厂资产,而不管它们的应用如何,这在当今的许多设施中是相当普遍的做法,然而这种做法其实是不符合在将维护任务分配给资产之前必须理解运行背景的原则。让我们试想一下,如何对轿车轮胎进行保养。轿车有 5 个轮胎,其中 4 个在运行,而另一个是作为备用放于汽车后备厢。那么,我们要对它们做什么样的维护呢?几乎每一个汽车用户都会根据他们的运行背景来进行维护,即使对 RCM-R 一窍不通。勤快的用户通常会检查运行轮胎的磨损、平衡、对准和气压情况,因为他们知道,轮胎的磨损实际上是由于与道路沥青的摩擦而导致的。此外,人们普遍都认为,如果轮胎排列正确,它们将均匀地磨损并能使用更长时间;大家还知道,轮胎压力应该保持在制造商的推荐值,以获得最佳性能和更低的油耗。但是,用户应该对汽车后备厢中的备胎进行什么样的保养呢?好吧,即使它和四个轮胎是一样的型号,它的运行背景也是截然不同的。作为备用轮胎,它不受磨损,其运行背景是典型的冗余或备用组件。司机不需要担心它的磨损,只需要确保轮胎在需要使用时好用。备用轮胎会自然瘪下来,并且如果长时间不使用,橡胶就会变脆,从而无法安全运载汽车。因此,在这种情况下需要应用的维护任务是确保备用轮胎充气到推荐的气压值,且如果 6 年不用就应该考虑对其更换。

运行背景是一份声明,应该明确说明资产将要在何种环境下运行,以及如何运行和在何处运行。根据 SAE JA1011 标准,"应该对资产的运行背景进行定义"。运行背景应该具体包括资产将在其中运行的流程类型(连续或间歇),并且质量、安全和环境标准也应纳入其中。RCM-R 作为一个符合 SAE JAE1011 标准的流程,在定义其运行背景时必须考虑资产的所有这些重要方面。某饮料装瓶厂的氨压缩机的性能足以使基本温度保持在要求的范围内,但就是由于发生了气体泄漏,可能就会导致不符合运行背景。因此,达不到生产要求不一定是 RCM-R 所考虑的唯一故障。决定是否有必要对故障进行进一步的调查,并找到一个能够用来减轻故障可能给组织带来的潜在或迫在眉睫的风险的故障管理政策,这便是 RCM-R 分析团队的职责。资产有时会受到极端的运行环境和位置的影响。作者曾对某地一家大公司的运作在 75~80℉ 中等环境温度下的有形资产进行了 RCM-R 分析,得出了具体的维修计划。此外,还在该公司的另一地点进行了同样的分析,虽然用于类似的应用,但后者是在极端的环境温度下运行,因此在维护计划方面产生了截然不同的结果。原因在于,极端的环境温度(冷或热)可能会导致不同的润滑剂选择、材料退化加速、冷却介质流动需求增加、因热膨胀引起的轴偏差等。在不同海拔高度运行的内燃机以不同的空气/燃料比例、速率和温度燃烧燃料,以达到相同的功率输出。因此,设备运行地的特点(北极与热带、沙漠与丛林、陆上与海上、与零部件和/或劳力供应来源地的距离等)也很重要,必须包含在资产的运行背景中。工作负载和其他运行参数可能在工厂内的类似资产之间存在很大差异,旋转设备是全速运行还是半速运行?发电设备是在高峰负荷下运行还是在基本负荷下运行?RCM-R 从业者必须充分考虑资产的运行强度。有些进程在运行时具有大量冗余,而另一些进程则完全缺乏备份。甚至备份资产也可能与主单元共享一些支持系统(如电源),因此,备份或备用功能和预期可用性也是运行背景中要包含的相关内容。其他一些需要考虑的因素,包括对在制品库存的需求(以便在不影响生产的情况下进行维修)、维修备件的可用性、市场需求(生产旺季或淡季)以及原材料供应的及时与否,都是在建立资产的运行背景时至关重要的。

## 5.2　性能水平

性能水平(通常称为性能标准)是 RCM-R 分析涉及的另一个至关重要的信息。性能标准对用户希望或需要资产达到的性能水平进行了定义,RCM-R 正是采用这些标准来判断某一特定功能是否已经达到了一个故障点。图 5.1 显示了性能标准的概念。需要注意的是,在期望的(用户希望资产做什么)和固有能力(资产最初可以做什么)之间是存在一个余量空间的,维护的目的就是使资产的当前运行能力保持在图 5.1 中确定的维修领域内。

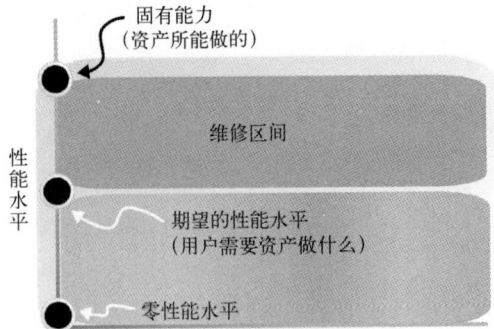

图 5.1　期望的性能水平和固有能力

RCM-R 工艺侧重于理解"期望的性能水平"（用户需要资产做什么）。维护将使资产的性能水平持续高于初始性能水平或设计能力（资产可以做什么），而不是精确地处于该水平。如果我们试图保持初始性能水平或设计能力，那么机器将会经历大量的过度维护，既浪费资源又减少了价值供应。

因此，需要有运行背景和性能标准来界定资产的职能。资产根据其所处的过程和对其要求的性能水平以独特的方式运行。图 5.1 所示的资产的期望性能和固有性能之间的差距便是 SAE JAE1012 中所称的恶化幅度。设计工程师必须确保恶化幅度足够大，以便在部件不能履行其职能之前，机组能够运行足够长的时间。设计还必须具有成本效益，过度设计可以在很长一段时间内避免资产发生故障的风险，但也需要花费高昂的代价。出于显而易见的原因，资产的固有能力必须高于预期的性能水平；否则，资产实际上就是不可维护的——若不加以改善，它将永远无法可靠地运行。遗憾的是，这种情况比你想象的要普遍得多。

作者发现，很多反复发生的资产故障其实是由于设计不良而不是操作或维护不当造成的。其中一位作者经历过一个案例，某化工厂一个洗涤泵无法为酸水提供应有的流量和射出压力，而从工艺室内排出的散逸性废气在排放到大气中之前，需要在气体洗涤器或空气净化器内被中和清洁。当轮班机修工打电话向作者报告情况时，作者当时正在家里，他怀疑是叶片在大小的设计上出了问题，于是做了一些计算。结果得到了需要的叶轮直径为 7.25 英寸，但该装置配备的是一个较小的。由于库存中有标称 8 英尺的叶轮，其中一个被加工到 7.50 英寸，以便有合理的恶化幅度。在这种情况下，维修被错误地指责为泵无法履行其主要功能，尽管它是由设计缺陷引起的。从技术上讲，洗涤泵并不是一种可维护的资产，因为它所期望的性能水平高于它的设计或提供的固有性能。

泵的作用是按照工艺要求为液体向前流动提供足够的动力，以克服下游的阻力。它们中的一些是连续运行的,可以在规定的时间内维持规定的性能水平(流量、压力等),而另一些则根据其他一些工艺参数(液位、温度、pH 值等)间歇运行。因此,在建议维护任务时应根据其运行环境和性能标准而定。处理多个流程的资产具有可变的性能水平。例如,你可能有一个泵用来处理不同密度、pH 值、温度等的溶剂,其输出在每种情况下都是不同的。RCM-R 分析团队必须与资产所有人一起决定如何为该多用途资产定义运行背景和性能水平,以便进行分析。作者经常使用的一种明智的方法是,考虑最糟糕(或最困难)的运行背景和性能水平的案例场景来进行分析。这样做的好处是,RCM-R 分析团队可以保证由此产生的维护计划能够很好地保护资产的功能,尤其是当工艺的需求变化很大时,这种方法特别实用。

在可能的情况下,对性能水平进行量化是很重要的。当然,有时也只能定性地明确性能水平。例如,台钻可以在零件上加工出直径为 0.5000±0.0010 英寸的孔,对于用户来说,孔的直径保持在规定的测量范围内很重要,否则就会因为不符合制造标准而被质量控制部门拒绝。这个可接受的直径范围便是一个明确的定量性能标准,它有自己的上限和下限。如果用户要求的是一个"充分的"表面处理,没有毛刺和刀具痕迹,那么操作员只需确保零件上没有留下任何毛刺和刀具痕迹,而不需要保证表面处理保持在一定的粗糙度值范围内。在本例中,这个"无痕迹"的加工参数便是一个定性的性能水平。

有些功能可能是指资产必须遵守但无法用定量或定性的性能水平参数来描述的要求。这种"二进制"或"去/不去"类型的性能水平称为绝对性能水平。例如,化工厂的工艺管道一般由直管、法兰和垫圈组成,但还必须包含流动的产品在其中。这个功能(将产品包含在管道系统内)暗示着整个管道系统零泄漏。用户不希望从管道系统中泄漏任何东西,这意味着每分钟从系统中泄漏几滴就代表了功能性故障。如果使用该管道系统的泵打算每生产一次至少输送 15000 加仑,那么该系统只设定了性能水平的下限。定量的性能水平还可表示需要将选定的参数(流量、压力、温度等)设定在高于或低于某些既定值的区间内,即一些资产必须在下限和上限之间执行。诸如"每分钟供应 50~60 加仑的水"和"保持室温在 70~78 ℉ 的范围内"等,即是下限和上限性能水平的例子。

## 5.3　功　能　分　析

资产在当前运行背景中的功能和相关的性能水平是什么? 这是将 RCM 应用于关键资产时的起点。这让作者(Jesús)想起了一个来自预测性维修服务客户的紧急服务电话,服务工程师要求客户说明在这个单元中发现了什么情况,之所以进行调查,是因为在他们的振动监测程序最近生成的一份报告中,报废的风扇被列为"良好"。维修工程师被告知,当风扇全速运转时(3550r/min)会剧烈振动,但在之前的周期性振动数据采集中,测试速度一直在 1500r/min 左右。进一步调查后,服务工程师得知客户测试机器的速度比正常运行速度高出很多,导致一些结构部件产生共振。真的一点问题都没有!临时更改机器的运行背景仅用于测试,当单元恢复到正常运行状态(运行背景和性能水平)时,根本没有发现任何问题。鼓风机的主要或首要功能是连续提供 10000~10500 CFM 的空气,这就是用户对它的功能需求,维护只需要确保风扇能够达到这个性能水平。在全速运行时,尽管主要功能没有改变,但速度的增加也加剧了输出水平和结构振动。在这种情况下,如果该单元要长期全速运转,就需要进行特别的维护。在这种情况下,设备是在正常工作范围之外运行的,不需要进一步分析,也不需要对风扇进行任何平衡或结构基础上的重新设计。

根据 RCM-R,资产可以具有主要、次要和隐性(通常称为保护)功能。维护的目的是确保资产在用户定义的性能水平上持续运行,其首要工作是确保 RCM-R 分析中描述的资产功能及其相应的性能水平是精准无误的,之后才能选择维护行为来对资产的功能进行保护,以降低其故障带来的风险。RCM-R 工艺方法非常重视功能的重要性,在描述实物资产的功能时尤为细致具体。简单的资产可能只有区区几个功能,但是复杂一点的资产在考虑所有主要、次要和保护功能时,可能需要履行几十个功能。功能框图就是用来更好地定义大型或复杂系统的功能,方法是将各框的运行背景与其性能标准构建在一起。功能框图将在本章的"功能框图"一节中进一步讨论。

在 RCM-R 实施过程中必须对功能进行准确描述。一条功能说明应该包含一个动词、一个对象和一个性能水平。在可能的情况下,性能水平应该包含定量的参数。功能说明必须清楚地描述资产应该做什么、应该如何做以及需要执行多长时间。功能必须明确规定要达到的性能水平、效率、外观、质量、安全和环境标准等。根据 JA1011 5.1.3,所有功能说明都应该包含一个动词、一个对象和一个性能标准(在任何情况下都可以量化)。RCM-R 将一个复杂的功能说明分解为只包含单个性能水平的多个说明。通过每次聚焦在一个较窄的机器功能上,尽可能地细分功能,方便了故障模式的识别。传统的功能描述方法将大多数主要功能分析简化为单个功能,而 RCM-R 则将说明分割成多个单一性能水平的功能说明。组织功能分析的最佳方法是根据当前的运行背景列出资产拥有的所有功能(主要功能、次要功能和隐性功能)并给它们编号。

# 5.4　主要功能

主要功能描述的是资产依据其运行背景所要执行的主要任务,从而确立了用户拥有此项实物资产的主要原因。泵为某液体在 $y$ 压力下的 $x$ 流量连续供应 $z$ 时间,空气压缩机输送(或压缩) $x$ 体积速率的空气在 $y$ 压力下持续 $z$ 时间,储罐含有气体、液体或二者混合状态的物质。这些都是一些常见资产的主要功能示例。

图 5.2 中的泵用于在至少 100 英尺(即 35 psi)的总动态水头下,连续 12 个月输送每分钟至少 30 加仑的水。如果在此泵上应用 RCM-R 分析,我们必须先对其运行背景有一个好的理解,然后才列出其功能如下:

（1）工艺类型:连续。

（2）质量标准:没有。

（3）安全标准:联轴器罩、电机冷却风扇保护罩。

（4）环境标准:零泄漏,密封池,其他(清洁空气法案)。

（5）地点:无电梯通道的 X 楼顶(大修需要起重机)。

（6）资产速度:固定(全速)。

（7）在制品库存:不适用,一次故障使整个业务部门陷于瘫痪。

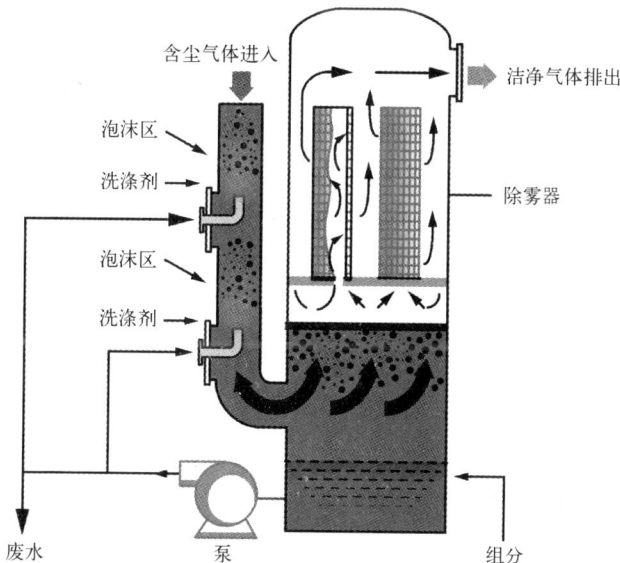

图 5.2　清洁气体用水循环泵

(8) 资产备份:资产完全备用,但没有冗余备份。

(9) 市场需求:非季节性或均匀性。

(10) 可靠性/可用性目标:连续工作 12 个月。

一旦 RCM-R 团队理解了运行背景,他们就可以从主要功能开始列出所有的资产功能,如果工艺机械师能够耐着性子一步一步地进行详细的功能分析就再好不过了。然后,分析团队需要将重点放在与 SAE JA1011 完全一致的较简短但有针对性的功能说明上。这种应用功能分析的独特方法将帮助在稍后的分析中更有效地识别故障原因。专注于那些仅涉及一个性能级别的更具体的功能说明,可以优化 RCM 流程,这对分析团队来说很有帮助。

让我们看看清洁泵实现其主要功能的详细过程。在该装置可以提供所需的水流之前,它必须能够把水从补水池中提取出,因此首先要列出用于分析的主要功能是它的吸力能力。对于水泵操作员或维修工程师来说很明显,如果水泵不能从补水池中抽出水,它就无法提供所需的流量,这个简单的功能将很容易地引导我们找出水不被吸入管道的最可能原因。泵在水进入吸入管道后进行的下一项任务是按工艺要求的流量和压力供应腐蚀性水,由于这一步涉及两个定量参数,我们将此功能分割为两个独立的功能,分别考虑每个参数。在水泵按照工艺要求的流量和压力输送水后,必须连续 12 个月不停地输送,这也是针对该具体要求的一个单独功能。完整的主功能说明列表如下:

(1) 从补水池中抽出腐蚀性水;

(2) 每分钟供应最少 30 加仑的腐蚀性水;

(3) 使腐蚀性水的排放压力保持在至少 35 磅/英寸$^2$;

(4) 连续运行 12 个月。

## 5.5 次要功能

资产在履行其主要功能时,必须符合一些安全、环境和效率要求。它们还需要具有某些设计特征,提供执行主要或首要功能以外的运行灵活性。例如,一些制造机器在生产过程中以连续高速运转,但它们又必须在"慢跑模式"下运行,以便在产品转换之间进行清洁。甚至机器也应该符合人体工程学的要求,使得维护人员和操作人员能够利用资产来执行他们的任务,所有这些需要资产执行的其他功能被称为次要功能。其中一位作者在许多年前参加了他的第一个 RCM 课程,课程培训师建议学员将次要功能与首字母缩略词"PEACHES"联系起来。次要功能共分为 10 类,每一类都与"PEACHES"一词中的一个字母有关,如下:

P 代表保护；

E 代表效率和经济；

A 代表外观；

C 代表控制、容量、舒适度；

H 代表健康或安全性；

E 代表环境完整性；

S 代表结构完整性和冗余功能。

RCM-R 主持人必须帮助分析团队逐条地分析资产然后识别其次要功能。许多经验丰富的主持人带领团队对这 7 个类别中的每一个进行头脑风暴，以找出所分析资产的次要功能，其他的主持人则考虑系统中的每个组成部分并确定它们在系统中所起的功能，大多数组件通常仅有一两个功能。这样做，就不需要再重复某个可能已经在另一组件中描述过的功能，此后该组件的故障能被当作故障模式处理。无论使用何种方法，这些功能都不如主要功能明显，但是它们的损失却可能与主要功能的损失类似甚至具有更严重的后果。例如，对于有害液体的抽吸问题——抽吸能力的丧失可能会对企业产生经济影响，而容量的丧失（次要功能）可能会带来严重的安全或健康问题。

# 5.6　保护功能

实物资产通常应受到保护，免受一些可能对工厂、组织和社区造成严重后果的灾难性故障的影响；反之，很多灾难性事件往往是由保护装置功能的丧失与保护功能的丧失一起造成的。保护装置的设计是为了保护人身安全、产品或资产本身的完整性。安全泄压阀保护压力容器的完整性，而安全罩上的近身探针则可在安全罩被打开时通过停止机器来保护操作员的安全。在现代制造资产中通常能看到许多保护装置和控制设备，RCM-R 分析团队有责任熟悉它们并明确其与产品、人员或资产完整性的联系。典型的保护功能包括：

（1）警告操作人员（通过使用声响警报和闪烁灯等设备）；

（2）当部件发生故障时自动关闭；

（3）消除或缓解故障后的异常情况，如过载继电器、保险丝、破裂盘和安全阀；

（4）发生功能性故障时对功能进行接管（使用冗余组件）；

（5）防止危险情况以任何方式发展，如机器警卫的案例。

## 5.7　效率和经济性

如果在一段时间内升高供气管道的压力,气瓶在泄漏的情况下仍可能工作,并且该工厂的许多其他系统也仍能在空气泄漏,或供气管道压力升高或降低的情况下继续运行。但是,想象一下,这时工厂里所有的气动系统都是在大量泄漏的情况下运行的。在这样的工作条件下,空气压缩机会一直负载运行,其电力消耗将是巨大的。压缩机的受磨部件会更快地退化,造成更频繁的机械故障,并可能增加生产停机时间。在 RCM-R 分析中,效率和经济是密切相关的。有时,高效率的发动机被公司要求作为一个设计标准,以保持最低的能耗。对于产生废料的工艺,也可以定义允许的最大废料水平。RCM-R 分析中通常会用到关于效率标准的功能说明,如固定发动机或锅炉的最大允许燃料消耗。换句话说,资产所有者期望他们的资产以高效和经济的方式履行其主要职能,这对于 RCM-R 过程来说是一个重要的问题。

## 5.8　外　　观

外观是一个完全主观的概念,由资产所有者的意愿驱动。维修部可能希望工地建筑被漆成灰色,但工厂老板可能会决定它们应该是深褐色,因为一位色彩顾问认为,褐色更适合作为组织标志的背景。因此公司所有者相信,如果使用这种颜色,公司的形象就会得到更好的投射。当然,建筑的油漆应该保持在可接受的状态。

其中一位作者曾在旧金山郊区的一个水处理厂工作,该设施的外观被设计成完全融入了周围的建筑和景观。这样做的目的,除了想保持低调以外,还想让当地居民在了解到他们的水是来自这样一家看起来很清新的工厂的时候非常放心。

## 5.9　控制、容量和舒适性

有时,资产所有者或操作人员会因为变更产品或流程,需要他们的资产在不同的性能水平上操作,可能还需要调整一些操作参数,如速度、压力、流速、液位等。因此,资产所有者希望资产能够在预期范围内控制这些参数,以完成特定的运行任务。诸如制药厂或瓶装厂的灌装机在处理任何类型的流体时,可能需要对系统管道和阀门内侧的底漆进行维护,即使是间歇性操作。

溶剂罐、泵和管道也需要在工作时不会发生泄漏。在许多情况下,密封功能对资产所有者至关重要,特别是当流体昂贵时,或者当泄漏可能对周围环境或公司形象造成严重后果时。

人体工程学(或人为因素)是一门科学学科,它涉及理解人类和系统其他要素之间的相互作用,包括机器等实物资产。人为因素和人体工程学关注的是用户、设备和环境之间的契合,它考虑了用户的能力和局限性,以确保任务、功能、信息和环境适合每个用户。为了评估一个人与技术之间的契合度,人为因素专家或人体工程学家会考虑正在进行的工作及对用户的要求、使用的设备、它的大小、形状以及它是否适合这项任务。工作区域能见度低,机器座椅不舒服,室内温度不佳以及工作区域受限,都会给工作人员带来不适。当工作环境良好时,员工的士气和积极性就会受到鼓舞。相反,如果资产及其环境不能为用户和维护人员提供足够的舒适度,则可能会出现一些不希望看到的后果。职业事故甚至可靠性和可维护性的丧失,都是一些与缺乏舒适性相关的后果。

人体工程学还涉及可维护性问题。资产必须能够得到有效的维护,否则一旦需要工作或修理,它们就会成为经济负担。它们不仅必须具有可操作性,而且应该便于使用,并且能够拆卸或移动到可以维修的地方,而不会对周围的设备和系统造成重大干扰。如果必须进行维修或操作调整,则在进行调整时所移动或使用的门、警报装置、开关、手柄、杠杆等必须是人手可及和可操作的。往往会发现一些缺乏实地经验的设计师在设计时会违反这其中的一些理念,这种情况并不少见。

## 5.10　健康和安全

RCM-R 的目的是消除故障或将其后果降低到可容忍的水平。换句话说,RCM-R 通过运用系统化的流程来获取故障(或风险)管理策略,以达到降低风险的目的。根据 ISO 31000：2009 标准,风险被定义为不确定性对目标的影响,它可能受到财务、健康和安全以及环境目标等多方面的影响。成功的企业总是特别强调拥有健全的健康和安全标准、手段和目标。某工厂的总经理曾提出要求,管理部门在发现有威胁工人健康和安全的问题时应该立即关闭工厂,他说：“我们应该关停工厂,直到我们确信与安全相关的风险得到了正确的识别、评估和缓解”。这家公司的所有员工都为那位总经理拍手叫好,因为他确实做到了公司所宣称的价值观念。用户期望资产能履行其主要功能,以实现公司的财务目标,但前提是不能影响用户、维护人员和社会的健康。

## 5.11　环境完整性

　　资产管理还包括资产在整个寿命周期内的社会责任。有形资产会经历建造、安装、操作、维护和报废等环节，这些环节也意味着存在需要严格把控的一些潜在环境风险。对环境风险的不当管控可能会给企业带来巨大的财务、形象和声誉上的损失。但是，由此可能带来的对自然资源的负面影响才是最令人关切的，因为这不是用钱可以解决的问题。一家大公司可能会因造成环境破坏而支付数百万美元的罚款，但这并不能弥补损失，因为自然环境可能需要几十年才能从这起事故中恢复过来。2010年4月，英国石油公司（BP）在墨西哥湾的海底漏油事件就是一个例子，这场灾难本来是可以避免的，而且在事件发生后肯定能够处理得更好。遗憾的是，还有更多的例子表明，不良资产管理对环境造成严重损害的做法被视为是理所当然。"环境完整性"是RCM-R和任何符合SAE JA1011标准的方法需要重点关注的一个方面。因此，分析团队必须对资产处理环境完整性的方法进行明确。作为负责任和价值驱动型的用户，我们完全可以做到让资产在履行其主要使命（正如他们在军事领域所说）的同时保护好环境。

## 5.12　结构完整性和冗余功能

　　大多数实物资产由具有旋转和固定设备的系统组成，如电机、泵、发动机、涡轮机、容器、管道、电气设备、互连管道和电线、控制装置等。我们经常忘记这些部件是固定的、螺栓固定的、锚定的或附在地面上的。此外，当将最初的维护计划分配给新的实物资产时，结构组件很少得到认真考虑。我们通常关心的是，轴承是否磨损和能否及时检测到，但我们很少去检查旋转设备基座的完整性。在旋转机械或储罐最初安装和调试时，对螺栓的扭矩和底面平整应该尤其小心，但在资产启用之后，维护就应该集中在与资产运行更密切的其他方面，诸如清洁（因为机器运行时会弄脏）、磨损检查（因为运行时会发生摩擦）、校准验证（因为运行时会产生振动）、润滑（因为润滑油在运行过程中会被消耗和发生性能退化）以及更换过滤器（因为它们在运行过程中会产生灰尘）之类的工作，从来都不会被排除在维护内容之外，但当有一天，机器的安装结构却突然倒塌了，这一切就都将成为徒劳。一位作者曾目睹整个矿井运输系统在使用过程中倒塌，通道楼梯从建筑物的一侧坠落，地基因安装在上面的机械振动而坍塌。怎么回事呢？

　　如螺栓松动、焊缝开裂、腐蚀等简单的事件导致过机器结构断裂,从而引起多个部件故障,酿成巨大的生产损失甚至职业事故。很多时候,维护计划都是根据"制造商的建议"制定的,这些建议很少考虑运行背景,但我们又确实很少看到能指导我们工厂和设备的结构方面的手册或说明。在缺乏原始指令的情况下,这些重要的元素常常被遗忘——直到有一天它们出现故障。因此,与结构完整性相关的功能总是 RCM-R 分析的主要关注点。

　　冗余功能通常与一些不起眼的组件相关。有时,机器会被临时改装或加装某种特殊部件,以应对一些临时需要或满足不同客户的需求。某种特殊的苏打水瓶封口机在传送机的出口处安装了一个喷水小嘴,用来去除封口后的瓶子颈部残留的产品液滴,在封口机工作时,水管上有一个电磁阀来控制水的流动。RCM-R 团队将该组件的功能纳入了分析范围,但随后团队又宣布放弃那个"不是至关重要的"的功能,因为一旦被确认为非关键故障,RCM-R 就不会对其进行分析。在这种情况下,在分析过程中操作员被问及如果不能正常喷水会怎么样,他回答说:"一点也不影响,我们还能继续操作封口机,因为没有质量控制要求规定必须加装这个设备",他接着解释道:"这是临时安装的,因为机器的一个底座螺母不见了,我们认为机器振动可能会引起封口过程中一些滴水",其实他们在很久以前就更换了螺栓,只是临时的水管并没有被拆除。

　　明确这些功能似乎是浪费时间,但要知道维护这些功能也会消耗资源和时间。在美国南部某纸巾厂的运行改造项目中,某作者与一个团队合作,参与了一个涉及 14 台厨房纸巾机的试点项目。对于纸制品公司来说,像厨房用纸巾这种经过改造的纸制品通常是利润率很高的产品,而且它们可以出售几乎所有能生产的产品。每台纸巾机从头到尾都有一个巨大的钢护罩,在需要使用架空起重机的机器上进行任何工作时,必须先拆除该护罩,放下,然后对其更换。这需要几小时的工作,在这期间如果机器坏了,是不允许有人在它下面工作的,而每台机器平均每两周需要一次这样的工作。总的来说,这些护罩每两周就会损失大约 24 小时的生产时间——占生产损失的 7%。当我们问及护罩的作用时,得知设置它们是为了防止头顶冷却水管上的冷凝水滴到机器里,这样很容易损坏产品。当操作员描述这一点时,团队中的一名维修工站出来告诉我们,这些管道在大约 10 年前就已经被拆除了,当时旧的空调系统被屋顶上的一系列冷却装置所取代。已经不再滴水了,但是竟然没人想过要把护罩移除!不用说,之后的觉醒导致了护罩的拆除,生产力提高了 7%。可见,确认这些护罩的功能是非常值得的,赶紧去除掉那些由项目买单的冗余功能吧!

# 5.13　隐　性　功　能

　　在正常情况下,如果某项功能的自身故障对操作员来说并不明显,那么 SAE JA1012 将其定义为一个隐性功能。大多数保护装置和冗余部件都具有隐性功能,因为当其他部件发生故障时,它们可以保护自身不受不良后果的影响,因为一旦它们发生故障就会对资产所有者产生巨大的影响。因此,RCM-R 有义务对所有具有此类功能的资产组件进行确认,系统的管道和仪表图(P&ID)通常会提供分析团队需要列出的关于保护装置的大部分信息。警示灯、警报器、关闭装置、泄压装置、灭火系统、救生装置、警告标志以及备用组件都是具有隐性功能的部件。正常情况下,操作人员完全可以识别出明显的功能性故障。RCM-R 清楚地将隐性功能与显性功能进行了区分,并突出显示在分析工作表中。图 5.3 显示了如

| RCM-R | 公司:XYZ<br>系统:排气系统<br>组件:5号洗涤器水泵 | 地点:城市,国家<br>子系统:5号洗涤器<br>记录人:团队成员 | 建筑:XYZ<br>日期:日/月/年 |
|---|---|---|---|

| 功能编号 | 功能、性能水平及运行背景 |
|:---:|:---|
| 1 | 从补给槽中抽取腐蚀性水 |
| 2 | 每分钟供应最少30加仑的腐蚀性水 |
| 3 | 使腐蚀性水排放压力保持在最低35Pa |
| 4 | 持续运行12个月 |
| 5 | 以低于FAL的75%处理最大容量需求(效率) |
| 6 | 按照公司PT-ABC标准对工艺线、电机、泵进行涂装,涂装状态良好(外观) |
| 7 | 确保泵蜗壳、管道和水箱内装有腐蚀性水(容量) |
| 8 | 按照公司SF-ABC标准,确保安全警报器妥善安装并处于良好状态(健康&安全) |
| 9 | 凹槽内能装油并开有主漏嘴(环境) |
| 10 | 确保主支承螺栓的锚固力适中,其扭矩测量值保持在X±10%磅·英尺 |
| 11 | 当电机负载超过125A时,停机(保护) |
| 12 | 当腐蚀性水箱的水位低于6英寸时,停机(保护) |

| 主要功能 | 次要功能 | 隐性功能 |
|---|---|---|

图 5.3　燃气洗涤水循环泵功能列表

何正确复制功能并将其列在 RCM-R 工作表中,注意颜色背景的使用,它是作为区分主要功能、次要功能及隐性功能的界限。

## 5.14 功 能 框 图

借助功能框图,可以更好地对复杂的实物资产进行功能分析。功能框图描述了系统中各个组件的功能及其相互之间的关系。功能分析必须对系统的界限、投入(原料、成分等)、产出(原料转化为产品)、供应(公用事业、燃料等)和废物(泄漏、热量、振动等)进行清晰地明确。如图 5.4 所示,RCM-R 采用一种简化的却非常实用的技术绘制功能框图,每个框必须描述一个子系统所执行的功能,包含所有定量(有时是定性)的过程参数。因此,通过一条用于描述框内所属功能的简短说明,以及一组附于相应工程单元用来表示用户所需的正常运行条件的图形,可以很好地描述投入和产出的需求。同样,对供应和废物的描述通常也可以如此。

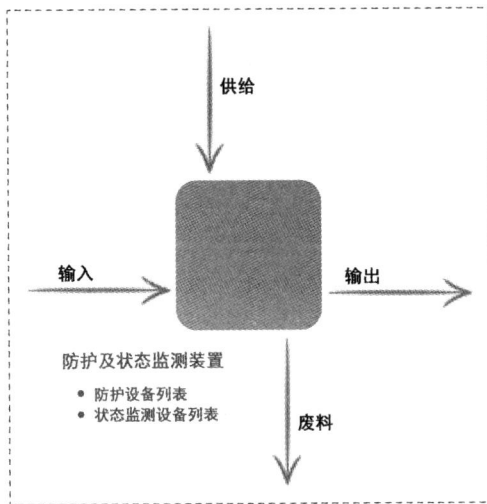

图 5.4　带有边界的简单功能框图

一旦绘制并理解了系统框图,就可以很容易地描述和列出资产的功能。列入保护装置清单和状态监测指标的目的是避免将具有隐性功能的组件排除在分析之外。流程功能框图中列出的所有这些重要信息能帮助分析人员对功能、故障和故障原因进行明确,所以功能框图应精心绘制并张贴在分析室的墙壁上,贯穿于整个 RCM-R 流程。图 5.5 展示了药品制粒机的实际功能框图。可以看出,这一过程涉及 5 个子系统与若干公用事业用品生产线和 50 多个保护装置之间的相互作用。分析团队使用 P&ID 系统和操作手册将此功能框图组合在一起,该系统的完整分析及其相关的交付成果花了好几个星期的时间才完成。

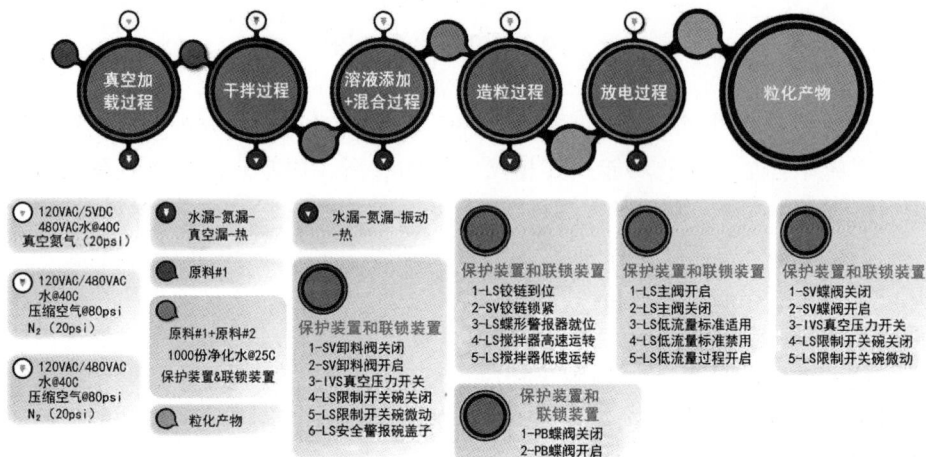

图 5.5　药品制粒机的实际功能框图

## 5.15　故障类别和类型

资产一般是指对其所有者具有潜在价值的有形和无形货物。RCM-R 最关心的是实物资产及其功能的保护,让用户从中获得最大的价值,是因为有形资产更有助于实现或超过企业的财务、安全和环境目标。当资产无法在所需的性能水平上履行其功能时,就会发生功能性故障,在第 3 章中,我们将功能性故障定义为"有形资产或系统无法以期望的性能水平执行特定功能的状态"。注意,故障的定义提到了不能执行的"特定功能"——所有类型的功能都应该包括在内。但一些自称符合 SAE JA1011 的分析其实只关注了主要功能,其关心的重点是确保机器能够提供企业所需的信息,以提高盈利能力。费时是通常不愿意采用 RCM 工艺去降低与功能(主要功能、次要功能和隐性功能)相关的各种关键故障后果的主要原因。维护和可靠性专业人员必须对领域的行话非常熟悉,特别是关于术语"故障"的各种诠释。

在 RCM-R 中,我们有两个类别和三种类型的故障。其中,潜在故障和功能性故障是 RCM-R 中明确的两个故障类别,而功能性故障可分为关键故障、非关键故障和隐性故障三种类型。

70

## 5.16 故障类别:功能性故障和潜在故障

当资产失去执行所需性能水平的功能的能力时,表明已经发生了"功能性故障"。图 5.3 中列出的腐蚀性水清洗泵的功能#2 中提到"至少每分钟提供 30 加仑的腐蚀性水",我们可以对各功能的功能短语进行否定来建立功能性故障声明,这可以通过在功能说明前添加单词"不能"来做到,也就是表述成"不能提供至少每分钟 30 加仑的腐蚀性水"来做到这一点。功能性故障说明看起来很简单,但不一定总是那么明白易懂,因为它代表的意思有两种:如果泵根本无法供水,则"不能提供至少每分钟 30 加仑的腐蚀性水"的表述显然正确;如果它提供的水量少于所需的每分钟 30 加仑水量,该表述也说得过去。当资产完全失去执行功能的能力时,我们将其称为"整体故障"。与之对应的"部分故障"是指当资产仍然能够以低于预期的性能水平执行,也就是我们所说的功能性故障。

图 5.6 显示了腐蚀性水泵或者完全不能供水,或者不能提供至少每分钟 30 加仑的要求两种功能性故障的情况。需要再次说明的是,功能性故障的发生是从资产性能低于用户所需的最低性能水平时开始的。

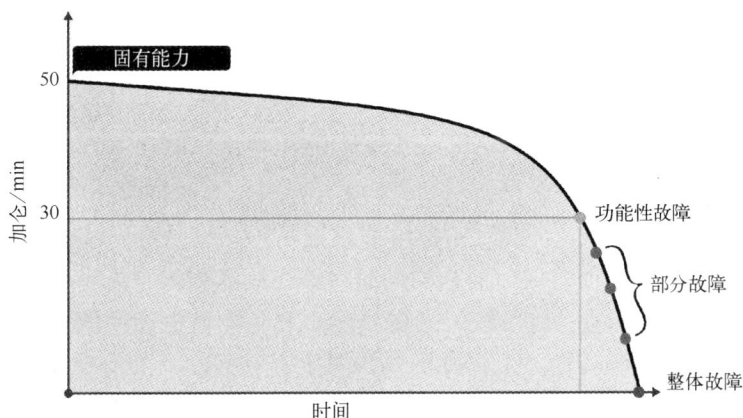

图 5.6 功能性故障:部分故障和整体故障

一些功能性故障会突然地发生,不会出现任何功能退化的迹象。大多数电子元件,如保险丝、灯泡、电路板和二极管,用户没法检测其功能的逐渐退化,实际上它们会始终维持在初始性能水平上运转,直到出现故障。在这种情况下,不会存在有潜在的故障,而功能性故障实际上本身就是整体故障。图 5.7 显示了故障的"退化"曲线,从图中看不出性能损失的迹象。让我们想象一下,我们清洁系统的第三班操作员在半夜起来进行例行检查时发现屋顶区域完全没有照明,后经维修电工调查发现,照明系统的一块电路板烧坏了,导致整个区域一片漆黑。新的照明系统是在 6 个月前的年度维修停工期间安装的,在这期间照明系统一直工作良好,没有任何恶化的迹象,然后它就毫无征兆地停止了工作,突然从一个正常工作状态转到失效状态,而没有向操作员任何告警。

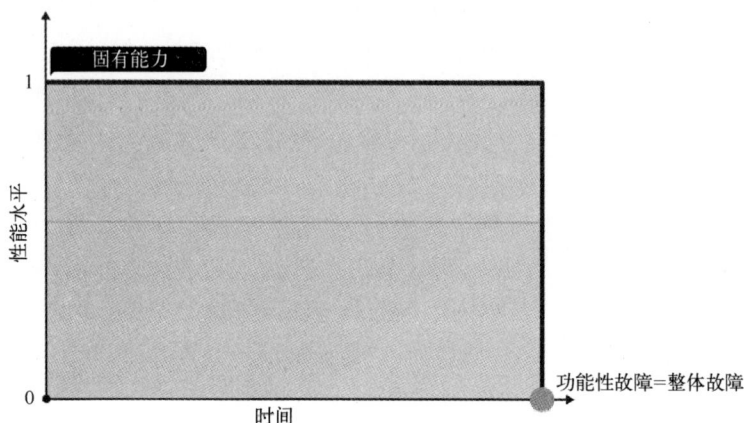

图 5.7 纯粹的整体功能性故障

根据 SAE JA-1011,"潜在故障"是一个可识别的状态,表明一个功能性故障即将发生或者正在发生过程中。当操作员或维修工检测到与系统固有或初始能力相比的性能水平下降时,就会识别出存在潜在故障的情况。我们当然希望在发生功能性故障之前,及早检测到性能丢失事件。如果情况确实如此,并且功能的丧失是渐进的而不是突然的,那就能采用基于状态的维修策略来跟踪资产的状态。图 5.8 显示了 P-F 曲线,它同时对潜在故障和功能性故障两个概念进行了说明,潜在故障点(P)可以位于初始能力和功能性故障阈值点(F)之间的任何位置,潜在故障事件发生在操作员的测量值为每分钟 48 加仑时,这低于每分钟 50 加仑的初始泵能力。P-F 间隔(通常称为"预警间隔")的延伸主要由功能退化过程的性质、用于测量状态参数的方法以及人员执行分析的能力决定。如果水流损失是由于叶轮与处理水的摩擦造成的,只要不存在冶金方面的化学阻力问题,那么 P-F 区间将会更长。此外,如果操作者拥有一个具有很高读数分辨率的超精密流量计,那么流量降低就可以比使用现有的模拟流量计更早被检测到。

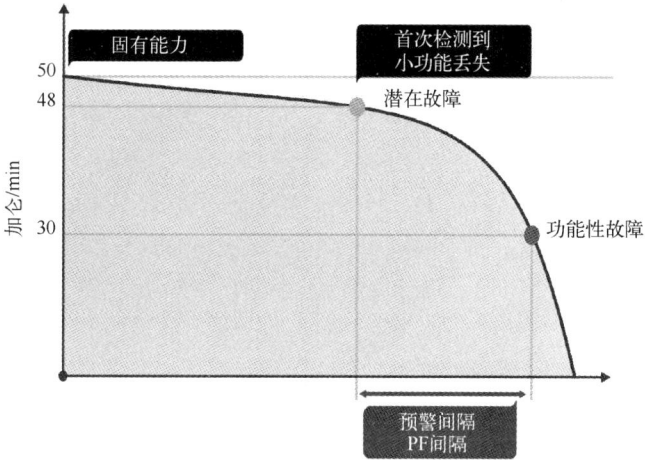

图 5.8　洗涤泵腐蚀性水流 *P-F* 曲线

## 5.17　功能性故障的分类

　　RCM-R 用于评估某些显著的功能性故障。功能性故障可分为关键故障、非关键故障或隐性故障。"关键故障"是指那些能使业务目标的实现处于危险之中,从而对组织造成不利后果的故障。因此,任何形式的影响生产能力的功能性故障都被列为关键故障,因为它们会带来经济风险。例如,为避免电机过载而降低生产线的速度,可被视为一个关键的功能性故障,特别是如果没有在制品库存来吸收生产速度降低所造成的影响;有些故障虽并不影响生产能力,但由于修理或更换破旧机械的费用增加,或能源消耗增加,其经济后果仍然很严重;当故障有可能危及人们的健康或安全时,它们也被认为是关键的;如果公司的形象或声誉受到功能丧失的影响,则这种事件同样被认为是一个关键的功能性故障。不影响生产能力、人员安全、环境完整性或公司形象,且修复成本也不高的故障事件都被认为是"非关键的"功能性故障。当资产保护装置或冗余部件不能履行其功能时,就会发生"隐性故障",它们代表了资产无法发挥其隐性功能,或者在被要求运行之前它们实际上已经处于故障状态。根据定义,隐性故障在机器正常运行期间对操作员或维修工来说是不明显的,并且可能使企业面临影响人员、环境、机器或产品完整性的多重故障。关于关键的、明显的和隐性的全部故障后果的管理策略将在第 8 章讨论。

# 5.18 本章小结

一旦确定要对资产开展 RCM-R 分析，首先要做的就是明确资产功能，因为 RCM-R 的主要成果就是形成一个能够维持资产功能的维护计划。因此，如果不能正确描述功能，那么生成的维护程序可能就不会产生最理想的结果。资产具有主要、次要和隐性功能，必须根据资产的运行背景和性能水平按照 RCM-R 流程进行详细描述和记录。运行背景一般会阐明资产的使用方式和使用地点，资产所有者还必须为资产的每项功能定义性能标准。简而言之，功能说明必须考虑用户需要的运行背景和性能水平。

当资产失去履行任何功能的能力时，就会发生功能性故障。根据故障对企业的目标可能造成的后果，它们可以被分为关键故障和非关键故障两类。隐性功能的丧失是因保护装置或备份设备的失效而导致的，由于操作人员无法及时发现，这类故障被称为隐性故障。在许多情况下，除非我们积极查找，否则隐性故障不会损害资产执行其主要功能的能力，只有当灾难性的故障发生后才会注意到它们，而这时设备本应该避免的后果已经发生了——太晚了！应该按照 SAE JA1011 规定的那样清楚地列出功能和功能性故障说明，功能说明应该尽可能包含一个动词、一个对象和一个定量（或定性）的性能标准，功能性故障说明必须注明功能是部分还是全部丢失。图 5.9 显示了如何正确地编写主要、次要和隐性的功能性故障，并将其划分为关键（C）、非关键（NC）或隐性（H）。

| RCM-R | 功能及功能性故障的分类举例（关键的、非关键的、隐性的） | | | |
|---|---|---|---|---|
| 功能编号 | 功能、性能水平及运行背景 | # | 功能性故障（失去功能） | 故障类别 |
| 2 | 提供至少30加仑的腐蚀性水 | A | 根本无法提供腐蚀性水 | C |
|  |  | B | 无法提供所需的最少30加仑腐蚀性水 | C |
| 5 | 使最大能力需求低于FLA的75%（效率） | A | 不能使最大能力需求低于FLA的75%（安培读书＞FLA的75%） | C |
| 11 | 负载超过125安培时关闭电机（保护） | A | 负载超过125安培时无法关闭电机 | H |

图 5.9 腐蚀性水清洗泵的功能性故障

# 第6章　故障的迹象和原因

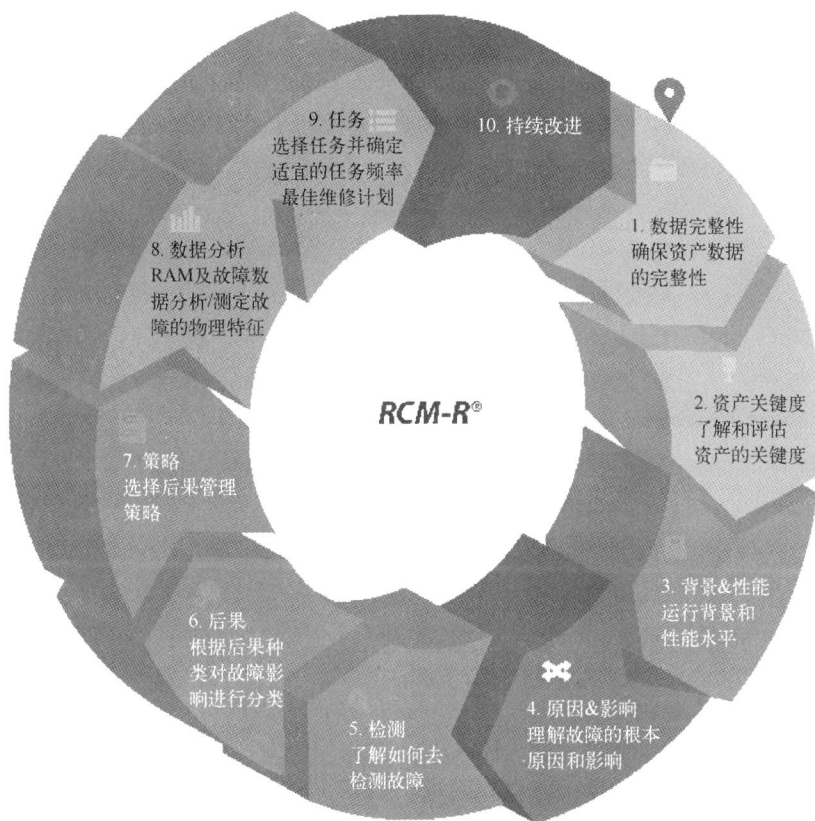

9. 任务
选择任务并确定
适宜的任务频率
最佳维修计划

10. 持续改进

1. 数据完整性
确保资产数据
的完整性

8. 数据分析
RAM及故障数
据分析/测定故
障的物理特征

RCM-R®

2. 资产关键度
了解和评估
资产的关键度

7. 策略
选择后果管理
策略

3. 背景&性能
运行背景和
性能水平

6. 后果
根据后果种
类对故障影
响进行分类

5. 检测
了解如何去
检测故障

4. 原因&影响
理解故障的根本
原因和影响

四个内部子工艺：

⬤ Ⅰ-准备工作　　　⬤ Ⅲ-微调

⬤ Ⅱ-AE JA1011/1012　　⬤ Ⅳ-实施&支持
对应的RCM

RCM-R 是一个受共识驱动的过程,为多学科团队制定故障后果的管理策略提供了平台。多学科团队还能通过它制定出资产登记的模板,以帮助将数据转化为达成企业目标的可靠信息。团队应对资产进行关键度排序,但首先需要就用于此目的的风险矩阵标准达成一致。资产的功能和故障也由多学科团队定义。整个 RCM-R 流程是受共识驱动的,即使提出执行的倡议首先来自维修部门。然而,这种基于团队的共识方法有时会被遗忘,从而损害了分析和团队本身。

我们知道,只有在明确运行背景时,操作人员才被调用到 RCM 分析中。他们是资产的所有者,从逻辑上讲,他们是建立这种背景的人。但之后在定义故障模式时,操作人员却不包括在内,因为"他们对故障的技术方面(机械、电气、液压、暖通等)一窍不通,也不懂维护"。这是一个可怕的错误,它可能会使你的 RCM 努力变为一个无用的联系,而不是最佳的结果。操作人员通常是最先注意到故障症状(模式)的人,因为他们离机器很近,可以更好地判断出噪声水平或声高是否发生了变化,或者这种不寻常的振动是间歇性的还是连续的。一旦发生故障通常就会需要对其进行维修,并且很多故障根本就不会暴露出早期迹象。没有操作员参与的故障模式分析就像是没有和医生直接沟通就去接受治疗一样,假设你的一个朋友跟医生说你生病了,然后医生根据你朋友对你病情的看法,给你开药、推荐治疗方法、要求实验室分析,等等。不行! 你(也希望你的医生)千万别这么做。同样,有效的故障后果管理策略需要团队中有操作人员的参与,并分担分析工作的一部分。

# 6.1 头脑风暴

在 RCM-R 中采取的循序渐进的方法,可以帮助从业人员正确地组织项目以达成预期的目标。至此,我们已经定义了资产功能和功能性故障,下一步是确定故障模式及其根本原因。

团队头脑风暴通常用于识别故障模式和相关风险;而共识是用来确定列表的。ISO 31010 标准(版本 1.0 2009-11)将头脑风暴视为一种有效的风险评估技术。第 4 章已经对风险评估进行了一般性的讨论。

头脑风暴需要刺激和鼓励专业人士之间进行自由交谈,以找出潜在的故障模式和相关的危害、风险、决策标准和/或处理方案。它需要认真的建议和指导,使参与者的想象力被群体中其他人的思想和言论所激活,并确保这些想法在提出时不会受到质疑和批评。

有效的建议和指导应该包括在开始时激发讨论、对小组的定期提醒、暂停判断以及收集讨论中出现的任何问题。第 12 章将对建导进行进一步解释。

头脑风暴可以作为一种独立的技术或者与其他风险评估方法结合使用,以鼓励在风险管理过程和资产寿命周期的任何阶段进行富有想象力的思考。它还可以用于明确问题的高级别讨论,或用于更详细的讨论,如确定故障模式。头脑风暴非常强调想象力,因此它在识别复杂技术资产的风险时尤其有用,因为在没有故障数据的情况下,需要新的解决方案来有效降低风险。RCM-R 采用了一个共识驱动过程,它通过召集那些熟悉系统和评估过程又具有多种技能知识的人进行集思广益来实现。

# 6.2　故　障　模　式

故障模式是指发生功能性故障的事件。SAE JA1011 将故障模式定义为导致功能性故障的单一事件。故障模式可以发生在系统、子系统或可维护的项目层级,会受到所分析资产边界内外产生的因素的影响。任何 RCM 过程中最具挑战性的一个方面是正确识别故障模式,以便能够主动地加以处理。故障模式的原因通常就是 RCM-R 决策的目标,它们往往是导致故障模式发生的某些预先存在的状态和触发事件的组合。在其他的 RCM 分析中,通常会对什么是故障模式、它会造成什么影响感到迷惑,为了解答这种疑惑并使上述状态和触发事件更有针对性,我们倾向于将故障模式(事件)理解为功能性故障(影响)的症状而不是原因。这是为什么呢?

我们从以往的经验和对 RCM 实践的研究中了解到,大多数 RCM 分析对故障模式记录得不够清楚,不能触发特定的有效任务来减轻故障后果。很多时候故障模式说明太过模糊,很多描述都缺乏对故障机制更深入的理解,我们要想从一个描述中同时识别出故障模式和原因根本就做不到。

例如,"轴承失灵"的说法就非常含糊,因为导致轴承失灵的原因有很多,像各种与润滑剂有关的问题(过少、过多、受污染、过热等),或由于超载过多,或由于污垢的进入,或者由于清洗的水清除了所需的润滑剂,等等。每一个都可以看作是一个"原因",其至每一个都可能有一个更深层次的"根源"。"轴承失灵"作为一个故障模式描述,实际上是一种或多种故障机制的最终物理效应,这些故障机制是由于现有状态或事件与状态结合而产生的。

我们必须提供一套系统化的流程,来帮助 RCM 团队找到故障模式所有可能的根源。很多人仅上了 2~3 天的入门课,就开始在工厂里做起了 RCM 分析,这也是 RCM 最常用的教学和应用方式。新的从业者在最初的几次分析中,常常会对可靠性方面的一些新术语和行话感到迷惑不解,他们会犯一些新手常犯的错误,如不能深入分析故障模式的原因。如果负责人也没有多少经验,那么无论他多么训练有素,这种倾向也不会好转。我们将在本章后面更详细地讨论故障模式的根本原因。

分析团队应查明与功能性故障有关的所有可能发生的故障模式,以便制定正确的故障管理政策,从而将其后果降低到可容忍的水平。头脑风暴是根据 RCM-R 团队成员的经验,用于对同一种资产或类似资产已经发生过的故障模式进行识别。如第 3 章所述,工作清单数据也是资产故障模式信息的一个很好的来源,同样也值得对当前的 PM 程序进行检查,以确定哪些故障模式已经被阻止了,这些都是分析中应该包括的内容。组建多学科团队和开展头脑风暴还将发现其他一些尚未发生的、在当前 PM 项目中没有被处理的潜在故障模式。只要它们被认为在实际的运行背景中可能发生,那么就应该包括在分析中。

故障模式的发生可能是自然恶化的结果,包括运行期间资产的正常磨损和开裂。正常的磨损和开裂(疲劳、腐蚀、磨损、侵蚀等)最终会导致资产的性能低于预期水平,而污垢、灰尘或水等外来物质的积累会导致资产失去履行某些功能的能力。正如所预期的那样,水泥炉的鼓风机会布满粉尘,而粉尘的积累会导致风扇叶轮的不平衡,以致机器发生振动,需要消耗过多的能量来维持工作并可能造成机械损伤。图 6.1 显示了因外来物质积累而导致的逐渐恶化现象及其表现出的行为,可以看到资产在运行一段时间后会逐渐丧失其功能。

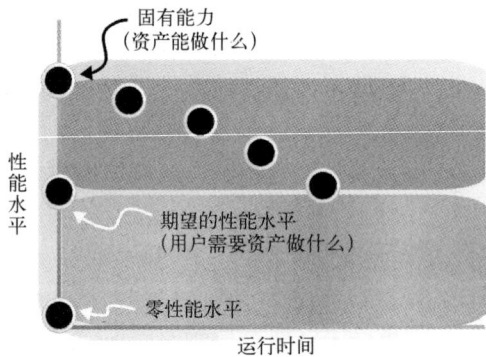

图 6.1 由自然恶化引起的功能逐渐丧失

一些人为错误会导致健康的机器突然失去功能。化工流程用的泵通常是远程操作的,除非是自动关闭,否则它们会在燃油耗尽后被迫停机,这会导致机械密封失效和泄漏。这一事件的发生完全是随机的,取决于许多可能的因素(哪个操作人员在轮班,轮班周转质量,操作人员的培训,其他过程的混乱和干扰,等等)。如图 6.2 所示,人为错误可能导致一个本来还在期望的性能水平之上运行的资产,突然变得完全无法工作或者失去其次要功能。

人为错误也可能导致需求的增加或运行性能水平超过资产的固有能力,但这会增加对资产的工作负担,这种情况一般发生在为了弥补生产损失而提高生产线的运行速度时。例如,在生产线上安装非正常网格大小的过滤器,可导致流量改变,从而提高泵送设备的运行性能水平,超出资产的固有能力。

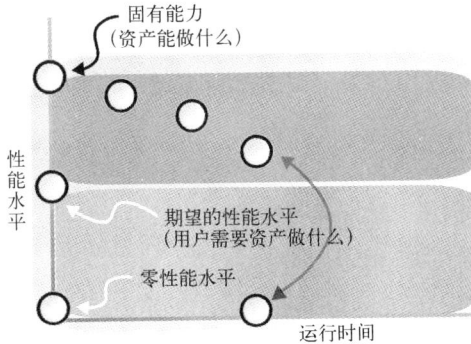

图 6.2　由人为错误引起的能力突然损失

在一个客户现场,某位工艺专家工程师设计并测试了一种通过提高研磨速度来获取所需粒径化学粉末的新方法。他在实验室规模上证明,如果磨机转速从 4800r/min 提高至 7050r/min,那么该工艺过程就能一次性制备出所需的晶粒大小,而不是使用当前程序和配置所需要的 3 次才能做到。为了达到所需的速度,他改变了磨机的马达、滑轮和正时皮带的尺寸。在机械车间进行试验之前一切都还顺利,只是在新的工作速度下它运行得非常粗糙(振动),声音很大,这是因为新的速度导致了转子的自然共振———一种可靠的自毁机制。我们对转子组件进行了重新设计,使转子的固有频率远离新的运转速度,从而克服了共振问题。但是,该装置的轴承磨损比预期的更快,在一段时间后必须购置和安装能够在新的运行速度(背景)下可靠运行的新轴承。

将资产的预期性能水平提高到超出其固有能力的程度,将导致一种无法维护的情况发生,因为通过维护(本身)将无法再改变资产的固有可靠性来达到新的性能水平。这时,应该通过重新设计资产来提高内在能力,以满足更苛刻的运行背景和性能要求。图 6.3 描述了在新的运行背景下资产固有可靠性低于预期性能水平的不可维护情况。

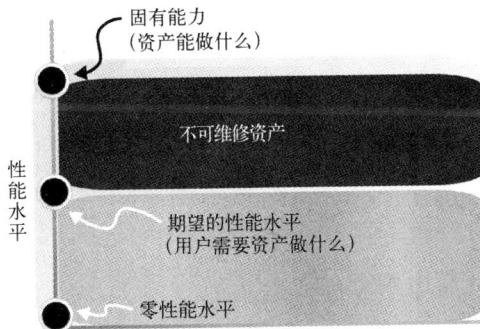

图 6.3　不可维护的资产

79

# 6.3　故障模式的类型

物理的、电气的、化学的和机械应力的原因,无论是单独的还是结合在一起,都会导致实物资产的故障,关于可靠性数据收集和交换的 ISO 14224 标准将这些过程称为"故障机制"。了解故障模式是如何启动的,有助于以后制定合适的管理策略,将相关风险降低到可容忍的水平。RCM-R 首先会对故障事件进行确认,然后准确找到导致它们发生的根本原因,并且根据故障机制的类型对故障模式进行分类。在分析工作表中没有必要对每种故障模式进行分类,但是我们发现考虑以下列表中的故障模式类型对于生成完整的列表是一个有用的工具。

**1. 机械:代码为 MEC**

(1) 一般情况:与某种机械缺陷有关的故障,但具体细节不清楚;

(2) 渗漏:外部和内部渗漏,液体或气体;

(3) 异常振动;

(4) 间隙/对准类故障;

(5) 变形:扭曲、弯曲、屈曲、凹陷、软化、收缩、起泡、隆起等;

(6) 松弛:断开、松动的项目;

(7) 卡死:变形或间隙/对准类故障以外的原因造成的堵塞、卡住。

**2. 材料:代码为 MAT**

(1) 一般情况:与材料缺陷有关的故障,但不清楚具体细节;

(2) 气孔:涉及泵和阀门等设备;

(3) 腐蚀:所有类型的腐蚀,包括湿腐蚀(电化学的)和干腐蚀(化学的);

(4) 侵蚀:侵蚀性的磨损;

(5) 磨损:研磨和胶黏磨损,如刻蚀、摩擦、咬合和微振磨损;

(6) 破碎:破裂、裂纹和爆裂;

(7) 疲劳;

(8) 过热:过热/燃烧造成的物质损害。

**3. 仪器:代码为 INS**

(1) 一般故障:与仪器有关,但不知道具体细节;

(2) 控制故障:没有规章或错误的规章;

(3) 无信号/指示/警告:预期情况下无信号/指示/警告;

(4) 错误的信号/指示/警告:信号/指示/警告相对于实际过程是错误的,可能是假的、间歇的、振荡的或随意的;

(5) 失调:校准错误、参数漂移;

（6）软件故障：由于软件的原因而出现故障或没有控制/监测/运转；

（7）共性原因/模式故障：多个仪器项目同时失灵，例如，冗余的火灾和气体探测器；

（8）与共同原因有关的故障。

**4. 电气故障：代码为 ELE**

（1）一般故障：与电力的供应和传输有关，但不清楚进一步的细节；

（2）短路：短路；

（3）开路：断开、中断、电线/电缆断裂；

（4）没有电力/电压：停电或供电不足；

（5）不良的电力/电压：不良的电力供应，例如，过电压；

（6）接地/绝缘故障：接地故障、低电阻。

**5. 外部影响：代码为 EXT**

（1）一般情况：边界以外的一些外部事件或物质造成的，但不清楚具体细节；

（2）阻塞/堵塞：由于积垢、污染、结冰等原因造成的流量限制/阻塞；

（3）污染：受污染的液体/气体/表面，例如，受污染的润滑油；

（4）其他外部影响：外来物体、影响以及来自邻近系统的环境影响。

**6. 其他故障：代码为 MIS**

（1）一般情况：不属于上述类别之一的故障模式；

（2）未发现原因：已调查故障模式，但未发现或不确定原因；

（3）综合原因：有几个原因，如果有一个主要原因，则应加以编码；

（4）其他：无适用代码，原因项留空不写；

（5）不详：无可用信息。

让我们来想象一下，当刹车踏板被按下时，汽车"停不下来"是怎么回事。我们可以列出许多相干事件，通过这些事件，功能性故障（当刹车踏板被按下时未能停止）便能"原形毕露"，下面是其中的一些：

（1）制动液泄漏（类型：MES）；

（2）垫子磨损（类型：MAT）；

（3）无/低制动液指示（类型：INS）；

（4）无直流电源（类型：ELE）；

（5）路面湿滑（类型：EXT）；

（6）未知（类型：MIS）。

所有这些事件都是故障模式，可能需要进一步调查，以找到可行的措施，将故障后果减轻到可以容忍的水平。

# 6.4 故障模式的根本原因

需要注意的是,仅由故障模式提供的信息可能还不够完整,不足以找到具体的故障管理策略来应对功能性故障的后果。因此,必须进一步分析每一种故障模式,以找出其发生的可能原因。我们可能会发现,单个故障模式存在多个与之相关的根本原因,因此我们应该单独对每个可能发生的原因进行评估。作者经常使用"5 个为什么"(5W)的方法来帮助参与者找到故障最可能的根源。进行正确分析所需的大部分信息和知识都存在于我们多学科团队的头脑中,它们是分散的并会在分析的参与者之间传播。RCM-R 为我们组织有序的处理有价值的个体知识提供了方法,从而制定出合适的后果管理策略,这些策略包括主动的维护任务和一次性的改变,甚至只要选择的策略符合财务、安全和环境目标还可以允许故障发生。

故障模式的根源也可根据其性质分为不同的类别,虽然没有规定非得在RCM-R 分析工作表中对它们进行分类,但我们发现这样做的确很有帮助。以下是根据 ISO 14224 标准列出的故障根源类别清单,可以作为一个指南来帮助您正确地描述故障的根本原因。

**1. 与设计相关的故障模式:代码为 DSG**

(1) 一般情况:设备设计或配置(形状、尺寸、技术、配置、可操作性、可维护性等)不充分,但具体细节不明;

(2) 容量不当:尺寸/容量不足;

(3) 材料不当:材料选择不当。

**2. 与制造/安装有关的故障模式:代码为 FAB**

(1) 一般情况:与制造或安装有关的故障,但不清楚更多细节;

(2) 制造错误:制造或加工故障;

(3) 安装错误:安装或组装故障(不包括维护后的组装)。

**3. 与操作/维修有关的故障模式:代码为 O&M**

(1) 一般情况:与设备的运行/使用或维修有关的故障,但不清楚更多细节;

(2) 偏离设计的服务:偏离设计或意想不到的服务情形,如压缩机在封套外运行、压力高于说明书的规定等;

(3) 操作错误:操作过程中的过失、误用、疏忽、失察等;

(4) 维修错误:维修过程中的过失、错误、疏忽、失察等。

**4. 与管理有关的故障模式:代码为 MGT**

(1) 一般故障:与管理问题有关,但不清楚更多细节;

（2）文档错误：与程序、说明书、图纸、报告等有关的故障；

（3）管理错误：与规划、组织、质量保证等有关的故障。

**5. 其他故障模式：代码为 MIS**

（1）其他故障：通常不能归类到上述原因的任何一类；

（2）未发现原因：已调查调查，但没有发现具体原因；

（3）共性原因：共性的原因/模式；

（4）综合原因：几个原因同时起作用，如果一个原因占主导地位,则应强调这一原因；

（5）其他原因：上述代码均不适用，原因项留空不写；

（6）未知原因：没有关于故障原因的信息。

**6. 正常使用出现的故障模式：代码为 AGE**

一般故障：本代码是在前面提到的代码基础上添加的，由 ISO 14224 标准提供。老化是由于长期磨损导致的一个具有普遍性的原因，是由设备的固有可靠性决定的。像汽车轮胎磨损、空气过滤器堵塞、泵叶轮磨损、阀座磨损等，都可能是由于老化导致的故障模式。

# 6.5　有多少细节？

团队如何知道他们找到了真正的根本原因？他们需要问多少次"为什么"，才能用说明的形式将故障模式的根本原因描述出来。轴承磨损是几乎每个旋转部件都会发生的一个非常典型的故障模式。从技术上讲，维护任务应该用于根本原因而不是症状（故障模式）。以离心泵的轴承磨损情况为例，如果我们使用"5 个为什么"方法来找出它的可能原因，可以从下面的逻辑问题开始，得到如下一连串貌似合理的答案选项：

*为什么轴承会磨损（故障模式）？*

（1）因为润滑问题。为什么？

（2）润滑脂不足。为什么？

（3）油线直径太小。为什么？

（4）由于设计上的错误。为什么？

（5）由于使用了错误的说明书。为什么？

（6）由于人为失误造成。为什么？

（7）因为疏忽大意造成。为什么？

（8）因为设计师恋爱了。为什么？

（9）因为他找到了合适的伴侣并将结婚。为什么？

（10）因为他是天主教徒。为什么？

（11）因为他的家庭

......

显然，我们还可以想到更多的可能。事实上，每一个事件，如某故障模式，都只是这些无数系列事件中的一个，其中一些我们可能可以控制，而另一些则不能。如果我们深入的细节过多或者在事件链上追溯得过远，那么我们显然就走过了头。所以，我们不需要那么多的细节，我们也希望避免对问题的过度纠结。但如果我们想单独对故障模式（如轴承磨损）进行描述，那么说明书的内容就过于宽泛了，无法使我们找到一个合适的单一任务，这时就需要更多的细节。

我们确信，如果能够找到一个可以将故障风险降低到我们所能容忍的水平的后果管理策略，就说明我们找出了合理的故障根源。同样显而易见的是，我们的RCM-R分析团队在建立故障模式的根源说明时不能过于详细，也不能过于肤浅，我们只需要处理无数系列事件中的一个事件，就可以改变该系列的其余部分，但是究竟该选择哪个事件呢？在轴承磨损的例子中，不同的团队成员可能会对应该处理故障根源中的哪一个有不同的看法。

团队中的泵操作员可能认为问题的答案就是因为设计错误，但如果设计师在团队中，他可能更倾向于对用户未按说明书操作进行确认，维护者则可能认为润滑脂不足是其根本原因。到底谁是对的？

事实上，他们都是正确的。但对于当前运行背景下的该企业来说，哪种解决办法才是最可行的呢？我们是该改变设计，改变项目的规定，还是改变润滑脂的用量呢？RCM-R团队的负责人必须确保分析团队始终专注于提供必要的信息以获取可行的解决方案，负责人的职责包括围绕此类问题进行适当的时间管理。在获取良好的后果管理策略的过程中，投入合适的工作量很关键，不能太多也不能太少。

正如我们上面的例子所显示的那样，它也是不全面的！我们都知道设计错误并不是离心泵轴承磨损的唯一根源，轴承还可能因为安装错误导致过早磨损，该故障模式根源应该由用户或维修代表告知给分析团队。安装错误是一个相当常见的问题，资产所有人可能有兴趣了解其根源。"5个为什么"分析可能以同样的问题开始，引导团队获取一个不同的（额外的）确又看似合理的根源如下：

为什么轴承会磨损（故障模式）？

* 承包商错误地安装了轴承。为什么？

* 安装人员出错。为什么？

\* 他使用了错误的安装方法。为什么?

\* 他缺乏合适的工具来正确完成这项工作。为什么?

......

如果分析团队发现泵的安装错误可能导致轴承磨损,他们可能会审查承包商的工程资质,以防止这种情况再次发生;也许会发现,这其实是由于承包商雇用了一个没有受过装配训练的木匠或管工,在没有使用精密工具的情况下对泵轴进行了调整。这种事后洞察实际上是分析团队可以从他们自己成员那里获取的一种相当典型的信息,之所以为他人所知,是因为我们经常会向经验丰富的团队成员咨询了解一些他们所见过的故障事件。

## 6.6 本 章 小 结

故障模式是故障表现出的事件。RCM-R 则认为故障模式是故障的症状,其根本原因必须被找出。功能性故障可以通过许多故障模式表现出来,而这些故障模式又可能由多种根本原因造成。因缺乏训练导致安装错误(根本原因)而引起的耦合中断(故障模式),水泵可能无法提供所需的流量(故障),按照 ISO 14224 标准,RCM-R 分析团队根据其故障机理对故障模式进行了分类,识别出机械类、材料类、仪表类、电气类、外部类和其他类等各种类型的故障模式。随后,进一步对每种故障模式进行分析以找出其合理的根本原因,这些原因可分类为 ISO 14224 中明确的设计、安装/制造、操作/维护、管理和其他等几种故障模式的根源类型。虽然这些分类对于流程不是必不可少的,但它们有助于确保分析团队没有遗漏一些重要的信息。完整的故障模式和根本原因分析必须由一个对流程和所分析资产有经验的多学科团队来执行。RCM-R 负责人采用常规的头脑风暴技术来激发团队的讨论和想法,并帮助团队将故障模式及其根源识别到足够详细的程度,以便日后制定合适的故障后果管理策略。

图 6.4 显示了腐蚀性水清洁泵实例中功能#2 的 A 故障模式及其故障根源是如何正确书写和分类进行分析的。

与此功能性故障相关的故障模式可能有很多,分析团队必须找出所有可能的故障模式事件及其根源。到目前为止,我们已经回答了 RCM 的前 3 个基本问题:

(1)资产在当前运行环境中的功能和相应的预期性能标准是什么(功能)?

(2)它在哪些方面不能履行其功能(功能性故障)?

(3)是什么导致了这些功能性故障(故障模式的根本原因)?

| RCM-R | | | 功能和功能性故障的分类举例（关键的、非关键的、隐性的） | | | | | | | |
| --- | --- | --- | --- | --- | --- | --- | --- | --- | --- | --- |
| | | | | | | 故障模式/类型&根本原因/种类 | | | | |
| 功能# | 功能、性能水平及运行背景 | # | 功能性故障（功能丢失） | 故障分类 | # | 故障模式 | 类型 | # | 根本原因 | 类型 |
| 2 | 提供至少30加仑的腐蚀性水 | A | 根本无法提供腐蚀性水 | C | 1 | 泵联轴器磨损 | 材料类 | c | 错误做法导致的失调 | 管理类 |
| | | | | | 2 | 泵发生汽蚀 | 机械类 | a | 因过滤器肮脏导致的吸入压力低 | 工程类 |

图 6.4　腐蚀性水清洁泵的故障模式及其根本原因举例

在下一章中,我们通过描述故障模式出现时发生的事件序列来确定各故障的影响,从而解答第 4 个问题:

(4) 每次故障发生时会出现什么情况(故障效果)?

# 第 7 章　量化故障影响

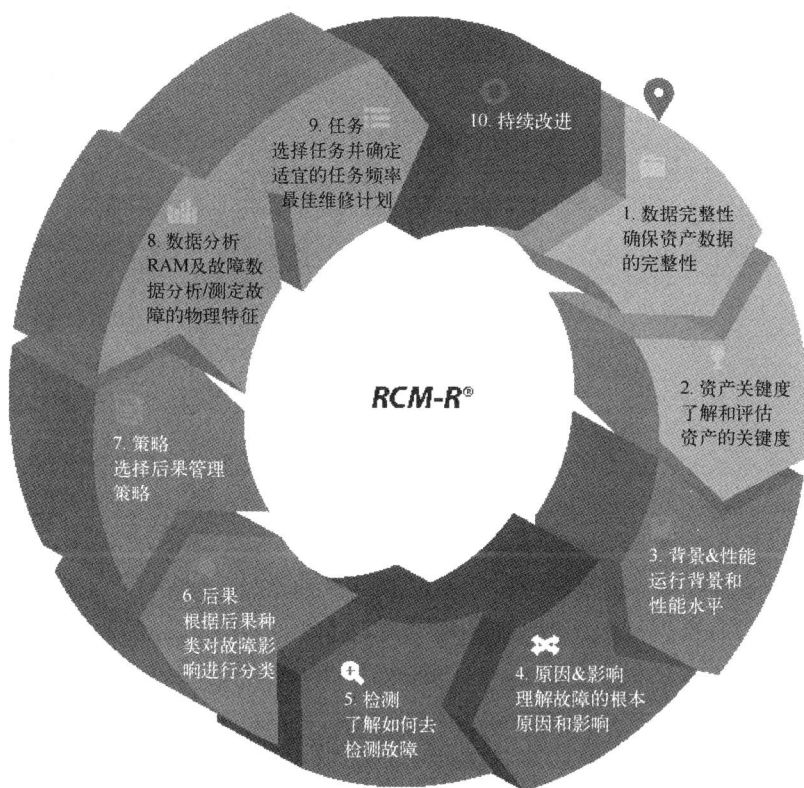

四个内部子工艺:

- Ⅰ-准备工作
- Ⅲ-微调
- Ⅱ-AE JA1011/1012
  对应的RCM
- Ⅳ-实施&支持

在前面的章节中,我们对如何描述资产功能、功能性故障、故障模式和根本原因进行了说明。在 RCM-R 项目的这一阶段,多学科分析团队根据其参与者的知识,详细记录了资产的所有主要、次要和隐性功能及其对应的功能性故障,故障模式和根本原因也可能已经被识别和分类。至此,我们发现通过信息共享,团队成员的总体资产知识也得到了极大的提高,整个流程下来使机器操作员更了解故障、故障原因和维修,对操作和维护引发的故障模式也有了更好的理解。基本上,团队清楚了资产应该完成什么任务,它又是如何不能完成的,以及不能完成的原因。

接下来,我们需要对影响企业目标实现的故障相关性进行了解。RCM-R 分析团队应根据故障的关键度评估故障的原因,并对相应的故障管理策略进行优先排序。分析团队也应对各故障模式及相应的根本原因实际发生时会导致什么进行清楚地描述,每个故障都必须与一个单独的根本原因联系起来。某些原因可能会产生相同的影响,但它们应该被单独评估,因为之后如何对它们进行管理依然取决于故障原因本身。

# 7.1 描述故障影响的引导性问题

对故障效果的描述使我们能够证明,为消除风险或将其降低到资产所有者可容忍的程度而制定的后果管理政策是合理的。这类描述应该包括对故障进行评估所需的所有信息,为此 RCM-R 团队提出如下假设:在开始对故障进行描述时,不进行任何主动性维护来防止故障发生,也就是说此时团队必须避免将现有的维护任务考虑在内。在评估故障影响时,团队需要考虑资产的运行背景和性能水平。资产设计或其操作流程中可能包含的旨在消除或减轻故障后果的某些修正条款,在描述故障影响和评估故障模式根源的后果严重性时应予以考虑,包括应急装置、在制品库存、备件供应、安全装置、流程操作等。还应该对故障的影响进行说明并量化每个根本原因对企业目标的影响,包括对成本、安全和环境的影响。此外,其他的一些影响也可能很重要,例如在某些情况下公司声誉的恶化可能会带来潜在的商业损失。

下列问题可作为编写影响说明的指南(以描述性段落的形式):

(1) 证明故障发生的事实(证据)是什么? 故障隐藏在哪里,如果发生多重故障会导致什么发生?

(2) 故障资产周围的人的安全会受到何种影响?

(3) 环境目标受到何种影响?

(4) 故障对生产或运行有何影响?

(5) 故障会造成什么样的物理损害? 在维护和维修方面,故障的代价有多高?

(6) 有没有二次伤害? 应该做些什么来恢复运转? 要多久?

(7) 故障发生的可能性有多大? 以前发生过吗?

RCM-R 负责人应该指导团队为每个故障的根本原因制定精准的影响说明。

这并不是一件容易完成的任务,如果团队本身不能完全描述所发生的事情,则可能需要从现场收集更多的信息。

## 7.2　如何检测故障?

对问题(1)的回答需要提及在发生故障前资产的行为是否发生了变化,如温度、速度、振动或噪声水平在故障发生之前是否发生了变化? 当故障发生时,操作员是否收到某种报警? 这个问题与 RCM-R 的一个重要特征密切相关,即负责人应明确要求分析团队解释是如何发现或检测到故障的。一些故障模式的原因相对容易发现,而另一些则不然,甚至需要诊断工作来隔离它们。RCM-R 提供了一些简单的指导来简化这个方法,参与者可以通过选择下列答案之一来确定故障模式的根本原因是如何被检测到的:

(1) 通过感官:主要通过观察,但也可通过听声音,闻气味,或触摸。

(2) 通过报警:包括声音报警、警示灯等。

(3) 操作人员:资产操作员拥有识别故障模式根源的知识和技能。

(4) 内部专家:内部工艺人员,如技工、电工,或可靠性、质量或环境健康和安全方面的专家,拥有查明故障模式根源所需的知识和技能。

外部专家:由于内部人员缺乏查明故障模式根源的专业知识和技能,需要引进专业承包商来发现故障的根本原因。

回答问题(1)的说明实例:

"当泵滤网堵塞时,电机停止运转,喇叭发出报警。"

"如果丙酮罐安全泄压阀有问题,出现过压,那么罐就会炸裂。"

"当叶轮磨损严重时,低流量警示灯会闪烁,操作员查不出故障的原因,但机械师通过分解资产查明了故障的根本原因。"

## 7.3　故障资产周围人的安全受到了怎样的影响?

问题(2)必须得到准确的回答,因为如果没有恰当地评估这一重要方面,企业的安全目标可能会面临风险,RCM-R 分析团队正是通过回答这个问题来仔细地记录、评估和排序安全风险。我们以这些答案选择的形式提供指引,以方便描述和最终评估每个故障原因所带来的安全风险:

　* 无影响:安全事故的可能性微乎其微。

　* 轻微的安全影响:可能发生不需要治疗的伤害。

　* 中等的安全影响:可能发生需要治疗的伤害。

　　* 严重的安全影响:可能发生严重的人员伤害。

　　* 灾难性的安全影响:可能会造成生命损失。

必须对故障原因造成的具体安全威胁进行清楚地描述。下面的例子可能有助于描述一些常见情况:

"蒸汽泄漏可能导致皮肤二级烧伤。"

"烧碱可能导致化学烧伤,需要进行大手术。"

"暴露在带电电缆下可能导致触电。"

"锋利的边缘可能会造成需要缝合的严重伤害。"

"可能会导致起搏器失灵甚至死亡。"

# 7.4　环境目标受到何种影响?

负责任的组织会把人和环境放在首位!并且他们会努力识别、评价和减轻潜在的环境危害。其中一些环境威胁还会造成其他附带损害,包括因不遵守相关的环境标准而被处以高额罚款,可能关停以及引发未来业务亏损的声誉恶化。量化环境影响有时对环境本身是不公平的,因为这种影响既有物理影响,也有财务影响。我们记得在评估一个 RCM 项目时,所有的环境影响都是用罚款的金额来描述的。问题(3)是关于故障的影响,可以根据事件对环境影响的严重程度来回答,然后简要描述事件本身。以下指导意见有助于描述和最终评估每个故障原因带来的环境风险:

　　* 无环境影响:环境受到威胁的可能性微乎其微。

　　* 轻微的环境影响:轻微的污染是可能出现的。

　　* 中等的环境影响:有些污染可能超过适用的标准和做法。

　　* 严重的环境影响:根据适用的标准和惯例可能发生重大污染。

　　* 灾难性的环境影响:可能发生极端污染和环境破坏。

必须清楚地描述故障对环境造成的具体威胁。下面的例子可能有助于描述一些常见的情况:

"油封泄漏被控制在泵池内,造成的环境威胁微乎其微。"

"海底石油管道的塌陷可能造成严重污染,并对海洋生物构成威胁。"

"坏掉的空气净化器可能造成空气污染,严重危害濒危鸟类的健康。"

# 7.5　故障对生产或运行有何影响?

有些故障对生产有直接影响,其故障影响说明应该表明生产如何受到影响,以及影响会持续多长时间。最好用因故障而延误的生产单位来度量故障的影响,生产时间的损失可以转化为实际生产单位,也可以转化为延期生产的成本代价,建议团队评估最可能出现的最坏情况。

假设我们有一个共享的备份单元,其中 A 泵和 B 泵在值班,C 泵是用于支持 A 和 B 两个单元的共享备份泵。当共享备份泵不可用时,我们应该考虑当值泵发生故障的情形。换句话说,我们需要考虑两个当值泵可能同时处于故障状态的情形。故障对运行的影响可以用停机时间(h)、原材料损失、生产延期、机器减速造成的吞吐量损失、因产品质量不过关或生产供应不能满足合同规定而可能导致的未来合同损失来衡量。以上所有这些都可以转换成每个业务经理都能理解的语言:金钱损失。在回答问题(4)时,我们通过考虑以下生产影响级别来促进故障说明的开发:

* 无生产损失:生产不受任何形式的影响。

* 小的生产损失:生产损失或许是可挽回的,不影响企业销售目标。

* 适度的生产影响:生产损失略低于可接受的限度,如果不纠正可能导致无法挽回的损失。

* 生产损失超过可接受的限度:停机、速度降低将导致吞吐量大幅下降或严重质量缺陷等,影响信誉或潜在业务收益。

* 大规模停产:停机时间过长、吞吐量下降、质量缺陷和潜在业务损失等。

这些故障说明必须清楚地指出当前和将来生产受到的影响。以下例子可能有助于描述一些常见的情况:

"填料速度必须降低到 70%,以避免生产停止导致 X 量的生产延误。"

"维修时应该对问题马达进行更换。"

"更换机械密封需耗时 3h,导致实际生产延误 5h,意味着 X 产量的损失。"

"当加热系统无法调节温度时,罐内的所有原材料都会失效,将导致 4h 的生产延误。"

# 7.6  二次伤害研究

这些问题与发生故障时可能出现的物理损害有关。有材料变形或变形吗?灌顶倒塌了吗?轴断了吗?这就是该问题所寻求的信息类型。

故障就意味着要维修(必须进行评估和记录),要花费真金白银。这些费用与我们是否真正采取积极措施的决策过程有关。由于老化,当值泵可能因轴承磨损而停止工作,随后备份单元可能已经接管了服务,而没有造成任何生产损失。但由于要维修,有些人工的预算仍然是受到影响的。成本估计应包括与修理活动有关的材料、劳力、备件、承包商和后勤等费用支出。

**1. 有二次损害吗？要恢复运行,必须做些什么？需要多长时间？**

在分析范围之外的其他系统中,资产故障可能导致功能失灵或运营成本增加。例如,某项资产上的仪表空气组件发生严重空气泄漏,可能导致空气压缩机的耗电量增加,从而增加了能源成本。如果分析团队中有经验丰富的超声波检查员,他/她将能够根据典型的泄漏率场景估算出成本。在一个案例中,一家有机合成化工厂20年来首次对空气泄漏进行了调查,结果让人吃惊,因为整个分布线路的空气泄漏,他们浪费了超过45%的空气气量。工厂运转良好,产量也得到了满足,但额外的代价是空气压缩成本过高。在得知这一情况后,公司纠正了泄漏问题,然后关闭了4个在线压缩机中的一个,节省了大量的能源和开支。

有时,在故障发生后,需要的不仅是修复活动来恢复运行,还必须进行生产线钝化、质量控制检查和操作员预启动检查等检查项目来恢复生产,所有这些活动都应该在故障说明中列出。在这里,我们可以看到多学科团队方法的重要性,因为这种方法可以让我们看到和描述需要完成的工作的多个方面,而不仅只是维护。此外,还应在故障影响报告中考虑和记录与操作、质量和维修活动有关的时间和费用,以便使资产重新投入使用。

必须注意避免将停机时间与修复时间混淆。应该关心资产无法按预期速度生产的全部时间,而不仅是正在修理的时间。因此,从停止生产到恢复生产并达到"巡航速度"的所有时间都应该记录在故障报告中。

**2. 在 RCM-R 工作表中记录故障影响说明**

我们的多学科方法对每次故障所带来的影响给出了一个全面的观点。并且,我们正在构建一个全面的故障模式影响和关键度分析的目录(FMECA),以备将来使用。在 RCM 分析本身之外,当发生故障时,本目录可以作为根本原因分析的信息来源。稍后我们将看到目录是如何超出 FMECA 分析范围,将依据故障后果管理策略给出的故障影响类别包括其中的。但现在,让我们先来看看如何记录故障管理说明。

前述7个故障影响问题应该全部解答,而且文件必须非常具体。例如,当故障对生产或环境确实没有影响时,我们就可以说"故障对生产或环境没有影响";但当它会造成影响时,我们应该进一步描述它是如何影响的,以及影响有多大。RCM-R 是专业人士使用的一种正式工具,不仅用于优化运行成本和维修成本,也用于支持组织实现其全部业务目标,包括销售、环境、安全、能源管理等。作者鼓励团队在整个 RCM-R 分析过程中提供完整的文档,以便从中获得最大的价值。

让我们回到图5.2中的洗涤泵,扩展其故障模式分析,以包含两个故障根源的故障效果说明。图 7.1 考虑了 7 个指南问题所要求的所有信息,这些问题用于描述泵的两个故障原因对应的故障影响说明。

| RCM-R | 功能及功能性故障的分类举例（关键的、非关键的、隐性的） | | | | | | | | | |
|---|---|---|---|---|---|---|---|---|---|---|
| | | | | | 故障模式/类型&根本原因/类型 | | | | | |
| 功能# | 功能、性能水平及运行背景 | # | 功能性故障（功能丧失）| 故障分类 | 故障模式 | 类型 | # | 根本原因 | 类型 | 故障影响 |
| 2 | 提供至少30加仑的腐蚀性水 | A | 根本无法提供腐蚀性水 | C | 1 泵联轴器磨损 | 材料 | c | 错误做法导致的失调 | 管理 | 振动警报声响。机修工检查,发现联轴器磨损。没有安全风险。环境预警发布。停机1小时进行维修。费用:修理100美元,停机50万美元。修复时间延长可能导致反应堆材料损失（30万美元）。失调是一个常见问题,增加了10%的持续能源成本,并使耦合寿命减少到8000小时 |
| | | | | | 2 泵汽蚀 | 机械 | a | 因过滤器肮脏导致的吸入压力低 | 工程 | HMI显示低压。无安全或环境风险,更换过滤器需要10分钟,费用50美元。生产不中断。过滤器堵塞的历史时间是300小时 |

\* 故障出现时会发生什么?
(1) 有什么事实证明发生了故障? 如果出现多重故障或隐性故障,会发生什么?
(2) 资产周围人的安全会受到什么影响?
(3) 环境目标会受到什么影响?
(4) 故障对生产或运行有何影响?
(5) 故障会造成什么样的物理损害?
从维护和修理的角度来看,故障的代价有多大?
(6) 是否存在二次损害? 可以做些什么来恢复运行? 需要多长时间?
(7) 故障发生的可能性有多大? 以前发生过吗?

图 7.1　用于气体洗涤的水循环泵的部分故障模式及评价分析

### 3. 基于 ISO 标准的故障影响风险分析

读者可能已经意识到,在 RCM-R 分析中要做到这一点,需要做大量的工作。您可能想知道,是否有必要评估所有的故障原因,才能将维修或重新设计的任务分配给故障。作者很乐意回答:不是!

RCM-R 是一个识别和管理风险的过程,用来确定合理的风险管理政策,以消除故障后果或将其降低到资产所有者可以容忍的水平。因此,针对全部可疑故障原因的风险分析可以用于确定推荐措施的优先次序。这种对故障影响的筛选能够排除掉 30%~50% 的已识别故障原因,也意味着不必为它们执行任何主动或一次性的行动任务。团队需要在任务分配分析上花时间,因为故障原因会给操作带来重大风险。那么,什么才被认为是重大风险?

所有企业无论类型和规模大小,都面临着内部和外部的挑战,使其无法确定是否能够实现其目标。根据 ISO 31000 标准( 2009 )《风险管理——原则和指南》,这种不确定性对企业目标的影响就是"风险",企业的所有活动都有风险。企业通过对风险进行识别、分析和缓解来管理它们,他们会评估是否应该通过风险处理来改变风险,以满足其风险标准。在整个过程中,企业与利益相关方进行沟通和协商,并监测和审查风险以及任何正在改变风险的控制措施,然后确定是否需要进一步的风险处理。RCM-R应用在资产寿命周期的设计和运行阶段,在此期间会执行一些涉及重大风险的重要活动,对风险发现和评估得越早,资产的管理效率就越高,从而资产的变现价值就越大,企业通过识别和分析风险来决定如何最好地管理它。以上就是标准的全部内容。该标准中的概念可适用于任何类型的风险,不论其性质如何,也不论其具有积极或消极的后果,要知道并非所有风险都是坏的。然而,当涉及设备或系统故障时,风险通常被认为是负面的。

风险管理应该作为企业管理的一个组成部分,纳入本企业的文化和实践中,并融入企业的业务流程。RCM-R对于识别和处理设备故障带来的风险非常有帮助。一般风险管理流程见图7.2。

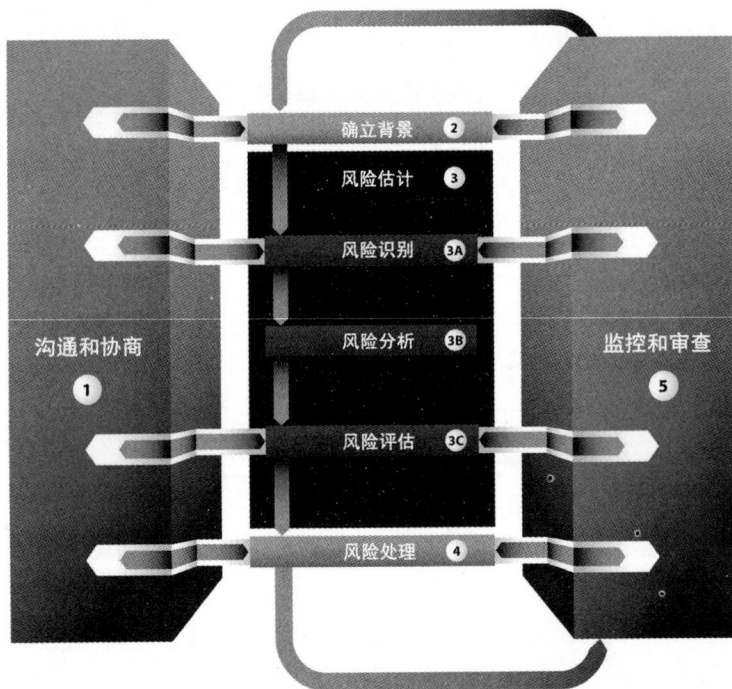

图 7.2  根据 ISO 31010(2009)制定的风险管理流程

RCM-R使用一个类似于图7.2所示的流程来评估故障的风险。风险管理过程的5个阶段(图7.2中用数字1~5标记)在RCM-R流程中都有对应的步骤。第三阶段是识别、分析和评估风险的实际风险评估过程。

"风险识别(3A)"包括确定风险来源、影响领域、事件(包括环境改变)、事件原因及其潜在后果,其目的是根据那些可能导致、增强、预防、降低、加速或推迟实现目标的事件生成一份全面的风险清单。企业应该使用那些与其目标和能力以及所面临的风险相适应的风险识别工具和技术。信息的相关性和新颖性对于识别风险十分重要。

"风险分析(3B)"需要了解风险如何演变。风险分析给出了风险评估的投入、是否需要处理风险的决定以及最合适的风险处理策略和方法,其主要任务就是确定风险的后果、可能性和其他属性。分析可以是定性的、半定量的或定量的,也可以是三者的组合,需依具体情况而定。

"风险评价(3C)"要求依据风险分析的结果,就哪些风险需要进行处理及其被处理的优先次序做出决定,它涉及对分析过程中发现的风险等级与考虑运行背景时确立的风险标准进行比较,在此基础上再来考虑风险处理的必要性。

## 7.7　RCM-R 故障影响风险评估矩阵

RCM-R 对单个故障根本原因的相对关键度进行评估,然后决定风险的处理方法。所有故障原因的影响是通过使用一个由三部分组成的风险矩阵来评估的:故障的严重程度、可能性和可检测性,该三维矩阵衡量了这三个方面对商业目标的综合潜在影响。正如第 4 章对资产关键度排名进行解释一样,多学科小组必须就风险矩阵标准达成一致。随后,在团队决定每个风险矩阵的级数时,应该为每个故障影响指定一个风险值(也称为风险优先级值,RPN),从而对故障影响进行排序(图 7.3)。

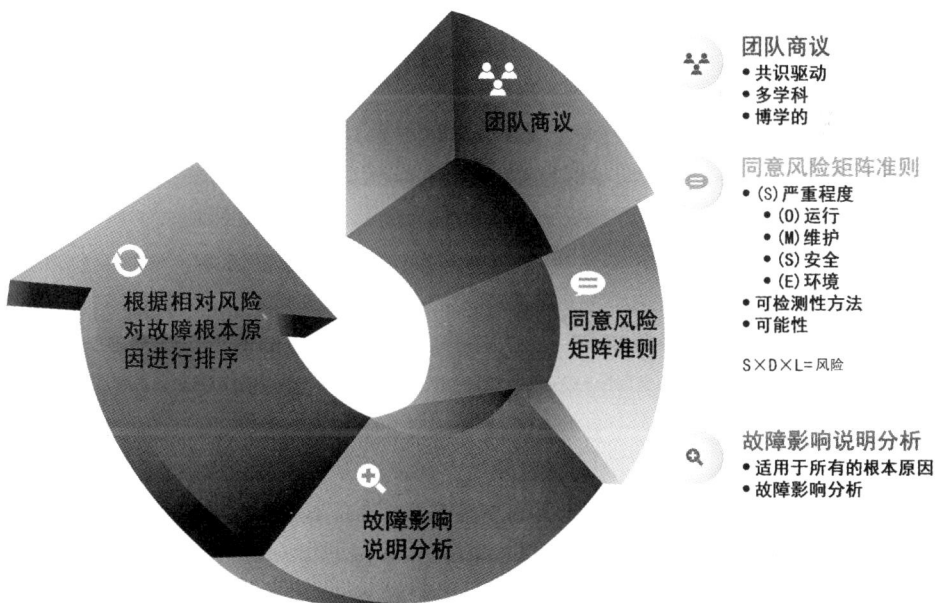

图 7.3　RCM-R 故障影响风险评估模型

图 7.4 显示了某故障的风险评估矩阵,该分析团队采用的方法与按关键度对资产进行排序的基本方法相同。不同的是,此分析所需的信息已经包含在各个故障说明中,由于有了这些现成的信息,这项工作变得相当简单和直接。

| 类型 | 安全 | 环境 | 生产 | 维修 | 未知事件 | 将发生的故障 | 已发生的故障 | 系统中约每年一起故障 | 系统中约每年几起故障 | 观察 | 告警 | 操作者检测的故障模式 | 设备专家检测的故障模式 | 需外部专家检测的故障模式 |
|---|---|---|---|---|---|---|---|---|---|---|---|---|---|---|
| A | ×2 无影响 | ×1.5 无污染 | ×1.0 无停产 | ×0.5 无费用 | 0 | 0.4 | 0.8 | 1.2 | 1.6 | 1 | 2 | 3 | 4 | 5 |
| B | ×4 *无须医疗的损伤 *对安全功能无影响 | 轻微污染 | ×3.5 X<2%产能 | ×3.0 X<2.5万美元 | 2 | 2.4 | 2.8 | 3.2 | 3.6 | 2 | 3 | 4 | 5 | 6 |
| C | ×6 *需要医疗的损伤 *对安全功能影响有限 | ×5.5 一定污染 | ×5.0 2%<X<20%产能 | ×4.5 2.5<X<5万美元 | 4 | 4.4 | 4.8 | 5.2 | 5.6 | 3 | 4 | 5 | | 7 |
| D | ×8 *严重的人身损伤 *安全功能可能丢失 | ×7.5 显著污染 | ×7.0 20%<X<50%产能 | ×6.5 5<X<50万美元 | 6 | 6.4 | 6.8 | 7.2 | 7.6 | 4 | 5 | 6 | 7 | 8 |
| E | ×10 *出现死亡 *安全应急系统失效 | ×9.5 重度污染 | ×9.0 X>50%产能 | ×8.5 X>50万美元 | 8 | 8.4 | 8.8 | 9.2 | 9.6 | 5 | 6 | 7 | 8 | 9 |

图 7.4　RCM-R 故障影响风险评估矩阵

# 7.8　本 章 小 结

通过故障说明可以知道在故障出现时所发生的事情。RCM-R 提供了一些分析团队必须回答的关键问题,以确保正确地编写出故障说明。该问卷涉及对故障检测技术、安全风险、环境问题、生产影响、维修费用以及故障事件实际发生的可能性等相关具体细节的了解。

根据 ISO 31010:2009《风险管理技术国际标准》的指导方针,应该对企业目标受故障的影响效果进行可视化和评估,然后通过故障影响说明,使用故障效果风险评价矩阵来确定风险等级(图 7.4)。风险值使分析团队能够根据相对关键度对风险进行排序,可用作判定哪些故障原因根本不需要缓解,以及该选择或优先选择哪种故障后果管理策略(第 10 章)的筛选工具。图 7.5 显示了如何在RCM-R 工作表中记录风险值。需要注意的是,严重程度、可能性和可检测性这三项指标是参考图 7.4 所示的表格来选择的,其中考虑到了每个故障根本原因对应的故障影响说明。

图 7.5 所示的例子显示,同一功能性故障对应的两个故障原因的数值存在显著差异。因偏差引起的耦合故障,导致了约 50 万美元的生产延误。由于该故

功能及功能性故障的分类举例（关键的、非关键的、隐性的）

故障模式/类型＆根本原因

RCM-R

| 功能 # | 功能、性能水平及运行背景 | 故障分类（功能失效）# | 功能性故障（功能失效）| 故障模式 # | 故障模式 | 类型 # | 类型 | 根本原因 | 类型 | 故障影响 | 故障影响风险分析 | | | |
|---|---|---|---|---|---|---|---|---|---|---|---|---|---|---|
| | | | | | | | | | | | 严重程度 | 可能性 | 检测能力 | 总计 |
| 2 | 提供至少30加仑/仓的腐蚀性水 | C | 根本无法提供腐蚀性水 | 1 | 泵联轴器磨损 | c | 材料 | 错误做法导致的失调 | 管理 | 振动报警声响。机修工检查，发现联轴器磨损。没有安全风险。环境预警发布（停机11小时进行维修；停机100美元，停机50万美元。修复时间延长可能导致反应堆材料损失（30万美元）。失调是一个常见问题，增加了10%的持续能源成本，并使耦合寿命减少到8000小时。 | 9 | 9.6 | 8 | 691.2 |
| | | | | 2 | 泵汽蚀 | a | 机械 | 因过滤器肮脏导致的吸入压力低 | 工程 | HMI显示低压。无安全或环境风险。更换过滤器需要10分钟，费用50美元。生产不中断。过滤器堵塞的历史时间是300小时。 | 0.5 | 1.6 | 2 | 1.6 |

* 故障出现时会发生什么？
(1) 有什么事实证明发生了故障？如果出现多重故障或隐性故障，会发生什么？
(2) 资产周围人员的安全会受到什么影响？
(3) 环境目标会受到什么影响？
(4) 故障对生产或运行有何影响？
(5) 故障会造成什么样的物理损害？
从维护和修理的角度来看，故障的代价有多大？
(6) 是否存在二次损害？可以做些什么来恢复运行？需要多长时间？
(7) 故障发生的可能性有多大？以前发生过吗？

图7.5　RCM-R烧碱泵故障影响风险评估矩阵的例子

障类型只能由维修技术人员以每年一次的频率检测到,其风险评估值超过270。第二个故障原因是过滤器积垢造成了空穴,没有造成明显的生产延误,仅花费50美元就解决了,它的风险评估值只有2.4。之后,该团队在故障后果管理策略上会将更多的精力投入到未对齐的耦合上,而不是堵塞的过滤器上。

# 参 考 文 献

[1] International Standard IEC/ISO 31000:2009, *Risk management: Principles and guidelines*, ISO copyright office, Case postale 56, CH-1211 Geneva 20.
[2] International Standard IEC/ISO 31010:2009, *Risk management: Risk assessment techniques*, ISO copyright office, Case postale 56, CH-1211 Geneva 20.

# 第8章 维修策略

## 8.1 管理故障后果的策略概述

管理故障及其后果需要采取措施。RCM-R 正是一种用来生成可执行决策的工具,这些决策都与所分析的故障模式一一对应。需要采取的措施包括重复的任务和一次性更改。

重复的任务应该定义得足够详细,以确保它们按照分析团队的意图执行,应该明确谁将执行任务(维修者或操作人员)以及任务的频率。

维修员的任务一般需要使用到操作人员通常不具备的技能、知识或工具。维修任务既包括破坏性干预,也包括非侵入性监测活动。

操作人员的任务通常是以监视、微调、性能测试和基本的机器维护活动等形式进行。从技术上讲,这些任务是维修工作的形式;然而它们并不需要深厚的专业知识,而且通常要能便于操作员在常规操作活动中实施。这些"基本维护"任务一般不需要使用工具,主要包括润滑、清洁以及通过人的感官来判断资产是否运行"正常"。

为了区分为操作员指定的任务和为维护者指定的任务,可以拿您的家用汽车作为例子说明这两种类型的任务之间的差异。作为所有者和操作者,您必须确保工作用油(如机油、传动液和制动液)被加满,消耗品(如挡风玻璃清洗液和燃料)得到补充。您还需要保持车辆清洁,在清洗时,您会发现表面有轻微的划痕、凹痕或其他瑕疵。当操作它的时候,您会注意到挡风玻璃的雨刷能正常工作,刹车在制动,供电稳定而强劲,暖风或空调在工作,发动机和乘客舱的噪声是"正常的",发动机没有过热,燃料是足够的。您还可能会检查轮胎的磨损情况,并确保它们的气压足够。如果您很勤快,还会确保您的灯、刹车和的信号灯都正常工作,并且备胎的气压也正常。所有这些任务都属于"基本维护"的范畴——由用户/操作者执行的维护,而更复杂的工作通常需要借助专业人员。您的汽车修理工会进行大部分必要的修理,更换机油和传动液,调换和更换轮胎,在诊断仪上检查您汽车的电子系统,检查和更换刹车片和转子,等等。这些任务需要用到更多的技能、知识和工具,而这些技能、知识和工具是大多数业主所不具备或不知道如何使用的。

在 RCM-R 分析中,考虑了操作人员和维修人员的技能、知识和能力,并根据这些因素决定由谁来完成这项工作。

将资产运行到故障状态,并对培训、程序或设计进行一次性更改,也是 RCM-R 决策的有效和典型结果。稍后将详细介绍这些内容。

## 8.2　技术可行度

每项决策都是逐项对故障原因进行处理的。我们选择的解决方案必须在技术上能够处理故障的原因,而且从降低成本或风险的角度来看,它们必须是值得做的。这意味着任务既要能够处理故障本身的特征,还要能将故障后果的风险或代价降低到可以容忍的水平。

重复性维修策略是指那些通常以固定的频率或任务间隔重复执行的任务,它由维修人员或操作员酌情执行。重复性策略包括预测、预防和检测维修(DM)。

## 8.3　预防性维修

预防性维修用于使用寿命已知的资产上。也就是说,在达到资产使用寿命的终点之前采取措施,我们就能防止资产失效。顾名思义,预防措施的实施应尽可能接近使用寿命的终点,但必须在故障发生之前,其时机是由自上次干预以来的资产使用时或使用情况决定的。基于时间的维修是最常见的一种维修方式,因此预防性维修通常也称为基于时间的维修(TbM)。

在第 2 章中,我们介绍了 RCM 的发展简史,以及 Nowlan 和 Heap 在其里程碑式的研究中明确的 6 种故障状态概率模式,其中就提到对于那些因老化或使用导致的故障,我们可以预测该资产的使用寿命,然后在故障发生之前提出恢复或更换计划。通过故障数据统计分析(即 Weibull 分析),我们可以准确地得出任意时刻的故障发生概率(即危害),从而可以在故障发生概率超出我们的容忍限度之前制定出更换或修复计划。需要注意,即使是预防措施,在我们采取行动之前仍然存在发生故障的可能性。例如,某个受磨损、腐蚀或侵蚀的部件在它只有 10% 的故障累积概率时,我们可能就会考虑对其进行更换,以防止 90% 的故障可能。我们还可以选择在两个故障发生的平均时间(MTBF)之前的 2 倍标准偏差(如图 8.1 所示的 $2\sigma$)时刻,或者我们方便的其他时机来采取措施。

TbM 包括更换或修复两项内容,它们的目的都是使资产/设备恢复到"全新

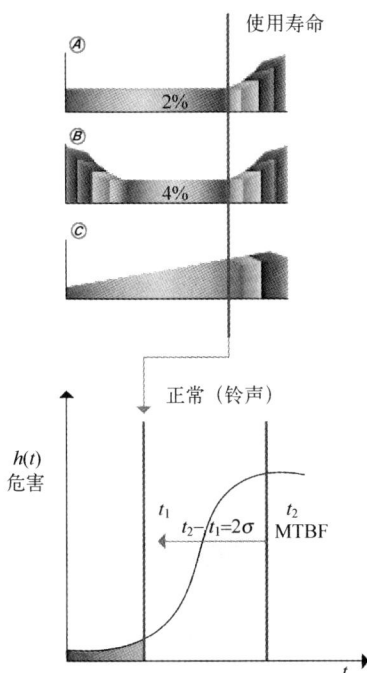

图 8.1　适用于老化或使用故障模式的资产可用寿命

的"功能状态,或者尽可能接近该状态。用一个新设备替代当然能做到这一点;修复工作虽然不那么可靠,但通常成本较低,因此它也是一个很有吸引力的选择。当然也有例外,例如某些修复工作可能需要使用新的表面涂层来提高表面弹性,或使用更能抵抗破坏的新材料。对原始设计的这些改进属于"设计上的改变",它们通常与预防措施一起结合使用。例如,用涂覆陶瓷的叶轮代替铜—镍叶轮,可以提高泵叶轮在浆料中的耐蚀性,从而延长其使用寿命。在这样的情况下,设计上的改变(通常完全通过维修来实现)或许能延长预防性干预的间隔期,但可能没法完全消除它们。也就是说,设计上的改变可以延长使用寿命和"重新设计"部件再次更换的周期。

　　TbM 的主要缺点是,它通常需要关闭和拆卸机器才能访问故障项,对于需要连续运行或高可用度的情形,就会造成不愿看到的停机。TbM 的另一个缺点是,通常会涉及对不受故障模式 A、B 或 C 影响的其他零部件的拆卸。在这些情况下,这种侵入性干预可能会无意中造成其他故障或增加其发生的概率,特别是如果这些故障具有模式 F(早期瘫痪)特征的话。

　　例如,更换往复式压缩机的阀门需要拆除管道、气缸盖和更换垫片,而所有这些常常都会因为过早瘫痪(模式 F)故障的发生而变为徒劳。以固定的时间间隔替换它们会增加故障的总体概率。打开气缸盖可能会暴露润滑油或冷却液通道,从而在一段时间内增加这些工作液体受污染的风险,并引发以后机器其他地方的随机故障。不管我们多么小心,机械师就像所有其他人一样,他们也会出现失误。往复式压缩机阀有一个明显与使用相关的故障特性(模式 A 或 C),使得对它们的更换无法避免,所以我们必须承担这些额外的风险。当然,在其他情况下还是有一些办法可以避免干预措施或延长干预间隔期。如果可以,我们建议考虑实施这些"一次性更换"。

我们现在可以看到,任何 TbM 任务要想在技术上可行,所处理的故障必须符合故障模式 A、B 和 C 中的其中一个。在进行 Weibull 分析时,它必须有一个大于 1 的参数($\beta$)。我们还必须知道器件的可用寿命,即它的累积概率超过您认为可以容忍的限度(如 10%)。任务频率等于或刚好低于这个可用寿命限制。更换或修复任务还必须使资产恢复到"全新的"状态或尽可能接近它。

在明确 TbM 任务在技术上可行并知道了它的频率后,我们还必须确定是否值得这么做。要记住,故障会带来很多后果——安全的、环境的、运行的或非运行的。

如果故障后果涉及安全或环境,我们会在决策标准中考虑风险等级。执行 TbM 任务时,必须将故障后果的风险降低到我们所确立的安全或环境可承受的风险水平以下。

例如,考虑管道在弯曲处由于泥浆侵蚀而穿透的情形。泥浆泄漏对接触它的人员来说既是环境问题,也是安全问题。我们可能希望将发生概率降低到每 10 年 1 次,但目前的 MTBF 为一年。注意,MTBF 是故障发生概率为 50% 的时刻。为了将事故降低 10 倍,我们需要在某个时间间隔内更换管道弯头,在这个时间间隔内,发生故障的累积概率是 10%,即 MTBF 内发生概率的 1/2(即 5%)。利用历史故障数据,我们可以进行 Weibull 分析,绘制出随时间推移的概率图,并得出达到 5% 累积概率的故障时刻。

对于运行或非运行的后果,制定决策时更多需要考虑的是成本。预防性更换或修复的费用,必须低于故障更换的费用加上允许发生故障时产生的任何额外费用。这些费用包括产品损失、生产损失、废料、返工、额外的能源费用、可能发生的任何二次损害的修理等。通常,相对于修理、更换或修复的费用,这些业务费用相当高。在某些情况下,做出执行 TbM 的决定似乎是"无脑的",但是要考虑到,TbM 任务执行的频率是多少?而故障发生的频率又是多少?例如,在我们之前的例子中,即使没有造成安全或环境后果,也会在故障累积概率仅为 5%的时候更换管道弯头,但如果等到 MTBF(50%)时发生故障后再更换,更换的次数将增加到 10 倍。即对于避免的每次故障,必须考虑 10 倍的更换成本。

我们选择的任何任务都必须符合这两项标准——它必须在技术上可行;在选定的频率下执行任务是有必要的。

# 8.4　预测性维修(PDM)

预测性维修(PDM)用于预测已经开始的故障何时会发展到它表现为某种功能丧失的地步。故障可能与老化或使用情况有关,也可能是由一些随机事件或条件造成的。在所有情况下,故障需要一段时间才会发展到失去功能。为使 PDM 发挥作用,故障机制还必须提供某种迹象,表明它在延续过程中,这种迹象称为"潜在的故障状态"。请注意,用 PDM 我们根本没法防止故障发生。不管怎么样,故障机制都已经开始在传播,我们现在正在预测的是,什么时候将失去功能。

预测性维修通常称为"基于状态的维修"或"凭状态维修"。它包括两个不同的组成部分:监测措施(通常称为状态监测),然后是恢复措施(称为"凭状态恢复/修复",或仅仅是"纠正性维修")。必须记住,这类纠正工作与功能性故障发生后出现的纠正工作之间是存在差异的。在这种情况下,我们边开展这项工作边进行管理,为尽量减少或减轻功能性故障的后果创造机会。

监测需要频繁进行,而只有当初始故障被发现时才会执行一次恢复措施。第 9 章会阐述在执行 PDM 预测部分时最常用的技术。就我们本章的目的而言,只要知道这些技术揭示了一种故障机制或正在发展中的另一种故障机制(即一种潜在的故障状态)就足够了。一般来说,故障越往后发展,问题就会越严重。例如,如果我们用引擎"噪声"作为汽车引擎的"潜在故障"指标,那么声音变得越大,说明您的引擎就越接近失效。我们越早发现它,在我们介入之前造成的损害就越小。如果我们继续忽视噪声,那么后果是引擎发生故障、生活不便和大量的维修账单。

PDM 的恢复部分包括计划维修和定期维护。必须及时修复故障状态,以避免出现功能丧失或功能丧失后带来的后果(如修理费用增加和设备长期无法使用),因此在检测到潜在故障后必须尽快开展这项工作。通过监控敏锐地察觉到问题所在,对于 PDM 的成功至关重要。当然,预测性监测活动必须给我们足够的预警时间来采取行动,因此确定适当的监测间隔是很重要的。以汽车发动机为例,我们能够依靠最容易获得的状态监测技术——操作员的人体感官(在这种情况下是声音),我们在每次驾驶汽车时都会监测噪声。

再一次,考虑第 2 章中介绍的故障模式。预防性维修(PM)只适用于故障模式 A、B 和 C,在那里我们可以确认使用寿命的终点。但对于模式 D、E 和 F(主要是随机的故障模式),我们却不知道什么时候会发生故障。然而,我们可以监测资产的性能和状态,或者两者都可以证明它仍然运行良好,这既适用于模式 D、E 和 F,也可以作为 TbM 的替代适用于模式 A、B 和 C,只要它们也有可以被监视的潜在故障状态。例如,一根故障随机的轴承会通过超声波噪声、振动、润滑油出现颗粒物以及温度升高等现象发出潜在的故障告警。已发生故障的往复式压缩机阀在使用过程中也会发出警告,因为阀门在运行过程中一旦开始来回泄漏气体,其温度就会升高。

当 RCM-R 分析进行到这一步,我们已经对故障的原因进行了确认,这将有助于我们找出由这些原因造成的物理、电气、化学或其他一些现象的变化。

PDM 发挥作用的首要前提是必须有一个可识别的潜在故障状态,且必须能够检测到这个潜在的故障状态($P$)。然后,我们应该要有一定把握能够预测(预知)潜在故障状态何时将恶化到我们失去功能的地步,即功能失效($F$)。如图 8.2 所示,$P$ 点和 $F$ 点之间的这段预测时间被称为 $P$-$F$ 区间($P$-$F$)。

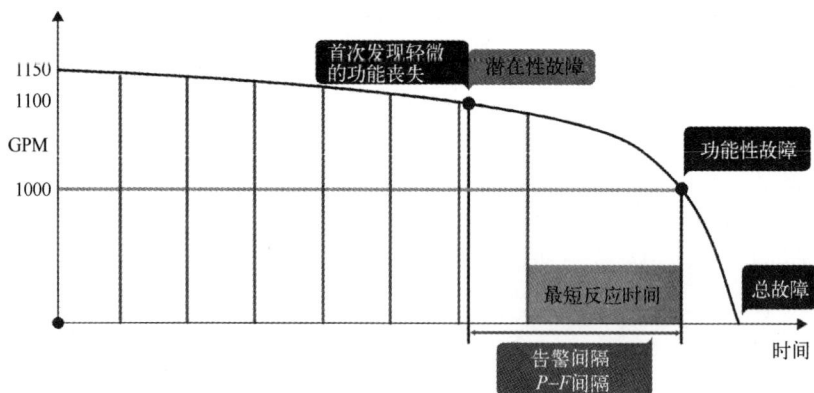

图 8.2 状态监测和 $P$-$F$ 间隔

估算 $P$-$F$ 间隔是很有挑战性的,而且它对运行背景非常敏感,因为 $P$ 点会随监测的潜在故障状态和使用的技术不同而变化。例如,在探测滚动轴承的缺陷时,我们会发现某些技术比其他技术更有效,我们用超声技术去检测早期裂纹形成和噪声会比用加速度计发现振动要早得多,我们可能会先发现振动加剧然后才能在油样品中检测到金属颗粒,而这些颗粒的出现可能比我们能够注意到任何明显的轴承温度上升又要更早。

故障传播的速率(或恶化的速率)会随工作条件而变化,从而影响 $F$ 点的位置。系统运行时的负荷、环境(如潮湿、干燥、炎热、寒冷)、资产的运行周期(如连续、间歇或分批)、资产处理的材料等都可能影响从发现潜在故障状态(P)发展到功能失效状态(F)的进程。例如,如果要求资产在更高的负荷下运行,就会发现恶化到 F 点的速度会更快。此外,运行变化也会加重系统的负担,如果频繁地启动和停止,那么系统将比在稳定负载下连续运行时更快地恶化。

我们很少发现有好的维护记录会显示,在检测出潜在的故障(P)之后就能给出我们在采取行动时距离发生故障(F)还有多久。我们的维护管理系统并不是用来记录这些数据的,当然,把它们收集起来会有一定的挑战难度。遗憾的是,我们经常发现虽然在 PDM 记录中发现了潜在的故障状态,但该设备在不久之后还是会发生故障,这主要是因为没有采取后续纠正措施的缘故。它根本没起作用,PDM 的努力白费了!

我们的维修和操作人员通常是估算 P-F 间隔的最佳信息来源。他们每天都和资产打交道,对某些事件在表现出问题迹象后会持续多久留下印象(通常是潜意识的)。一旦了解了 P-F 间隔的概念,许多操作人员和维修人员就可以对它进行合理的估计,他们也应该这么去做,这就是为什么我们要把 P-F 间隔包含在 RCM-R 过程中的缘故。即使没有有意识地思考 P-F 间隔,他们的潜意识也不会错过任何东西,通常会对 P-F 间隔有一个合理的"直觉"。以我们的经验来看,通常是某一特定领域的工厂或资产类别的维修人员最了解 P-F 间隔。请记住,这种"直觉"会对您过去经历过的任何潜在故障状态和运行背景产生 P-F 间隔的暗示。如果您所做的只是倾听设备发出的声音,那么 P 点就可以有效地检测出声音异常。如果转向更复杂的技术,那么 P 点就会更早出现,P-F 间隔会更长。如果您的运行背景发生了变化(变得或多或少有些严重),那么 F 点也会移动。

一旦您的 P-F 间隔估计获得了分析团队的认可,就可以确定状态监测任务的间隔。一般的经验法则认为,任务间隔是 P-F 间隔的一半,如果 P-F 间隔是 2 周,那么应该每周监测一次潜在的故障状态。判断该任务在技术上可行的下一个标准是,能够在到达 F 点之前对监控结果采取措施。如果每周监测一次状态,并发现了一个潜在的故障,它可能只是刚刚过了您可以检测到它的点,也可能它已经在前往 F 点的中途了。这些都无所谓,重要的是,在达到 F 点之前要根据这一发现采取行动,也就是从发现 P 点的当天起往后一个星期之内。

如果 P-F 间隔相当长,比如说两个月,那么我们的经验法则建议每月监测一次。但是,如果能在找到 P 点后的一周内行动起来修复这个缺陷,那么可能就不需要经常监视它了。例如,假设每月监测一次,一旦故障开始就立即找到了 P 点,那么将有一个月的时间来行动。但假设您只需要一周的时间来准备和安排这次特殊的修理,如果在 P 点之后的第一个星期内就采取了行动,那么就会比实际需要提早 5 星期停止使用机器。随着时间的推移,这种保守策略将导致更多的修复和更高的成本。如果只是错过了 P 点,直到下次检查才发现故障,那就仍然有一个月的时间行动(但你仍然只需要一个星期),但还是会提前(这次是 3 周)停止使用这台机器。在确定纠正措施的时机时,要考虑这些因素——在这种情况下,我们最好在 3 周内安排修理。

现在,让我们来考虑任务的计划和准备时间——如图 8.2 所示的最短反应时间。图中,最短反应时间与监测间隔时间长很多,目的是确保我们能尽早捕捉到故障,以便为采取行动留下足够的 P-F 间隔时间。

在上述例子中,如果最短反应时间只有一周,那么只需要在故障前两周找到 P 点。P-F 间隔仍然是 2 个月(8 周),但这种情况下可以通过每 6 周而不是每个月监测它。这样监测成本就会降低 50%,而且最多只需要在机器失效的前一周把它关停。在最坏的情况下,如果监测在故障开始前就已经完成,仍然会在 F 点前两周的下次检查中发现它,并且仍然有时间采取行动。对于 P-F 间隔非常长的情形,检查间隔可以适当延长,以便为计划维修和定期维修留足准备时间。谨慎是明智的——您需要对 P-F 间隔估计相当自信,并且要很擅长进行工作管理。如果其中任何一个没把握,那么最好采用保守的 $1/2 \times$ P-F 计算。

如果 P-F 间隔很短,那么可能根本就没法使用 PDM。但如果能找到更敏感的技术来检测 P 点(第 9 章),那么就可以在以前不可能的地方引入 PDM。在大多数情况下,除非期望运行背景发生变化,否则任何延迟 F 点的做法都是不实际的。

假设我们发现了一个潜在的故障状态,具备必要的监测技术,P-F 间隔也已知且实际可用(也就是说,它产生了一个合理的任务频率,并且有足够的时间对任何发现采取行动)。接下来我们需要做的,就是确定这项任务是否值得做。

与 TbM 一样,我们考虑的后果是——担心风险还是成本? 也就是说,我们的任务必须将风险(安全和/或环境)降低到可以容忍的水平,或者与故障的代价相比,它必须是经济上可行的。对于成本计算,一定要将为了发现和避免在其 MTBF 内发生故障事件而进行监测的频率考虑进去。

例如,有一个 P-F 间隔为一个月的监测任务,监控间隔设定为两周。如果故障平均每 3 年发生一次(即 MTBF 是 3 年),那么对于每个故障事件,我们“预测”将对机器进行 78 次的监测。计算出每次监测的成本,乘以 78,再加上修理的成本。将其与修理故障的费用加上与故障有关的所有其他费用(生产损失、二次损坏等)进行比较,并确定哪种费用更低。

# 8.5 检测性维护

检测性维护(DM)的目的是发现已经发生的故障,但在正常的运行环境下这些故障对操作人员来说还不明显,它主要用在有冗余装置、备份装置、安全装置或其他保护装置的场合。这些设备仅在需要时才会运行,其他时候通常处于休眠状态(图 8.3)。它们需要由其他事件或故障(即保护功能失效)触发才会运行。在正常的工作条件下,只要那些触发事件没有发生,设备就会一直处于休眠状态,但是它们必须要是能够操作的,并且仍然可能发生故障。那些未使用时的故障是"隐性的"故障——它们可能在保护功能失效之前的任何时候发生,并且在正常运行期间不会被操作人员发现,只有在保护功能失效时才会变得明显。在图 8.3 中,Uv 表示保护装置失效后的不可用性。出于这个原因,操作人员可能会看到发生了两个故障——保护功能和保护装置。保护装置、备份装置和冗余装置的使用可能会导致这些隐性故障的出现,同时也带来了遭受这些"多重故障"及其(通常是严重的)后果的风险。

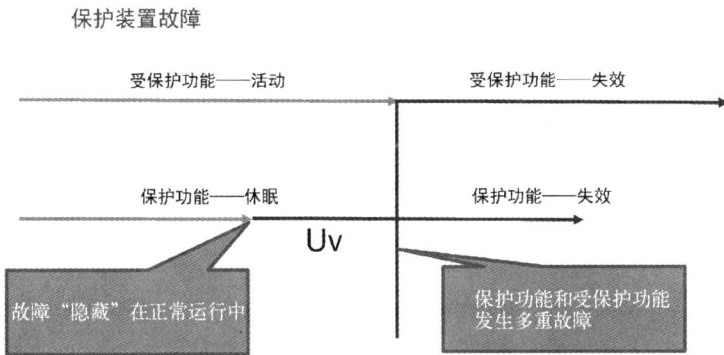

图 8.3 多重故障:保护装置在保护功能失效前发生故障

应该注意避免将隐性故障与间歇性使用并失效的设备故障混淆起来。对于后一种情况,在正常的操作条件下,该装置最终将被调用工作,其故障将被操作人员立即发现。它实际上是在"正常运行"时失效的,所以对于操作人员来说显而易见。这方面的一个例子是汽车的刹车系统。你只会在想减速或停下来的时候使用它——间歇性的。如果在开车的时候它坏了,你一踩刹车就会知道。

另外,保护装置也可能发生故障。在需要该装置之前,它们的故障可能在正常运行的很长一段时间内不被发现。当最终需要它们时,你所保护的正常运行功能将会丢失。

在汽车的刹车系统中，刹车功能的丧失是显而易见的；然而，刹车灯可能没有故障。在正常的操作中，您看不出刹车灯是否正常工作，但您仍然依赖它们。如果它们坏了，可能有一段时间察觉不到。的确，在真正需要它们的时候，不会出现任何问题——例如，没有车尾随你，其他司机也能及时发现你的减速和停车以避免撞到你，除非运气不好，否则这种情况会持续很长时间。然后有一天，因为没有刹车灯，你从后面被撞了，或者被警察开了罚单，或者有人找机会告诉你，他们发现你的刹车灯坏了。其中两种情况是我们不希望看到的，所以最好尽量避免它们出现。

这些设备通常被设计成系统以防止出现不可接受的故障后果，包括安全系统和机械保护装置，可以用于避免过度损害；保护人员不受伤害（如旋转设备警报器）；捕捉或避免可能伤害人员（如超速跳闸装置）、环境（如二级封闭装置）或有严重的生产损失惩罚（如防止超速或超载的限制器）。它们的功能说明通常包括"在……情况下采取行动"这样的语句，影响说明还应该讲清楚在正常情况下操作人员是如何发现故障的。对于保护装置，这些说明通常会描述为："在正常情况下，这种故障模式并不明显，但在需要时，我们损失了……"。

在许多情况下，隐性故障是随机发生的，所以 TbM 根本不适用。设备在处于休眠状态时照样会发生隐性故障，因此几乎没有任何潜在的故障状态可以被监测到。所以，无法对隐性故障进行预防或预测是很正常的，只能等事实来告诉我们，这便需要通过故障查找测试才能做到，我们称其为 DM。

为了使 DM 能够工作，我们必须在实际间隔期内对保护设备的功能进行测试，而不会显著增加让设备继续处于故障状态的风险。理想情况下，测试包括整个保护电路，而不仅是它的一部分。例如，在控制面板上测试警示灯并不能告诉我们触发警示灯的传感器工作正常——我们只知道灯泡可以正常工作。为了测试整个电路，我们经常需要以一种可控的方式模拟报警状态，这样就不会增加工作风险。例如，我们可以手动升高/降低油罐内的液面高度，以确认其高/低警报已经被触发。

像其他主动维修(TbM 和 PDM)一样，我们的 DM 任务必须是值得做的。在存在安全和环境后果的情况下，我们要确保能够以一定的频率进行测试，将与设备失效相关的风险降低到可容忍的水平。在存在运行或非运行后果的情况下，与让保护装置留在失效状态的代价相比，任务必须是经济上可行的。

保护装置在某些其他（被保护的）功能失效时提供保护作用。我们考虑以下 3 种情况：

（1）如果保护装置本身失效，则不会有任何后果。我们已经失去了保护并且测试也显示它是丢失的,那么就可以在不丢失受保护功能的情况下去纠正它。

(2)如果受保护的功能失效,但保护装置仍能正常工作,那么我们就实现了保护的全部意义。我们已经避免了与功能丧失相关的后果,达到了目的!

(3)如果保护装置在受保护功能失效时处于故障状态,那么我们就彻底认栽吧。因为我们同时面临两个故障——多重故障的情况,接下来我们将不得不承受失去一直希望避免的受保护功能的后果。

对于以各种方式配置的保护装置,用于确定其测试间隔($I$)的数学公式可以由附录 A 给出了一些数学工具来推导。最简单的情况是,确定与受保护功能并行运行的单个保护装置的测试间隔。适用于这种情况的公式为

$$I = 2U_v \cdot M_v$$

式中:$I$ 为检测间隔期;$U_v$ 为保护功能的目标不可用度;$M_v$ 为保护装置的 MTBF。

有两个重要的假设需要考虑:

(1)假设目标不可用度非常低(即低于 5%)。这是因为推导过程对原点附近的指数曲线进行了直线近似。这一假设也是相当合理的,因为我们总是期望保护装置尽可能可用(不可用度越低越好)。

(2)假设保护装置是随机失效。我们在推导公式时使用了负指数方程。同样,这也是合理的,因为大多数保护装置都是随机失效的。它们通常处于休眠状态,不受周期性使用的影响。然而,它们必然会老化,我们应该多留意那些在老化过程中只是"卡壳"的保护装置。但如果它们确实会随着老化或使用而失效,那么 TbM 或许更适合使用,甚至连测试都可以省掉。例如,保护回路中的阀门可能会用到随老化而失效的弹性 O 形环,定期更换这些 O 形环(从而防止阀门故障)比测试并发现它已经失效要好得多。当然,在这种情况下,保护回路的其他部分可能仍然需要测试。

通常情况下,我们发现 $U_v$ 是不容易测量的,并且大多数维修人员和操作人员也不会考虑不可用性。然而,我们还是在附录中指出了,如果我们知道受保护功能($M_d$)的 MTBF,将它除以我们试图避免的多重故障($M_m$)的 MTBF,就可以近似得出 $U_v$ 值。用 $M_d/M_m$ 替代 $U_v$,可以得到

$$I = 2\frac{M_d \times M_v}{M_m}$$

我们通常认为事件发生的概率是 1/10000 或 1/100000,等等。这种情况下,$M_m$ 分别为 10000 和 100000。

例如,我们可能希望将因机器故障而导致的死亡风险与当时人员在场的可能性一起降到每年 10 万分之一以下。考虑一个带有紧急负荷制动的高架起重机,在发生电力故障时,它能保持悬挂的负载,如果刹车失灵且下面没人,我们就

能避免死亡。但是,如果我们估计某人在任何一年里有 1/1000 的机会在它下面,那么我们需要知道多久测试一次刹车,这样就能达到每 10 万分之一的机会受伤。已知 $M_\mathrm{m}$ 是 100000,我们需要知道 $M_\mathrm{d}$ 和 $M_\mathrm{v}$ 来计算 $I$。

$M_\mathrm{d}$ 是建立在需求基础上的,这时它与某人出现在负荷之下的频率有关。既然我们期望人出现在那里的概率为 1/1000,那么 $M_\mathrm{d}$ 就是 1000 年。

$M_\mathrm{v}$ 是刹车本身的 MTBF。假设我们在 10 年的检查中发现它出现 2 次故障。$M_\mathrm{v}$ 是 10 年/2 次故障。

代入

$$I = 2\,\frac{M_\mathrm{d} \times M_\mathrm{v}}{M_\mathrm{m}}$$

得出:$I = 2(1000\ \text{年} \times 5\ \text{年})/100000\ \text{年} = 1/10\ \text{年}$。

因此,我们应该每 1.2 个月或每 6 周测试一次刹车。

在风险计算时,公式将产生一个测试间隔,将风险降低到资产所有者认为可以容忍的水平。但这还没有结束,我们还必须确定在得出的间隔时间内完成任务是否可行。在上述例子中,每 6 周测试一次起重机的负载制动是切实可行的,所以我们将接受这个任务。

在我们的生产系统中经常会用到保护装置,因为它们可以帮助我们避免生产损失,而这也可能会给我们的企业带来不小的经济负担。在这种情况下,为了将成本考虑进去,对公式进行了修改。对于简单的单保护装置配置,公式为

$$I = \left(\frac{2M_\mathrm{v} \times M_\mathrm{d} \times C_\mathrm{ff}}{C_\mathrm{m}}\right)^{1/2}$$

式中:$C_\mathrm{ff}$ 为故障查找任务的成本;$C_\mathrm{m}$ 为我们试图避免的多重故障的代价(即保护装置和受保护装置的维修费用,以及由此产生的生产损失代价等费用)。

在上述起重机的例子中,假设实际上没有人位于负荷下面的风险,但负荷掉落的代价会非常昂贵。修理费用可能是 1 万美元,但起重机所载的货物可能价值 5 万美元。当起重机需要修理时,不得不停止生产 8h,直到恢复,我们每 8h 的停机时间就会损失 50 万美元。所以,该公司的总代价 $C_\mathrm{m}$ 为 56 万美元,而完成故障查找任务(刹车测试)的成本每次只需 150 美元($C_\mathrm{ff}$)。将这些成本代入上述公式中,得到

$$I = ((2 \times 5 \times 1000 \times \$150)/\$560000)^{1/2}$$

$$I = (\$150000/\$560000)^{1/2} = 0.04\ \text{年}(15\ \text{天})$$

也就是说,我们应该每两周测试一次刹车。再次重申,这是一个实际可行的刹车测试间隔,所以我们会接受这个任务。

附录 A 中还描述了其他一些配置和情况,以及这些情况下的公式推导。

无论处理的是哪种情况,如果我们发现不能以任何理由接受所需频率的任务,那么就应该做一些其他的更改,来提高设备的可靠性(即增加 Mv)或减少其使用的需求(即增加 Md)。

## 8.6　失 效 分 析

失效分析(RTF)是管理故障后果的有效决策之一。如果故障的后果是轻微的,那么我们可能会做好准备去接受它们;如果其后果涉及安全或环境风险,那么放任运行故障将是不负责任的做法;但如果我们只是在赔钱,那么 RTF 就成为一种选择;对于运行后果和非运行后果,如果没有技术上可行的任务值得我们去做,那么 RTF 就是默认行为。

当然,RTF 可能仍然是一个高昂的选择,也就是不管怎么看它都不是一个可接受的选择。在那种情况下,你别无选择,只能考虑一次性更改。

## 8.7　非经常性措施

如果我们不能预测、预防或检测故障,而 RTF 又是不可接受的,那么我们就必须改变一些别的东西。故障的原因可能出在设备上,也可能不是——可能来自于操作流程、修理流程或设备运行过程的设计。设计上不可维修或无法满足作业要求的情形也有可能,毕竟隐性故障可能无法察觉。这时,我们需要通过"一次性变动"来解决存在的任何不足。

无论何时设计资产,都需要在资产中加入某些工程特性,如根据材料的强度和抗腐蚀能力选择材料,指定公差和表面精度,确定和限制运行速度和耗电量,等等。然后在运行背景中为给定的应用程序选择资产。运行背景可能接近设计者的预期,也可能相去甚远。操作人员试图从自己的系统中获得比最初预期更多的信息,这种情况并不罕见。如果任何一点出现差错,说明资产本身在运行中不可靠或者根本无法满足预期。

资产被设计成具有可靠性,它是在资产寿命周期的设计和构建阶段进行工程作业的产物。越简单的设计往往越可靠,因为发生故障的组件越少。它们也可能比复杂设计花费的成本更低,这也是因为它们组件更少,组装更简单。可靠而复杂的设计往往更昂贵,通常是因为使用了更坚固的材料、更严格的公差、更高质量的部件等。正如您所看到的,更便宜的设计或许更好,但并不总是这样。如果需要高可靠性,那么在设计阶段就应该引起注意了,一旦疏忽可能需要付出高昂的代价。

如果资产的设计达不到预期的运行要求,那么它的性能将会令人失望。维修的成本可能很高,但它能够维持这一内在能力。但是,如果不改变设计,维修就没法将这种能力提高到预期以上的水平。操作人员通过严格按规程操作资产并在其性能范围内保持对资产的使用来提高可靠性。如果我们对资产的管理力度超过了其所能承受的范围,资产就会发生故障,而且通常会更快而不是更晚。

一次性变动可以弥补我们认为会导致故障的任何不足。这些变动可以包括对流程、工艺、技能和培训的增加或修改,以及资产本身的重新设计。一旦 RCM-R 分析完成后,就必须实现这些变化,通常由操作和维修以外的人或部门来实施。RCM-R 对整个企业都有潜在的影响。为此,必须认识到,成功实现 RCM-R 并不是维修一方的责任。

例如,如果故障是由操作员的人为错误导致的,我们就无法预防或预测它,而且它肯定不会被隐藏。如果这个错误的原因是缺乏训练,那么需要改变的就是训练。如果训练是通过培训部门或人力资源提供的,那么他们也应参与到RCM-R 的输出实现中。

如果故障的原因是有人遵循了一些有缺陷的程序,那么这个程序必须被改变。同样,如果程序或操作指令缺失、不正确、不清楚或误导,则也需要加以修改。这些类型的更改可能涉及工程、操作、维护和文档管理组,他们甚至可能需要后续培训,以确保正确理解和使用这些程序。如果维修指令或计划有误(例如,它们列出了错误的备件),则必须由维修规划人员进行纠正,当然这也可能表明是仓库和库存管理系统中的备件识别出现问题,需要加以纠正,否则问题将再次出现。

如果机器的设计在人体工程学上是不可维护或不可访问的,那么它必须被改变。例如,某台机器可能没有任何问题,但是由于管道、电线托盘、结构梁和其他障碍物的拥挤,使得 TbM 几乎不可能在原地开展,一项原本技术上可行的 TbM 任务可能会变得不经济。

某些故障原因可能会需要对零件、材料、工作液、校准、速度等进行技术修改,即由于系统设计问题导致故障发生。我们可能会发现,机器的功能达不到所需的性能水平,或者在特定的操作背景中它是一个糟糕的选择。这也许是在新系统的设计和调试之间的一段时间内,运行背景发生了变化,因为即使在不同的位置重复使用同一设计,也会导致运行背景的改变。例如,一个在淡水中工作良好的冷却水泵,在另一个位于海水附近的相同工厂却可能会遭遇更多的腐蚀性故障,这是由于热交换器内部会附着海洋生物,导致相同工厂遇到更多的堵塞。

随着时间的推移,设备会变得越来越不合时宜,运行背景也会从最初的设计理念中演化出来。例如,电力公司可能会发现,分时间段定价可以在较长一段时间内将负荷需求分散开来,并降低了峰值需求,但同时也减少了变压器在其网络中的冷却时间。一台可以轻松处理峰值和平均负载的变压器,(由于消费电子产品的普及)平均负载正在增加,冷却时间也在缩短——变压器故障变得越来越频繁。

## 8.8　设计变更目标

对于安全或环境的后果,进行设计改变是为了将这些后果降低到可容忍的水平或完全消除。我们可以用一个更"安全失效"的设计来代替,或者考虑提高受保护功能的可靠性,这样就不太可能需要它了,如可以通过在设计中增加护罩或围挡来加强保护。如果故障是隐性的,我们可以考虑使其更明显或额外增加一个保护功能。

如果一个故障是隐性且又不可测试的,我们可以考虑将其更改为可以测试的设计,可以通过添加冗余的保护装置以提高保护的可用度或使装置更加可靠。

如果某一计划中的维护在技术上是可行的,但不值得去做,那么我们可以改变设计,使工作更容易进行,成本更低。我们还可以通过提高该功能的可靠性减少故障的发生和维修干预。这样不但不会改变维修的成本,还会降低维修活动的频率,并可能使其更具成本效益。

不管故障后果是运行型还是非运行型导致的,我们都可以通过改变设计以降低故障频率(提高组件的可靠性),或者可以通过增加冗余或备份容量来消除后果。必须指出的是,这样虽然增加了整体维护工作总量,但投入的资本很可能都是值得的。

## 8.9　时　　机

如果故障是由于最初设计缺陷导致的,那么只要我们在设计过程中做好分析,就可以很轻松地处理它们。RCM 的优点之一,就是它可以在资产设计仍可容易修改的阶段及早识别出这类问题。

要想分析不浮于表面,就应该让维修人员参与到设计过程的分析当中,这也是 RCM 能应用在飞机和军事系统中并获得巨大成功的原因。有一句古老的木工谚语:"量两次,切一次"(三思而后行),因为重新返工的代价很高,既费材料又费时间。这句话说明了提前计划和小心把事情做好的价值。但是,尽管它有很高的回报潜力,却很少有公司进行这种投资。他们在最初的投资上节省开支,但之后却为此付出沉重代价——用虚假的经济愚弄自己。

如果等到资产寿命周期的运行阶段再去执行 RCM-R,那么这些问题仍然会出现,届时我们除了被动应对将别无它法。到那时再对实物资产、其配置或构建它的系统做任何更改都可能需要付出昂贵的代价,因为改变已经建成的工厂或工艺所需成本很高,更不用说对收入回报的影响了。RCM-R 可以识别出这些情况,但只有通过维修对所有其他可能的解决方案进行调查之后才行。

## 8.10　对一次性变更的描述

在分析团队确认需要进行一次性变更时,必须要清楚这只是陈述了一个需求。编写或改写程序、开展培训、确定培训员和重新设计资产,都是在 RCM-R 分析完成后再进行的活动。分析团队应说明变更的必要性和要实现的目标,但没有必要确切地界定变化将是什么,但如果他们有想法,则鼓励将其包括在内。无论如何,最终决定这些变动细节的将是那些编写程序、提供培训和设计设施的人。

## 8.11　本 章 小 结

本章介绍了可用于管理故障后果的各种备选方案。重复性的预防、预测或检测任务,无论是由维护人员还是操作人员执行,都要对故障及其原因进行处理,从而将后果降低到资产所有者可容忍的水平。每项任务都有一个任务间隔期(频率),它是通过对比故障发生的运行环境声学参数来确定的。

PM 用于处理由老化或使用因素触发的故障,以在发生故障之前恢复或替换功能。它们实际上防止了故障的发生。

PDM 用于识别已经开始但尚未发展到失去功能的故障。它适用于无法预防的故障,因为这些故障是随机的。在某些情况下,它还适用于老化引起的故障,因为它们提供了早期的恶化迹象。下一章将更详细地介绍几种较为常见和流行的 PM 技术。

DM 用于查找保护设备中已经发生的故障,这些故障在资产正常运行期间可能不会被检测到。

不管是运行后果还是非运行后果,如果我们找不到合适的任务,既在技术上可行,又从成本的角度来看值得去做,那么我们就可以默认地将项目一直运行到失效为止。虽然这并不是一个多好的选择,但毕竟我们希望做得更多。

同样,在存在安全或环境后果的情况下,如果无法找到技术上可行且从风险角度来看值得做的合适任务,那么我们必须找到 RTF 之外的其他替代方案,方案包括对项目的设计、保护系统的设计、人为错误时的培训、以及对可能缺失或有缺陷的程序进行一次性的修改。

以上所有这些都是用于降低或消除故障后果的策略。下面,我们来看看 PM 的具体技术(第 9 章),以及如何在策略选择过程中将这些技术结合在一起(第 10 章)。

# 第9章 基于状态的维修技术

RCM-R 生成决策,其中许多决策需要用到基于状态的维修(CBM)。回到第 2 章所述的基础知识,很明显大多数的故障模式从本质上都是随机的。由于资产的老化或使用寿命与它何时会随机失效没有关系,预防技术(修复和更换)在这些情况下是毫无用处的。许多故障,不管是伴随老化或使用而发展,还是随机发生,都会对它们的发展提供一些早期预警。一旦故障机制启动,它将传播并最终导致故障模式事件。这样,已启动的故障项目就会变得"更弱"——对故障的抵抗力变弱。事实上,它已经开始失效了,但我们需要在故障传播到彻底失效状态之前,检测出这些预示早期故障的蛛丝马迹。CBM 的目的就是要做到这一点——为我们提供一个故障正在传播发展的早期预警。我们可以依靠人类的感官来完成其中的一些工作(例如,我们可以听到摩擦的声音;可以感觉到温度升高和振动加剧),当然也可以使用一系列的技术来探测这些"信号",这些技术发现得比人类的感官要早得多。CBM 的一大优点是,除了提前发出故障警告外,通常它还是非侵入性的——CBM 往往可以在不干扰设备运行的情况下进行。当然,我们越早发现进展中的故障,就能越早采取措施减轻这些故障的后果,也才有时间安排备件、工具、替代的生产手段等。本章探讨了正在广泛使用的 CBM 技术:振动分析、红外热成像、精确润滑和油液分析、超声波测量和无损检测。

作者对为这一章做出贡献的几位同事表示感谢。他们的名字列在各自贡献的开始位置。

## 9.1 振 动 分 析

在我们的研究背景中,振动定义为机器所经历的从静止时的原点位置发出的脉冲运动。当机器工作时,机器支架会与内部施加的力和振动发生反应。机械振动分析是基于对旋转机械部件产生的振动信号进行监测和跟踪,为检测出故障而对其行为开展的研究。所有旋转的机械,不论其状态好坏,都会发生振动。振动分析则可以帮助我们确定机器的振动是否正常,甚至可以及早发现许多故障,以便在适当的时候计划修复,从而避免代价高昂的工厂停工。在预测性维修过程中进行振动分析,是为了确定机器在运行时的健康状况。

关于机械振动有一些误解。例如,人们常常认为振动越多的机器会比其他振动少的机器状态更糟糕,其实情况并非总是如此。

最基本的振动原理是,振动的幅度或强度与引起它的力成正比,同时与机器对作用力的动态阻力成反比。图 9.1 说明了运动是由来自机器旋转部件的内力产生的,而机器的负重连同它的基座,会产生一个反方向的力对抗这种运动,称为"动态阻力"。机壳能达到的总行程,是内力试图移动机壳与机器连同底座提供的动态阻力两者对抗的结果。

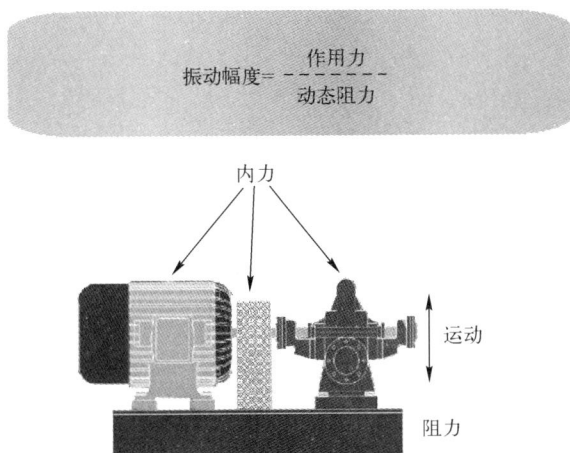

$$振动幅度 = \frac{作用力}{动态阻力}$$

图 9.1　振动幅度的概念

## 9.1.1　振动参数及其单位

单自由度系统(只能向一个方向运动的系统)经历的是最简单的振动运动。理想转子或薄盘在旋转时产生的单一方向(如径向)振动时间波形称为"简谐运动"。如图 9.2 所示,转子简单地表示为弹簧上的砝码,它的运动可以表示为正弦波。注意,图中的振幅 $A$ 表示转子表面从静止位置到上下最大位移位置所经历的行程。$T$ 称为正弦波的周期,等于转子完成一个上下循环运动所需的时间。

有 3 个可测量的振动参数:振幅、频率和相位,每一个都考虑信号的不同方面。

振幅用于衡量振动的强度或振动有"多大"。它可以用 $D$(位移)、$v$(速度)或 $A$(加速度)等形式来测量。

$D$ 是衡量机器总行程的一个物理量(如图 9.2 中的 $2 \times A$)。它与应力有关,用峰间米数或毫米数的均方根(RMS)作为单位。位移一般用于低速情况下,例

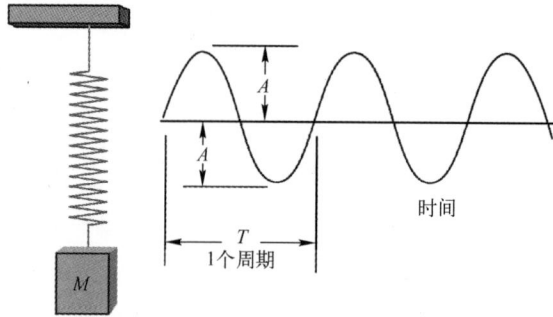

图9.2 简谐运动

如轴的转速低于600r/min。

*v* 是机器表面振动的速度。它与表面所承受的疲劳有关,通常以英寸/秒(ips)峰值、速度分贝(VdB)峰值或毫米/秒峰值来计量,一般用于轴转速范围为600~10000r/min 的场合。

*A* 是指机器在运动时所经历的加速度。它与力有关,以 Gs(重力加速度单位)来计量的,用于轴转速超过 10000r/min 的测量场合。

频率是用来测量信号"每秒多少次"的重复次数。它用于确定复杂(非简单)谐波运动中的特定振动源。例如,$1 \times r/min$ 振动频率通常表明机器不平衡,而 $2 \times r/min$ 通常表明并行组件之间的偏差。它是以周期周/min(cpm)、赫兹或阶(机器驱动部件转速的倍数)来计量的。

相位用于测量在特定点或方向上的运动与机器其他部分的运动之间是"如何"相关的。相位有助于确定多个振动源——例如,转子上的两个不平衡点在不同位置各产生一个振动;将两者结合起来便能得到一个信号,用于表示这两个力在第三个相变位置的叠加。因为我们只能在固定的位置(即轴承外壳)探测到它,所以会在每个外壳上看到轻微不同的振动。我们可以借此纠正长转子的平衡,在那里任何不平衡的精确位置几乎是不可能被察觉的。更为简单地,我们也使用这种信息来平衡汽车上的车轮和轮胎,它是以相对参考位置的度数或弧度来计量的。

## 9.1.2 振动分析

振动分析分为各种类型和层次,需要用到不同程度的专业知识。例如,整体振动分析只需要一个整体振动计(通常是笔式振动计)和很少的训练,而频谱分析则需要复杂而昂贵的傅里叶变换(FFT)分析仪,要求分析人员具备大量的专业知识来对结果进行解释。

这种更复杂的频谱分析能够精确地定位振动源(机器内部组件),而整体分析只能测量机器在 10~1000Hz 范围内产生的所有振动的总和,所以它常常用于测量机器的整体状况。可见,整体振动只能告诉你有问题,而光谱分析则能告诉你问题是什么。

振动时间波形能通过 FFT 过程转换成频谱。振动频谱是一个振幅与频率的关系图,可用于识别复杂的机械振动,如图 9.3 所示。频谱分析需要对旋转机械轴承盖进行振动测量,将频谱峰值与机械部件的转速和传递要素事件联系起来,列出信号随时间推移的变化趋势,从而生成机器状态诊断结论和建议。

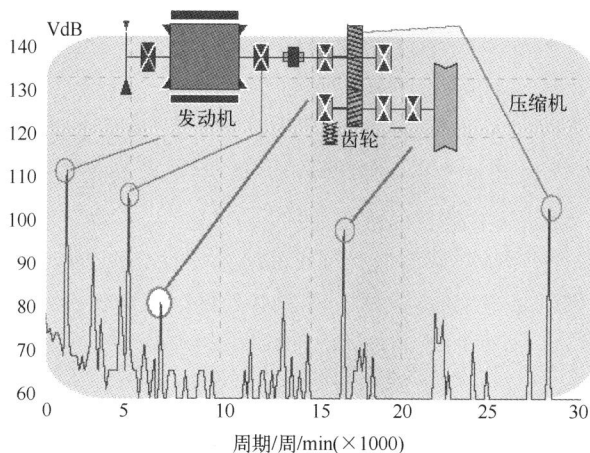

图 9.3　振动频谱分量

例如,1×r/min 振动与轴的速度有关——可能是不平衡引起的。振动也可能出现在齿轮啮合频率、轴承球通过频率、2×r/min 和更高倍数的轴速度、转子固有频率等。这些频率中的每一个都对应了一个振动来源;每个频率的振幅让我们知道,该振动与基准读数的"正常"水平相比是怎么样的。

### 9.1.3　机器状态诊断与振动分析

频谱振动分析能够在相当早的发展阶段检测出许多故障,并且不会干扰机器的运行,这使得振动分析成为一种真正有价值的 CBM 技术。它通常用于避免那些不必要的基于时间的修理或更改,有助于我们避免减少组件的使用寿命,否则这些组件可能会被预防性地改变;还能避免诱发过早的故障。通过频谱振动分析诊断出的一些最常见的症状包括:

- 转子不平衡和偏心;
- 轴错位和轴弯曲;

- 机械松动；
- 减摩擦和轴承座磨损；
- 电致故障；
- 齿轮问题；
- 流诱导问题(气蚀、湍流、叶片磨损)；
- 皮带磨损。

## 9.1.4 振动分析诊断实例

图 9.4 是一个级联图,显示了 400 马力空气压缩机的感应电机转子棒通行频率(RBPF)是如何随时间推移而增加的。不幸的是,它几乎运行瘫痪了。在它开始发出"嗡嗡"声响后,马达被拆开,发现两个转子棒都坏了。最初发现问题是在 2003 年 10 月 10 日,当时的振动速度为 0.06 英寸/s 峰值(PK),13 个月后,2004 年 12 月 7 日的速度大幅升高到 0.33 英寸/s 峰值(PK)。由于分析人员及时观察到了组件的 RBPF 在持续增加,最终达到了不可接受的高振动水平,表明可能发生了严重损坏,从而避免了全面故障的出现。从 2004 年 1 月 27 日和 6 月 29 日的测量结果来看,这两次的 RBPF 振动幅度比 2002 年 4 月 24 日记录的 0.05 英寸/s 分别增加了 80% 和 180%。该案例研究展示了如何利用频谱振动来检测一些不太常见的旋转机械问题,例如电机中一个松动的转子棒。作为一个必然的趋势,振动(以及任何其他 CBM 技术)将成为企业实现其业务目标的一个非常有价值的工具,它能在避免灾难性故障发生的同时尽可能地延长组件的工作寿命,从而最大限度地提高设备的正常运行时间。

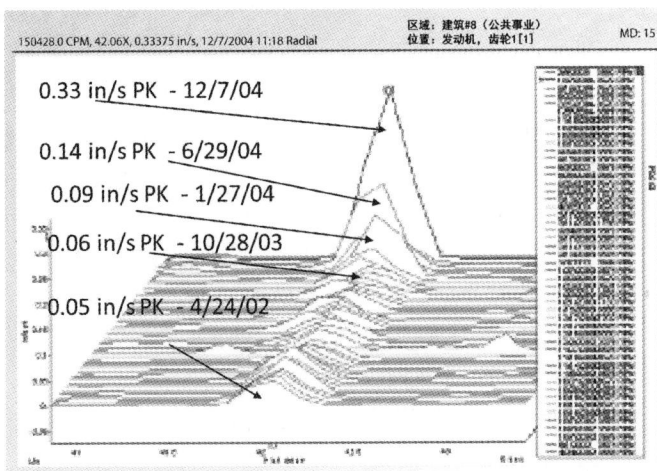

图 9.4 诊断为转子棒断裂的振动谱图

# 9.2　红外热成像技术

## 9.2.1　历史

1678 年,克里斯蒂安·惠更斯(Christiaan Huygens)提出了可见光是以波的形式存在的理论。1800 年 2 月 11 日,威廉·赫歇尔(William Herschel)发现,在可见光光谱的红光端存在不可见的"暗热波",他称之为"红外线波"。1865 年,詹姆斯·克拉克·麦克斯韦(James Clerk Maxwell)证明了光波和红外线波都是我们现在所知的电磁波的形式。红外热成像就是利用红外成像设备对红外图像进行观察、分析和保存,如果没有图像,那它就不是热成像。目前有两种常用的红外设备用于预测维修:红外摄影机和红外辐射计。红外辐射计,俗称"斑点计",因为没有影像或图片产生,所以它不是红外热像仪。这种手持的"手枪"只是用来测量指定圆形区域内的辐射能量,再通过内置的微处理器计算出温度,并将其以数字形式显示在枪背面的显示屏上。

## 9.2.2　红外基础理论

所有存在于绝对零度以上的物体($-273℃$,$-459℉$),只要存在合适的介质,就会产生不可见的红外辐射。这种介质可以是气体,也可以是真空。红外辐射不会穿透大多数固体和液体。红外热成像的第一定律指出,红外仪器只能探测到大部分固体和液体表面前 1/1000 英寸的辐射能量。它们探测不到温度,也不测量不出温度。这适用于所有波长在 $2 \sim 14\mu m$($10^{-6}m$)范围内工作的仪器。现在大多数红外设备都内置了某种计算机系统来分析所探测到的辐射能量。一旦红外装置探测到了辐射能量,计算机就会使用斯蒂芬-玻耳兹曼关系计算出温度。

遗憾的是,现实中的物体不会以同样的速度发出红外辐射,从而使我们的任务复杂化。从理论上讲,我们认为:

(1)红外能量是从绝对零度以上的物体表面发射出来的,这是由于温度处于绝对零度以上的物体都具有能量,会使物质表面的分子发生振动。

(2)温度可以定义为衡量所有与温度测量相关的分子平均动能量的一个物理量。

(3)理论上,两个温度相同的物体会发出等量的红外辐射,在红外摄像机中看起来也是一样的。温度较高的物体会比温度较低的物体释放更多的辐射,而且看起来比相机中温度较低的物体更热。

然而,物体不会以相同的速度发射红外能量,我们在现实世界中也看不到这种情况的发生。在红外摄像机中,温度为 200℃ 的物体可能比 75℃ 的物体看起来要冷得多;相反 50℃ 的物体似乎比 200℃ 的物体热得多。在现实世界中,物体总是以不同的速率辐射能量。

这个事实使得我们几乎无法测定红外线辐射的行为。直到 19 世纪 60 年代,一个叫古斯塔夫·基乔夫(Gustav Kirchoff)的人首次提出"黑体"这一概念,情况才得以改变。黑体是一种理论上的物体,在任何温度和波长下都会释放出最大的能量,它既是一个完美的发射器,也是一个完美的吸收器。不幸的是,在我们生活的世界里,根本就没有完美的黑体。然而,这一概念的提出,确实使研究红外辐射的原理及其行为成为可能。1879 年约瑟夫·斯忒藩(Joseph Stefan)通过实验,1884 年路德维希·玻耳兹曼(Ludwig Boltzmann)又通过理论确立了辐射能量和温度之间的关系,该关系由斯蒂芬-玻耳兹曼公式定义的:

$$Q = 5.6703 \times 10^{-8} \times T^4(\text{K})$$

式中:$Q$ 为辐射的总能量;$5.6703 \times 10^{-8}$ 为斯蒂芬-玻耳兹曼常数;$T^4(\text{K})$ 为物体绝对温度的四次方。

该公式给出了在已知黑体辐射量时计算物体温度的方法。在 RCM 预测维修的世界里,没有任何物体是完美的发射体,所以从物体表面发射出来的红外辐射能量由物体温度引起的发射能量和反射能量两部分的组成,这种反射能量是从背景反射到物体表面的能量。要用今天的红外摄像机准确计算某物体的表面温度,技术人员必须考虑到物体的发射率以及背景反射能量的多少。如果技术人员不手动输入正确的发射率和背景反射能量值到红外摄像机和点辐射计的内置计算机中,那么这些设备上显示的每个温度都将是不正确的。

发射率是物体在给定温度和波长下发射的能量与黑体发射能量的比值。发射率由 5 个主要的物体特征决定:

(1) 物体的材质;

(2) 前千分之一英寸的表面状态;

(3) 物体的温度;

(4) 用来测量能量的装置的波长;

(5) 观察区域的几何形状。

### 9.2.3　红外热成像技术在预测性维修中的应用

在任何 PDM 工艺中,红外热成像的价值主要体现在以下 4 个领域:

(1) 电气设备的 CBM;

(2) 机械设备的 CBM;

（3）工艺设备的 CBM；

（4）设施的 CBM。

热力学第一定律指出，能量不能在一个封闭的系统中创造或消亡，但它可以从一种形式变为另一种形式。这是红外热成像第二定律的基础，该定律适用于所有使用红外摄像机进行预测性维修的应用："没有在物体表面产生辐射能量差的驱动力，红外热成像就无法工作"。简单地说，如果一个系统中没有能量，就检测不出会有能量从这个系统中出来。

## 9.2.4　电气检测

电气系统的功耗，无论是否用于盈利工作，都可以用一个简单的公式来定义：

$$W = I^2 \times R$$

当然，我们知道这种能量并不是真的被消耗掉了（热力学第一定律），而是被转变成了其他的形式，包括机械能（我们通常想要的）和热能。引起了辐射能量变化的正是这种热能，我们可以用红外摄像机观测到它。为成功地使用摄像机，红外热分析人员必须掌握两个基本原则：

（1）在进行热像检测之前，电气系统应至少达到其正常满载的 60%（100%更好）。

（2）红外探测到的所有电气问题都是由电阻或负载（电流）引起的。

电阻越大，温度越高。当我们远离热源时，辐射能级就会下降到正常水平（热力学第二定律）。当在电气检查中使用红外热成像时，我们需要明白，更高的电阻不仅仅是因为连接松动导致的，它一般可以由 5 种不同情况引起：

（1）连接过度紧固，通常是由于错误的预防性维修过程；

（2）连接处受到氧化或污染；

（3）部件或材料使用不当；

（4）工程质量差；

（5）松动。

避免在报告上写"松动"这个词是一种良好的习惯，否则会导致组件被简单地紧固了事。在许多情况下，这只会让问题变得更糟，而不是彻底解决问题。正确的做法是，应将其描述为"连接不良"，并进行调查以找出真正的问题，以便对其正确修复使问题得到纠正。图 9.5 显示了连接盒内中间某根电线存在电气连接不良问题。

电流或负载问题与电阻问题的模式不同。在电阻保持不变的情况下，负载问题引起的导体全长的辐射能量都格外要高一些，如图 9.6 所示，图 9.7 显示了

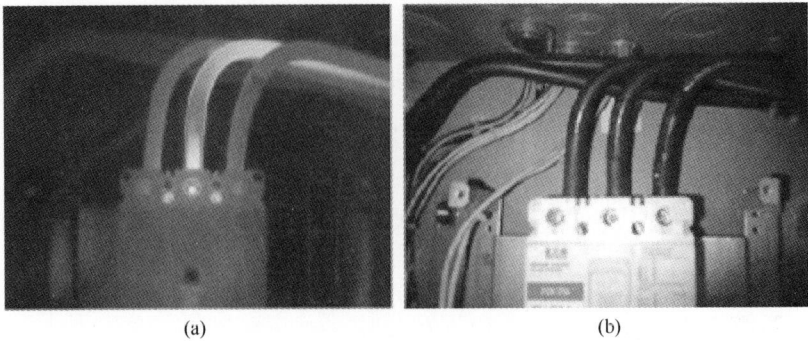

(a)                              (b)

图9.5　某不良连接的典型辐射能量图

（a）红外图像；（b）光学照片。

为什么会出现这种情况。这是因为电流会产生磁场。因此,检测到这一点并不总是表明存在问题,它可能是过载引起的,也可能是三相系统中不可避免的失衡导致的。在将负载差异视为问题之前,热像设备操作者必须先对可疑系统中的电流进行确认。

图9.6　电缆桥架中两根导体沿长度方向产生的红外信号

可以通过红外热成像检测到的第三种情形是感应加热。这种现象发生在当铁螺栓这样的黑色金属置于可干扰由电流产生的磁场的位置时。高电压导体的安装不当往往会导致这种情况发生。有些人认为这是个问题,而另一些人则不这么认为。图9.8用箭头指出了两个螺栓的感应加热。

使用红外热成像技术进行电气检查的好处是:

（1）帮助识别电气问题,有时是在灾难性故障发生前的好几年;

（2）通过识别电气隐患和潜在的电气火灾区域来提高安全性;

（3）找出潜在的电气故障,防止生产停机;

（4）提供一个合适的数据库记录,使检查计划能够从被动到主动。

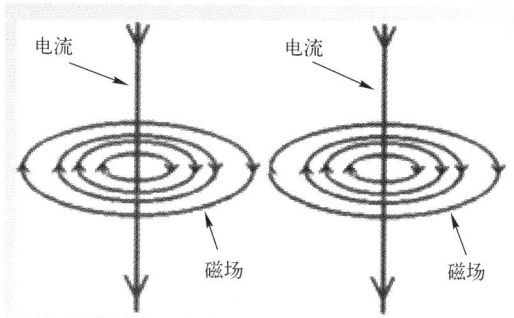

图 9.7　电流引起的磁场。如果电流不均匀,磁场会不同,辐射能量也会不同

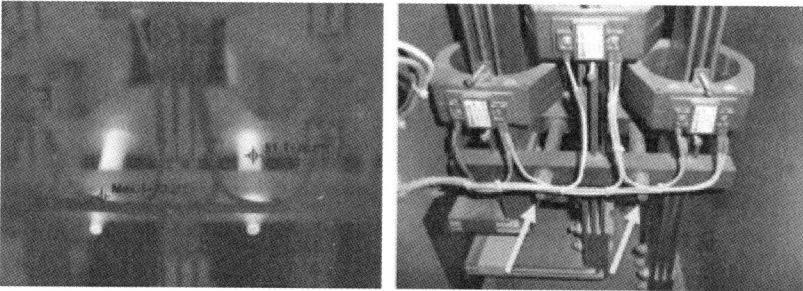

图 9.8　在装配中使用的两个螺栓的感应加热,而非电路的一部分

## 9.2.5　机械检测

大多数机械设备都是由固定部件和运动部件组成的。在一个理想的系统中,所有提供给机器的能量(如来自电动机)都是为了让设备做有用功。然而在现实中,一部分能量会通过摩擦或应力转化为热能,从而导致组件的温度升高,造成辐射能量的形态发生改变。当机械设备开始失效或者以一种不希望的方式运行时,设备的热模式与正常热模式相比通常会发生变化。红外热成像是在机械设备发生灾难性故障、导致生产或收入损失或其他后果之前,帮助识别失效机械设备的众多工具之一。

在进行机械检测时,热分析人员必须了解被检测的设备,并知道该设备的正常热模式。与红外检测一样,设备应处于正常满载状态。设备质量越大,检测前运行的时间应越长,使其完全"热身"。在被检测之前,能量必须先到达表面。

也要注意,并非所有的机械设备都适合进行红外预测性维修检测。设备的选择应该遵守 ISO 13379 的规定和相关的 ISO 标准。

分析机械设备时要考虑的主要原则是:

（1）热模式和特征；

（2）组件的实际温度；

（3）设备运行时的环境温度；

（4）高于周围环境温度；

（5）温度随时间的变化趋势；

（6）与在相同负荷和条件下运行的类似设备的比较。

在合适的条件下，红外热成像可用于检查机械设备，如汽车、泵、轴承、轴、齿轮、滑轮、输送机、风扇、驱动器、压缩机、冷凝器、发电机、联轴器和皮带传动装置，以及由众多部件组成的大型旋转机器，如造纸机和旋转石灰窑等。图9.9～图9.11列举了因设备问题而造成的机械过热的几个例子，图9.12显示电机过热。

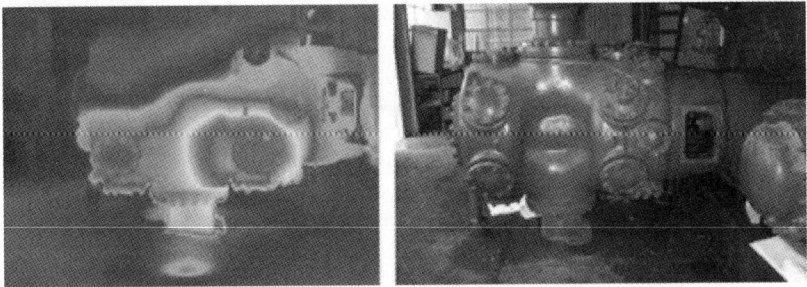

图9.9　带有异常信号的气体压缩机，表明排气阀有故障

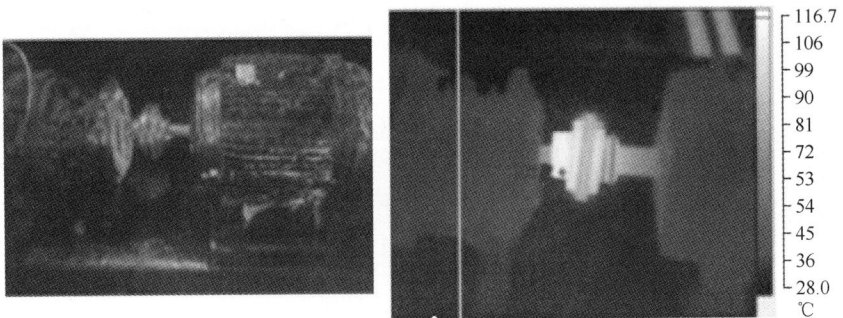

图9.10　泵与驱动电机之间的耦合错位

红外机械检测工艺的好处是：

（1）提供了一种最快和最廉价的识别机械故障的方法，从而可作为一种便捷的、可大规模使用的筛查工具。

（2）能早在灾难性故障发生之前就发现机械故障，从而避免生产损失、高昂

图 9.11　轴承问题

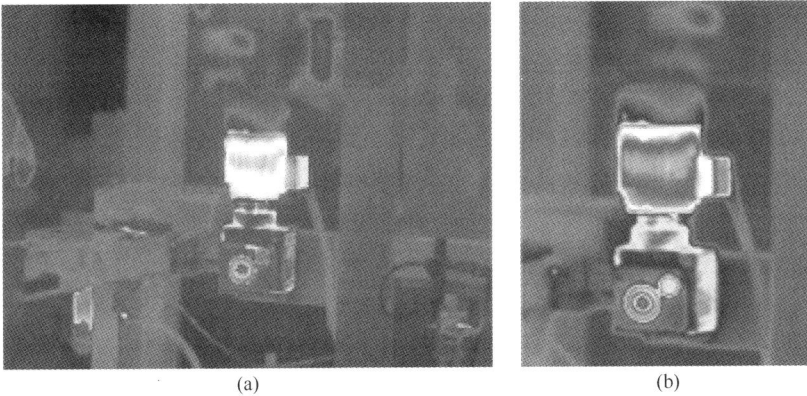

(a)　　　　　　　　　　　　　　　　(b)

图 9.12　正常的运转状态(a),不正常(过热)的运转状态(b)(这是同一设备在相同负载和相同条件下,以相同红外摄影机设置所拍摄的比较影像)

的维修成本以及其他后果。

(3) 通过避免对相关设备造成间接损害来降低维修成本。

(4) 提供了一个详实的可视化记录数据库,使检测从被动变为主动。

## 9.2.6　过程检测

只要产品或过程涉及加热或冷却,就有机会利用红外热成像技术发现有价值的信息。采用红外热成像技术进行过程检测可以涵盖多种情况。在绝缘系统中,绝缘体的失效会表现为设备外部的温度变化,从而引起辐射能量的差异;在耐火材料热导率已知的窑炉和烤炉中,通常可以用热表面图和温度估算耐火材料的厚度。

在许多非绝缘的管道中,堵塞或流量限制可能引起表面温度发生变化。在热流体的情况下,堵塞或流量限制将作为一个冷点出现;在相对较冷的流体中,阻塞或流量限制将表现为一个温热的区域。

阀门和疏水器的故障可以通过观察入口和出口的温度来定位。在大多数情况下，进/出口温度应该有很大的差异。在检测蒸汽疏水阀时，通常需要等到它们循环时，并将循环时的进/出口温度与正常（封闭）条件下的温度进行比较。如果两种状态下温度值的差异很小，则说明疏水阀已经发生故障。

知道不同的材料的比热容后，我们可以确定罐体中的液体高度和污泥厚度。如果储罐内含有不同热吸收率的物质，则红外热成像也可以作为它们的指示器。同所有红外热成像一样，该过程应在运行过程中产生热能的驱动力。

### 9.2.7　建筑检测

在某些气候条件下，建筑检测被认为是红外热成像的一个重要用途。在气候非常寒冷或炎热的地方，建筑物通常使用绝缘材料来减少热流失或热增益，从而维持室内与室外存在一个较大的温差（10~30℃）。如在加拿大，冬季漫长而寒冷，保温材料被用来抑制建筑内部的热量流失，以抵御室外寒冷的天气。

热像学可以用来识别：

（1）绝缘材料的缺失；

（2）绝缘材料的受损（如湿的）；

（3）进水；

（4）空气膨胀；

（5）空气排出；

（6）过热桥接（如窗框）；

（7）热水供暖系统中的渗漏；

（8）平顶漏水。

当建筑物的内外温差至少达到10℃时才能进行建筑检测。不同类型的故障可以通过其特定的热模式来识别。

最好在夜间对建筑物进行检测，以消除热增益的影响。检测首先要从外部进行，以便大致了解外部表面，然后对内部表面的任何可疑区域进行检测。

红外热成像技术可以快速而准确地识别出传统建筑平顶上的任何渗水区域。在这种情况下，湿绝缘区的比热容与干绝缘区的比热容相差较大，因此湿区域会显得更暖一些，如图9.13所示。在北方气候条件下，只要能估算湿绝缘区和干绝缘区的差异，冬季也可进行这种测试，如图9.14所示。一般来说，红外热成像更适合在夏季应用。在一个相对平静的炎热天气里，太阳会把整个屋顶都烤热。当太阳下山时，干燥的屋顶区域会以相对较快的速率向凉爽的夜空散失能量，由于湿绝缘区的比热容高，在干绝缘区冷却后可以保持6h的能量。因此，利用红外热像技术可以相对容易地识别出屋顶需要修复的区域。

图 9.13　工艺容器中的耐火问题

图 9.14　屋顶的湿绝缘区域

## 9.3　润滑和油液分析

只要执行得当,任何 RCM 工艺都应该能得到一系列优化后的预防性(基于时间的)任务、预测性(基于状态的)任务和一次性变动。只要按照规定的时间表执行,它们就能减少潜在失效模式的原因。所产生的方案应规定最有效的状态监测工具或技术,能够对即将发生的问题及早发出预警,以便在灾难性故障发生之前采取纠正措施。尽管失效模式的数量因设备类型和工作环境的不同而有很大的差异,但对于旋转和往复运动的设备,许多 RCM-R 分析规定的维修活动其实涉及的都是一些基本的 CBM 任务和活动,用于排除或识别与润滑有关的故障。因此有理由认为,任何基于 RCM 的有效维修策略都应该包括对润滑操作的严格控制,同时还应开展油液分析来及时发现与润滑有关的问题。

### 9.3.1 识别与润滑有关的故障模式

需要解决的与润滑有关的故障模式的数量和类型,以及部署的适当的 CBM 技术将因设备类型的不同而有很大差异。例如,伺服控制的高压液压系统可能出现的故障方式和应加以监测的方式,与缓慢转动的溅射润滑齿轮减速器大不相同,而后者又与炼油厂的涡轮压缩机大不一样。尽管如此,对于所有的油润滑设备,有 10 个基本的故障应该在 RCM 分析中得到解决。表 9.1 列出了这些故障,以及用于处理各故障的预防性、预测性或主动措施。

表 9.1　与润滑有关的故障模式及其管理策略

| 故 障 模 式 | 合适的预防性维修任务 | 预测性维修任务 | 一次性变动/使能措施 |
| --- | --- | --- | --- |
| 润滑剂不足 | 涉及所有润滑设备的基于路径的润滑回路 | 目视油位检查、超声润滑轴承检查、高频振动分析 | 安装适当的液位计并标记高/低运行液位计,进行紫外线泄漏测试 |
| 润滑剂过量（润滑过度） | 规定的任务细节,包括正确的润滑油用量 | 目视油位检查、超声润滑轴承检查、高频振动分析 | 妥善设计的 PM 任务 |
| 润滑剂选择不当 | 无 | 无 | 完成润滑油测量 |
| 润滑剂添加不当 | 无 | 油液分析(黏度、添加剂等) | 润滑油应用和传输点的适当标记 |
| 润滑剂受湿气污染 | 定期或根据状态离线过滤 | 油液分析(水),目视检查 | 安装合适的通气装置,正确的密封管理 |
| 润滑剂中混入颗粒物 | 定期或根据状态离线过滤 | 油液分析(颗粒物),目视检查,辅助测试 | 安装合适的通气装置,密封,过滤 |
| 润滑剂变质 | 及时换油 | 油液分析(黏度、酸值、添加剂等) | 无 |
| 润滑剂过热/过冷 | 无 | 基本温度检查,温度记录 | 无 |
| 添加剂耗尽 | 及时换油 | 油液分析 | 无 |
| 润滑剂夹带泡沫/空气 | 无 | 目视检查,油液分析 | 正确的系统设计,清洁干油,正确的油位 |

### 9.3.2　润滑不足

对于受润滑的部件来说,也许最基本的 CBM 措施就是确保添加了正确数量的油或油脂。对于受油润滑的部件,这通常是相当简单的,我们只需要将正确的油倒入或泵入油箱或油槽,直到油位与原设备制造商(OEM)提供的"充满"标记平齐,并定期进行目视检查,以确保油位处在正确范围内。然而,在许多湿式抽油应用中,如喷溅润滑齿轮和某些泵,使用油位塞或油尺提供 OEM 油位,这两者仅在机器停机后才能提供准确的油位。在这种情况下,明智的做法是修改部件,使其含有一个外部油位计,以便无论机器正在运行还是关闭都能读取正确的油位(图 9.15)。基本检查应作为 CBM 计划的一部分,用于确保油位是正确的。

图 9.15　显示高/低运行点的外部液位计是一种优秀的可视化 CBM 工具

对于受油润滑的资产,问题并没有那么简单。许多受润滑的部件没有标注正确的油脂用量,即使标注了,确保润滑油通过手动或自动方式到达部件也很关键。对于手动的润滑油填充方式,应定期检查填充线,以确保它们没有堵塞。对于自动的润滑油填充方式,应检查润滑系统是否正常工作,包括泵的驱动、管路堵塞和执行机构的运行。

### 9.3.3　润滑过度

系统中润滑油过多会导致漏油,并引起泡沫油和曝气油的形成,从而油位检查成为重要的检查手段。对于受润滑的部件来说,润滑油过量会导致更严重的问题。像发动机和风扇中需要润滑的高速轴承,润滑油过量会导致过量的热堆积,加剧活动表面的摩擦。为此,预先明确所需润滑油的使用频率和正确数量是至关重要的。其实,确定润滑油的数量和频率相当简单,只需要几个基本的输入,如轴承类型(滚珠轴承、锥形滚柱轴承等)、轴承尺寸、轴速和负载。尽管如此,在那些尚未主动解决与润滑有关的常见故障模式的工厂中,润滑过度的问题仍然普遍存在,而相对先进的一些企业已经开始采用高频振动分析和/或超声监测来确保润滑油的最佳用量,并取得了巨大的成功。

### 9.3.4　润滑剂选择不当

润滑油的选择取决于负载、速度和运行背景。在基本水平上,需要根据应用情况选择正确的基油类型(矿物油或合成油)、基油黏度和添加剂包。对于油润滑部件,大多数 OEM 会提供润滑剂推荐方案,这一直是一个很好的起点。然而,它们总是应该被审查,并且在必要时,应该根据运行状态(特别是高温或低温)和负载做出调整。除电动马达外,任何加了油的部件几乎不会(如果有的话)附带 OEM 建议。原因很简单,在购买轴承时,OEM 通常不知道工作负荷、速度和用途,因此无法做出准确的润滑油选择。在工厂里最糟糕的润滑剂使用方法就是使用错误的润滑油。为避免这种情况,应仔细考虑操作条件,包括负载和速度,以确保润滑油中所含基油的合适黏度。此外,应根据操作条件选择正确的润滑油增稠剂类型(锂、聚脲、钙络合物等),同时避免混合不同类型的增稠剂,以防止出现化学不相容。更先进的油液分析测试,如铁相分析,通过辨别磨损颗粒的形态特征,可以用来确定润滑剂选择不当是否会导致故障发生。

### 9.3.5　润滑剂添加错误

确保润滑油或润滑脂添加正确,对防止设备因润滑规格不匹配或化学不相容而发生故障很关键。为了做到这一点,应该在润滑剂的所有使用和转移位置处标记出所用的润滑剂种类。最佳的做法是使用图 9.16 所示的颜色和形状编码标记,以提供简单和清晰的识别。如果可以,标签应避免使用润滑剂的品牌名称,以免在更换供应商或润滑剂供应商更改品牌名称时需要重新标记。通过油液分析比较基油的黏度和添加剂中的元素含量,是判断润滑剂是否添加错误的一种很好的方法。

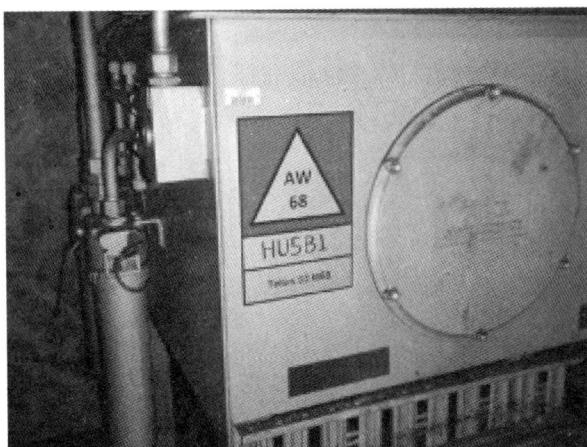

图 9.16　简单的颜色和形状编码标记有助于避免润滑剂的意外混合

## 9.3.6　润滑剂受潮湿污染

润滑油中的水分会导致油槽的锈蚀,而轴承或齿轮负载区的水分更会引起油膜破坏或气蚀发生。水分还会使添加剂的效用大打折扣,在某些酯类基油中,水分甚至会导致基油的降解。控制水分最简单的方法就是通过使用合适的轴封(如机械密封与简单的唇封)和气吸式干燥器(图 9.17)主动地防止水分进入。气

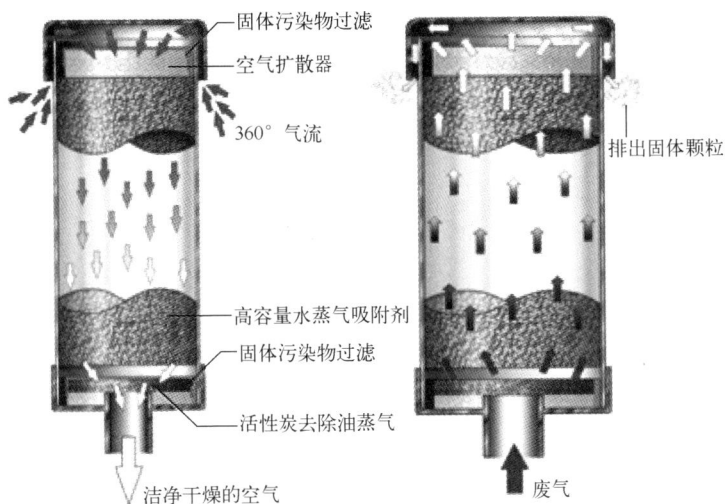

图 9.17　气吸式干燥器对进入油槽或油箱的湿气进行控制
(由美国风险投资公司的分部——美国润滑剂公司提供)

吸式干燥器中含有硅胶干燥介质,可对容积式油交换或设备热循环过程中进入油箱或油槽的空气进行水分去除。对水分的检测可以通过油液分析或直接用肉眼观察窗口或底部沉积物和集水器来实现。气吸式干燥器也可用作 CBM 工具,若硅胶的颜色是自下而上从蓝色到粉红色变化,说明水分是从外部进入的;如果该颜色变化是自上而下的,则表示水分来自油槽或油箱。

### 9.3.7 润滑剂中混入颗粒物

大多数润滑专家都认为,多达 60%~70% 的润滑故障可能与颗粒污染直接相关。就像控制水分一样,控制颗粒物的最好方法是使用合适的轴封和过滤装置,以及更新用于润滑油储存、处理和转移的设备,主动地限制颗粒的侵入。此外,任何循环油系统应包括精心挑选的过滤器,而非循环系统如水泵和齿轮箱则应使用离线的过滤器(便携式或固定式)进行定期过滤。过滤器应指定正确的 $\beta$ 值,以达到所需的(要求的)目标清洁度等级,该等级应根据设备的关键度和对污染所致故障的敏感度来确定。任何主动润滑工艺都应该使用油液分析作为状态监测技术,以确保润滑油中的颗粒含量低于目标污染水平。

### 9.3.8 润滑剂降解变质

润滑油和润滑脂使用时间过长,基油和添加剂的性能都会受到影响。此外,基油和添加剂降解产生的一些副产物会导致污泥、漆面和酸的形成,所有这些都可能导致进一步与润滑相关的问题出现。也许避免润滑油降解最简单的方法也就是定期进行油液分析。油液分析可应用于润滑油和润滑脂,但要获得具有代表性的油脂样品是很有挑战性的。应开展动力学黏度、酸值、氧化和硝化等基本测试以确保润滑剂的性能达标,并酌情进行更复杂的测试,检测基油和添加剂的性能状况。如果使用得当,油液分析可以用来驱动基于状态而不是基于时间的润滑油变化。

### 9.3.9 润滑剂过热/过冷

在选择润滑剂时,要根据机器的工作温度选择正确的基油黏度。但当润滑剂的温度变得过热或过冷时,就会出现严重的问题。在启动时或不正常的操作条件下,温度过低会导致润滑剂过于黏稠,无法流到负载区,导致润滑剂局部欠缺。温度过高或基油黏度过低,会导致连体磨损、粘连、渗漏和对颗粒污染的敏感性增加。因此,应将油温监测纳入 CBM 方案,以确保在所有作业状态下基准油的黏度都适中。在工作温度非常高或很低,或在整个正常运行过程中温度变化很大的情况下,应考虑使用高黏度指数(VI)的润滑油,如优质矿物油、多级油和合成油。

### 9.3.10　添加剂耗尽

润滑油添加剂有助于抑制基油氧化,防止锈蚀、发泡、曝气、磨损等发生。因此,添加剂的稳定存在是确保润滑剂功能发挥的关键。添加剂的健康程度可以通过特定的油液分析试验来测定,这些测试会对在役油样品和典型新油样品中的添加剂含量进行比较,应作为大型油池系统常规油液分析的一部分。应该制定润滑剂改变和更换的时间表,以确保在添加剂分解或耗尽之前使用新油或润滑脂。极少数情况下,突然进水或过度过滤可能引发灾难性的添加剂损耗,这两者都应该被仔细监测。

### 9.3.11　润滑剂夹带泡沫/空气

润滑油中以泡沫和气泡形式存在的空气会引发严重的问题。泡沫作为一种绝缘介质,会随着体积的增加而导致油池内的油温升高,从而引发油池泄漏。当泡沫或夹带的微小气泡被带入泵的吸力面或轴承时,突然的压力变化会引起空化和微柴油效应,因为压缩加热会导致局部温度升高。通过简单的肉眼观察就能发现泡沫和气泡的存在,再辅以更详细的实验室油液分析试验,便能检测出润滑剂的发泡倾向和稳定性及其空气释放特性。

### 9.3.12　油液分析在故障预测中的作用

除了用于检测润滑油的健康状况外,油液分析也是对其他 CBM 工具如振动分析和热成像的极好补充。或许没有比 2002 年在亚利桑那州帕洛维德核电站的一项研究能更清楚地说明这一点,该研究基于观察到的 750 个轴承问题得出结论,多达 40%的问题只出现在油液分析中(图 9.18)[1]。该研究并没有指出油液分析比振动分析好或差,而是强调这两种技术的互补性,并说明了对预测性维修采取综合性办法的必要性,以及应根据 RCM-R 分析的结果,采用最合适的技术来解决一切设备的常见或预期的故障模式。

油液分析的核心作用不只是测量润滑油的状况,它还能帮助测量所含颗粒、水分或其他污染物的水平;帮助预测机器的早期磨损和与润滑非直接相关的故障模式;有助于确认润滑油中的基油和添加剂仍然是健康的,并且润滑剂正常可用。

为了最大限度地提高油液分析的效益,采样频率、采样位置和测试板的选择都应该与 RCM-R 分析中故障模式—影响—关键度分析(FMECA)阶段明确的最常见的故障模式联系起来。

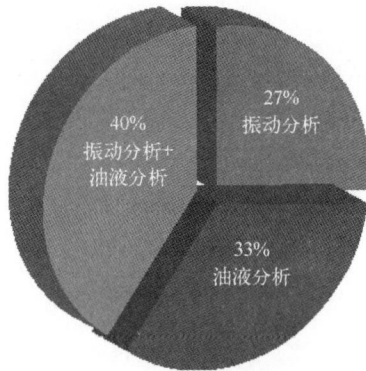

图 9.18　油液分析和振动分析在识别常见轴承故障模式方面的有效性

### 1. 采样频率

大多数与润滑有关的故障模式的 P-F 间隔为 14~180 天(在润滑剂不足或添加错误的情况下会更短),这意味着需要相当频繁地采集油样,并辅以对油位、颜色和清晰度的基本目视检查。一般的经验法则是,对运转速度更快、更关键的在役设备进行抽样的频率不应低于每月一次;而对运转速度较慢、不那么关键或间歇性使用的资产,可以每 3 个月抽样一次,但至少每周进行一次目视检查,最好是每天进行一次。一般情况下,以比季度更长的间隔进行采样很可能不会产生积极的结果,即使有也不能提供多少数据点来进行趋势分析。

### 2. 采样位置

采样位置对油液分析的结果影响最大。例如,考虑尝试使用油液分析来诊断一个简单的液压动力组中的油泵故障,该动力组包含一个油箱和一个泵,在阀门块和执行机构的供应线上有一个全流量油过滤器,在油回流到油箱的上游有一个回流线过滤器。从最常见的位置——油箱采样,很可能诊断不出油泵的故障,因为磨损颗粒需要通过供应线和回流线的过滤器,并在油箱中累积足够的浓度,才能及早显示泵的磨损。解决这种特定故障模式的最好方法是在泵之后、全流量过滤器之前提采样品。在建立油液分析程序时,应对确认的故障模式仔细斟酌,以确保样品是从正确的位置提取的。在某些情况下,可能需要从同一系统中提取多个样本,类似于振动分析中进行轴向和径向等多重读数的过程。

### 3. 油液分析测试板

对每个样品执行的一系列测试应该基于已知或预期的故障模式进行选择。例如,慢速齿轮常见的一种故障模式是由于过载和/或边界润滑保护失效而造成的黏接磨损。当发生黏接磨损时,形成的初始磨损颗粒大小在 10~20μm。相比之下,在油液分析中用于确定铁、铜、铅和锡等特定磨损金属的 ppm 浓度级别的元素分析,对大于 3~5μm 的粒子是完全检测不出的。因此,仅简单地对取自齿轮箱的样品进行基本的油液分析测试,而不进行能够发现更大颗粒的测试,就很可能无法及时识别出早期的黏接磨损。

# 9.4 超声波检测

超声波检测是状态监测(CM)的一个重要组成部分,能以多种形式为 RCM 贡献价值。在本节,我们将会简单回顾有关超声波的研究及其各种应用、声音的基本原理,以及如何将其应用于工业中。

"超声波"属于三种声波类别中的一种,另外两种分别是"声波"和"次声波",如图 9.19 所示。

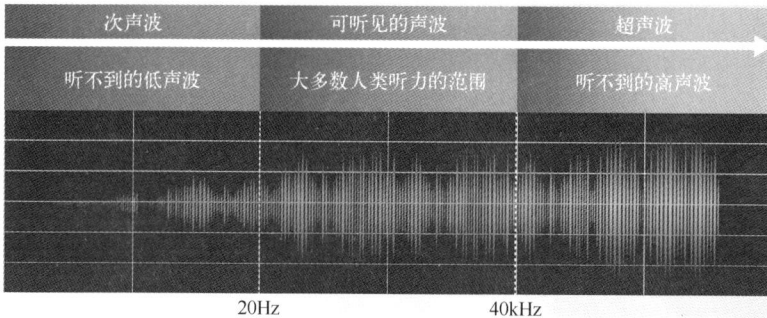

图 9.19 声波:频带

"次声波"囊括了所有低于人类听觉极限的声波,即频率低于 20Hz 的声波。

"声波"指的是人耳可感知的声波,即频率在 20~20000Hz。

"超声波"包括超过人类听觉极限的所有声波分类,即频率在 20000Hz 以上。

声波的频率用于衡量声波在 1s 内自行重复的次数(循环次数/s)。国际单位制(SI)以海因里希·鲁道夫·赫兹(Heinrich Rudolf Hertz)的名字命名了这个度量,并将其指定为 SI 符号 Hz。

早在 18 世纪,人们发现蝙蝠使用高频声波进行导航,此后就开启了有关超声波的研究。1881 年,皮埃尔·居里报告了他对压电效应的发现。这项工作在今天仍具有现实意义,因为大多数的超声波技术都使用压电晶体来发射和接收超声波。

如今,超声波技术有许多众所周知的实际用途。在医学领域,它作为一种成像工具,可以让医生对人体进行非侵入性探索,儿科医生可以监测母亲子宫内未出生的婴儿,肿瘤专家利用超声波成像来寻找难以捉摸的癌细胞。因此,它有助于人类健康,对于患者有挽救生命的意义。超声波在运动医学中也大有用处,对于软组织损伤能起到加速愈合和恢复的作用。

超声波技术在工业上也有许多用途。无损检测(NDT)使用超高超声频率(2~5兆赫)对物理结构进行成像,可以用于检测结构钢的裂纹和焊接接头的缺陷,或测量钢管、金属板和船体的剩余厚度。超声波还可作为一种实用的零件和珠宝清洗技术。

工业超声波的一个重要作用,也是本章的重点,就是与制造业的资产可靠性相关联。其中超声波有很多用途,而每一种都与机器系统的寿命周期最大化有关。超声波还可以帮助企业更好地了解资产的健康状况,识别和减少能源浪费。只要数据得到充分利用,企业就能实现产出和产品质量的改进。

在本章的其余部分中,除另有说明外,所有提及超声波的内容都侧重于超声波在预测性维修、状态监测、故障排除和节能技术上的用途。

### 9.4.1 声波的原理

我们在讨论声波的原理时,会使用"声音"这个词,但这些原理同样也适用于次声波和超声波。

声音无处不在。一切事物,无论是人类还是机器,都能发出声音,并被大多数生物听到。那些有听力障碍的人可能听不到声音,但仍能感知到它的振动。虽然声音无处不在又平淡无奇,但这并不意味着它是一个浅显易懂的概念,事实上情况恰恰相反。

用来描述声音的一个重要的词是"频率",它有时也会被说成"音调"。"这位歌手演唱《平安夜》时的音调很完美",这意味着每一个音符都与乐谱的预期频率完全一致。

经常会拿超声波测试和振动分析进行比较,这会造成不必要的混淆。在超声波中,"频率"一词指的是声波的重复,而在振动中则指特定事件的重复,如缺陷造成的影响或机器不平衡引起的移位。

至少在音乐方面,这种混乱是通过使用"音调"和"节拍"这两个词来避免的,这足以区分音乐的频率和音乐的节奏。可见,理解声波的基本原理将有助于澄清一些误解。

### 9.4.2 基础知识

声波是一种机械波,需要介质才能传播。它是由振动产生的,振动产生的压力波通过介质纵向传播。这种支持声压波传播的介质可以是固体、液体或气体,或这些介质的任意组合。纵波之所以如此称呼,是因为它们穿过介质的方向与声波传播的方向相同。当纵波穿过介质的分子结构时,会产生高压力区和低压力区,这些压力的波动便形成了可被探测和测量的声音。

声压波是通过分子撞击得以在介质中传播的。为了使声音运动的概念形象化,可以想象台球桌上的球。当一个球与另一个球碰撞时,能量会转移给下一个球,依此类推。其他周围的介质如台球桌的布、侧边框和周围的空气,都会作用于这种能量,使其衰减,使球最终停止滚动。

正弦波信号是一种只有一个频率的声波。在一个完整的周期内,信号既有压缩又有稀疏,如图9.20所示。

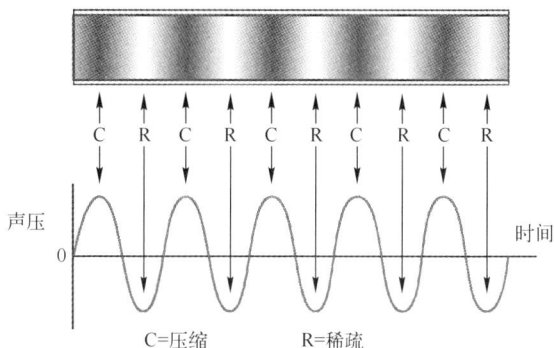

图 9.20　正弦波所包含的压缩和稀疏部分

正如前面所定义的,超声波是指重复频率高于20000Hz的所有声压波,而最适宜用于资产健康监测和机械系统可靠性的声波频率在30000~40000Hz。要想对声音进行量化或测量,需要获取两个变量:声音的频率和声音的振幅。

**1. 频率($f$)**

频率用于描述某事件多久重复一次。声波频率即指声波在1s内重复的次数,它以赫兹为单位。一个完整的波长由一个全压缩和一个全稀疏事件组成。以下这些情况会考虑使用频率这个词来描述:

- 吃东西的频率是每天3次。
- 数据收集者调查工厂资产的频率是每月进行1次。
- 自行车轮胎的频率为120r/min。

这个词的每一个用法都描述了几个可以测量的事件发生间隔。在第三个例子中,自行车轮胎的旋转频率,即指轮胎每秒做2次全旋转(60s内旋转120转)。因此,自行车车轮的频率是120/60=2Hz。

## 2. 周期($T$)

周期($T$)定义为某事件发生一次所需的时长,它与频率($f$)成反比。频率告诉我们每秒钟内事件发生的次数,而周期则告诉我们它是多久发生一次。

周期是频率的倒数,计算为 $T=1/f$。

以自行车车轮为例,如果 120r/min 的频率为 2Hz,那么自行车车轮的周期为 0.5s。

理解频率和周期之间的基本关系是很重要的。超声波的频率高于声波和次声波,因此周期更短,如图 9.21 所示。

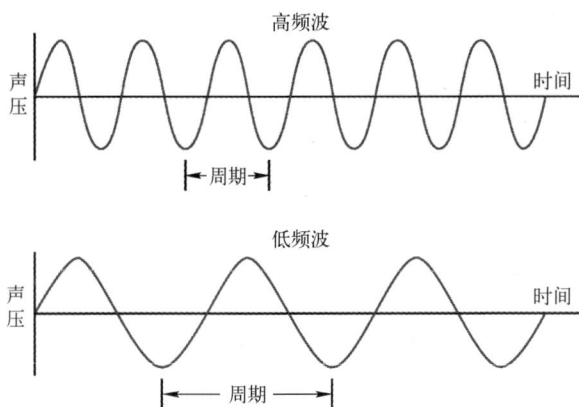

图 9.21 周期与频率的关系

## 3. 声音的测量

与大多数事物一样,声音可以用刻度来测量。衡量声音的刻度是分贝(dB)。重要的是要理解,分贝是一个比率,而不是绝对值。这意味着需要一个工程单元用作分贝的参照,而作为参照的工程单元取决于所使用的技术。在室内声学测量中,通常使用的是 SI 单位 dB(SPL,即声压级)。

因为分贝是一个相对比率,所以一切都是以 0dB(听力阈值)来衡量的。dB(SPL①)通常简写成"dB",这使人们误以为 dB 本身就是一个 SI 单位。必须澄清这种混淆,正如应该澄清分贝是对数刻度,而不是线性刻度一样。

在超声波领域,所使用的工程单位是 dB·μV[分贝(微伏)],即所有测量的振幅会与 1μV 的参考值进行比较。一些超声波设备制造商会公布这个参考值,而另一些则对其秘而不宣。

---

① SDT 是一家生产超声波测量设备的制造商。

$$0\mathrm{dB} = 1\mu\mathrm{V}$$

SDT$^*$ 仪器使用下列公式来测量超声：

$$\mathrm{dBV} = 20\lg(V_1/V_0)$$

式中：$V_1$ 为传感器的测量电压（$\mu$V）；$V_0$ 为参考电压值 1$\mu$V。

让我们用下面这个例子来说明这一点：

假设在轴承箱上放置一个 RS1 针型接触传感器，产生的超声波信号的测量电压为 10$\mu$V（$V_1$），而超声波数据收集器的参考值为 0dB = 1$\mu$V（$V_0$），由此我们可以说，轴承的测量值比探测器的参考值大 10 倍。所以，

$$\mathrm{dB} \cdot \mu\mathrm{V} = 20\lg(V_1/V_0)$$
$$\mathrm{dB} \cdot \mu\mathrm{V} = 20\lg(10\mu\mathrm{V}/1\mu\mathrm{V})$$
$$\mathrm{dB}\mu\mathrm{V} = 20\times1$$
$$= 20\mathrm{dB}\mu\mathrm{V}$$

随着轴承的退化和失效，振动将会加剧，从而给超声波数据采集器带来更高的输入电压。假设未来用 RS1 针型接触传感器测得的输入电压（$V_1$）是参考值（$V_0$）的 10 倍、100 倍和 1000 倍，会发展为怎样的模式呢？

如果超声波信号的测量值为 100$\mu$V，是参考值 1$\mu$V 的 100 倍，即等于 40dB $\cdot$ $\mu$V。

$$\mathrm{dB} \cdot \mu\mathrm{V} = 20\lg(100\mu\mathrm{V}/1\mu\mathrm{V})$$
$$\mathrm{dB} \cdot \mu\mathrm{V} = 20\times2$$
$$= 40\mathrm{dB} \cdot \mu\mathrm{V}$$

若超声波信号的测量值为 1000$\mu$V，是参考值 1$\mu$V 的 1000 倍，即等于 60dB $\cdot$ $\mu$V。

$$\mathrm{dB} \cdot \mu\mathrm{V} = 20\lg(1000\mu\mathrm{V}/1\mu\mathrm{V})$$
$$\mathrm{dB} \cdot \mu\mathrm{V} = 20\times3$$
$$= 60\mathrm{dB} \cdot \mu\mathrm{V}$$

0dB $\cdot$ $\mu$V 是 SDT 所产超声仪器的"听觉"阈值。了解这一点对于判断故障趋势和解释状态指标是很必要的。如果没有这方面的知识，超声波检查员基本上就是瞎子（聋子）。

区分线性和对数的最重要的规则可能就在于分贝不应该乘或除，而只能加或减。例如，36dB $\cdot$ $\mu$V 的音量并不等同于 18dB $\cdot$ $\mu$V 音量的 2 倍；相反，应该是二者的差（36-18 = 18dB $\cdot$ $\mu$V）。因此，36dB 的音量是 18dB$^l$ 音量的 7.9 倍。

表 9.2 列出了一些常见的比率及其与 dB $\cdot$ $\mu$V 的关系。第一个例子表明，增加 6dB $\cdot$ $\mu$V 就意味着比上一个信号的音量增大 1 倍。

表 9.2　信号比率与 dB 的换算关系

| 比率($x$) | dB/$\mu$V |
|---|---|
| 2 | 6 |
| 4 | 12 |
| 10 | 20 |
| 100 | 40 |
| 400 | 52 |
| 1000 | 60 |

应该明白：

- 12dB · $\mu$V 是 6dB · $\mu$V 音量的 2 倍；
- 56dB · $\mu$V 也是 50dB · $\mu$V 音量的 2 倍。

**4. 声速和声阻抗**

声音在介质中的传播速度($v$)、重复次数($f$)及波长($\lambda$)之间存在着某种关系。该关系由以下方程定义：

$$v = \lambda f$$

声音在材料中传播的速度取决于许多变量,例如材料的弹性和密度。

部分实例：

- 声音在水中的传播速度大约是在空气中传播速度的 4 倍；
- 声音在钢铁中的传播速度大约是在空气中传播速度的 15 倍；
- 声音在氢气中的传播速度大约是在空气中传播速度的 3 倍。

了解声音在介质中的传播速度,有助于理解不同材料的声阻抗。声阻抗描述的是材料如何抵抗声音在其中的传播。声阻抗($z$)是密度($p$)和速度($v$)的乘积,即

$$z = pv$$

在超声检测领域,只有重视声阻抗的行为效应,才能获取更准确的数据。检测员必须了解超声波信号从一种材料的边界进入另一种材料时会发生什么。信号从声源到目标的每一次变化都会受到介质声阻抗的影响,包括信号能量的损耗。

可靠的 CM 数据对于判断趋势、告警、解释分析和制定决策来说都是必不可少的,它通过压电传感器与资产表面的直接接触来获得。为了确保数据的完整性,应采集边界变化数最少的数据。

对边界行为进行强制性控制的一个例子是监测轴承状况。从轴承外壳上采集的数据可能经过了三种甚至四种不同的介质。灰尘和油漆都算作边界,应该

避免。在润滑脂管道上测量轴承是一条更直接的途径,但必须谨慎。润滑脂管是钢(声阻抗 4.516)制成的还是铝(声阻抗 1.71)制成的? 如果它本来是钢的,后来换成了铝,却没人愿意记录下来呢? 多达 20% 的超声波信号可能被忽视了,单是这种变化就会使传输的信号减少 1.6dB·μV,并完全破坏所有的历史趋势数据。

以下准则可有助于获取高度完整的数据。

(1) 限制从声源到传感器的边界转变次数。

(2) 保持在同一位置采集数据。

(3) 尽可能采集洁净的、未涂漆表面的数据。

(4) 使用固定安装的谐振传感器,或者使用磁性安装的谐振传感器。

**5. 声音在空气中的传播**

空气是超声波的一种传输媒介,它有自己的独特之处。了解超声波如何在空气中传播是每个超声波检测学徒的必修课程。再次回顾一下从声源到传感器的这段行程,但这次是通过空气而不是固体。途经的距离越长,信号的能量就损失得越多,这就给空气中超声波的量化带来一个问题,即要求传感器与噪声源之间的距离必须是已知和恒定的。

声音衰减是距离的函数,用距离反比定律来描述。该定律表明,测得的压力 ($p$) 与距离 ($r$) 成反比,即

$$p \propto \frac{1}{r}$$

因此,当声源和传感器之间的距离增加 1 倍时,信号的振幅将减半,也意味着振幅测量值降低了 6dB·μV。距离如果减半,则会产生相反的效果,测量值将增加 6dB·μV 或 2 倍。

对同一声源在不同距离测得的振幅值进行比较。如果某声源在 10cm 的距离处测得的振幅值为 60dB·μV,那么从该声源还将测量到:

● 20cm 处的振幅值为 54dB·μV;

● 40cm 处的振幅值为 48dB·μV;

● 80cm 处的振幅值为 42dB·μV;

在检测空气中的超声波信号时如果要测量振幅,了解和记录距离很重要,只有这样才能确保测量结果的一致性和对比性。

## 9.4.3　超声波探测器的工作原理

如果认为超声波探测器的唯一目的就是将听不见的超声波转换成可听见的声音,那就过于肤浅了。然而,这正是超声波探测器所做的。改变频率的过程称

为"外差",如图9.22所示。在高频声波外差处理为可听声波时,会保持原始信号的质量和特性。实际上,超声波探测器使人类具备了听到超声波的能力。在外差处理过程中信号的质量和特性保持得好不好,能反映出超声波探测器的质量差异。

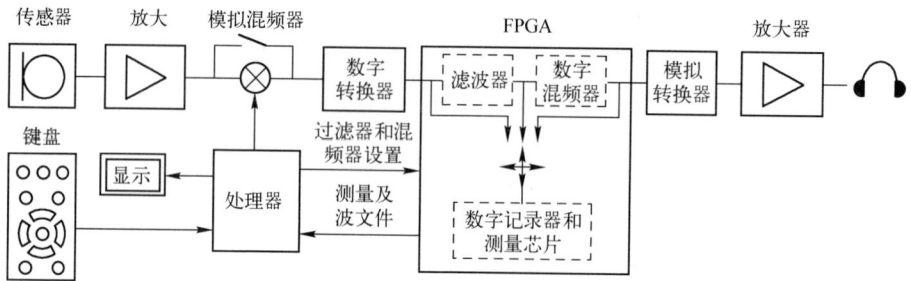

图 9.22　典型的超声探测器处理方式

根据图9.22所示的简化方框图,超声信号经过从左到右、从上到下的一系列步骤后才能用于维修和可靠性分析:

（1）传感器检测到声压波并将其转换为低压信号。

（2）信号经过一个控制放大过程。

（3）模拟混频器将高频信号转换为低频信号(外差处理)。

（4）信号被数字化。

（5）应用带宽过滤器。

（6）此时信号被分解:

① 模拟部分发送到音频输出(我们的耳朵);

② 数字部分用于信号的精确测量。

（7）生成静态信号和动态信号,用于故障趋势分析和时间波形分析。

（8）结果被发送到液晶显示器(LCD)。

（9）使用键盘控制图形用户界面。

图9.23给出了一种更简单的表示方式。一个中心为38.4kHz的2kHz带宽滤波器,将超声波信号外差转换成相应的声音信号,同时保持原始信号的特性和质量。

**1. 如何收集超声波**

超声硬件制造商投入大量资源开发各种不同的传感器。一般认为传感器分为两类:一类是通过固体介质探测超声波,另一类是通过空气探测超声波。每一类都是为了完成特定任务而设计的。

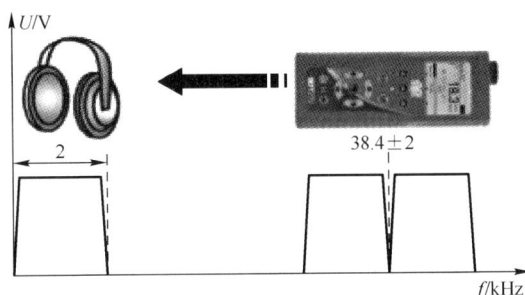

图 9.23　外差处理将 38.4kHz 的信号转换为 2kHz 的可听声音

**2. 空气传感器**

顾名思义,空气传感器可以探测通过空气传播的超声波。空中传感器有几种类型,每一种都能克服特定的检测挑战。有些是为近距离探测而设计的,有些是为远距离探测设计的,而另一些则允许在密闭的通道内进行检测。制造商提供的传感器应符合以下标准:

(1) 形式和功能;

(2) 精确度、高信噪比和可重复性;

(3) 坚固耐用;

(4) 人机工程学和安全性。

不能满足上述标准的传感器不应该被使用。

近距离空气传感器是为中短程距离探测设计的。这些装置安装在超声波探测器的外壳内侧,使传感器和读数能直接暴露于检查员的视野内,符合人体工程学设计。外壳为其提供保护和稳固支撑。

内部传感器可借助一个延长距离传感器(EDS)得到增强,如图 9.24 所示。这个锥形装置被固定在传感器上,通过捕获更多的声压波并将其汇入传感器,起到放大器的作用。EDS 看起来很简单,但设计起来却相当复杂,绝非易事。它的喉部、开口、长度和轮廓都决定了一个特定且狭窄频率范围内的灵敏度和谐振。

SDT——一家超声系统的制造商,生产放大增益因子为 20 倍或 26dB·μV 的 EDS,其优势是能增加检测距离并将信号检测能力提高 20 倍。与不安装 EDS 相比,在内部传感器上安装 EDS 后接收信号更具方向性。

方向性是一个理想的特征,可以帮助检测人员远距离精确定位超声波的来源。EDS 不应该被视为抛物面传感器的替代品,如图 9.25 所示。尽管两者都大大地延长了探测距离,但 EDS 放大了整个探测区域的信号。

抛物面传感器的形状像 EDS 一样被设计出来,这样特定频率的声波就会被引导到传感器的中轴线上。可听声波由于波长过长,无法从表面反射出去。抛

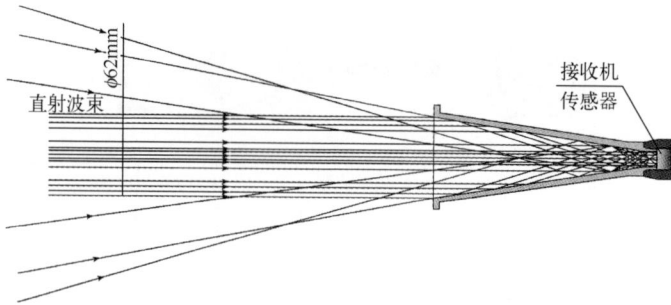

图 9.24　延长距离传感器(EDS)增强了接收传感器的远程使用和检测"更安静"信号的能力

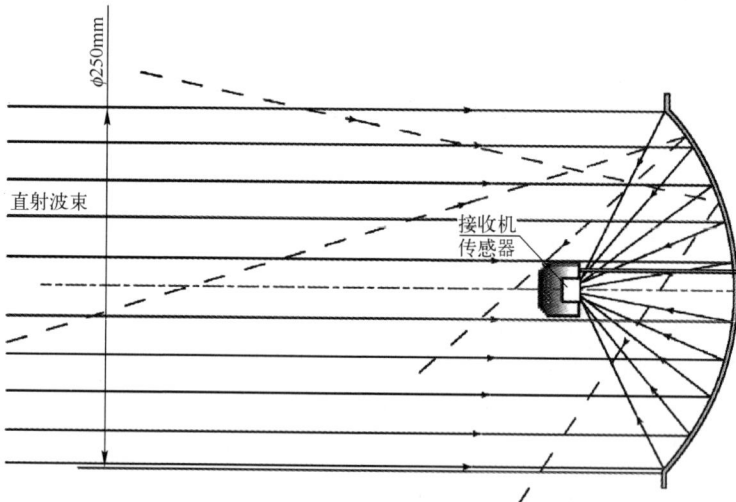

图 9.25　用于高定向精度的抛物面传感器

物面碟形反射器的设计目的是将入射平面波信号反射到安装了一个或多个传感器的焦点上。以不垂直于抛物面出口平面的角度进入天线的超声波信号到达不了传感器,相反它们会以远离传感器焦点的角度重新定向(图 9.25)。这个特点使得抛物面传感器最适合在很远的距离(100′~200′)上定位超声信号的来源。

在定位精度要求非常高的应用领域,抛物面天线提供了更高的方向性,被大多数制造商用于激光瞄准。

有些检测要求进入难以触及的区域,包括管道后面、头顶、脚下,或者要求穿过保护性告警装置(如柔性耦合器)。比如,在电气开关传动箱内进行长时间的检查会使检测员的手和胳膊感到疲劳。设计出的符合人机工程学的某种柔性传感器,可以选择将超声波探测器固定在机架上,这样就只需要举起舒适的、有泡沫的把手来操作。

柔性传感器是内部传感器的延伸,通常会增加 20~26 英尺的长度,并且可以弯曲、扭曲和变形,以适应管道的形状。柔性传感器的使用满足了人机工程学需求,但更重要的是安全的因素。

### 3. 接触式传感器

另一类检测对象是通过固体介质传播的超声波。这需要通过一个接触式传感器来实现,如图 9.26 所示。接触式传感器有两种类型:针式或针刺式(其针在底部)和永久性安装或磁性安装。

图 9.26　接触式传感器

通过结构传播的超声波是在诸如轴承、疏水阀、齿轮箱、阀门或其他机械系统的结构内部产生。接触式传感器就像一根天线作用于从结构传播来的超声波信号,其目的是在超声波光源和传感器之间形成一种传输媒介。为了保证超声波信号的可重复性和高效传输,谐振接触式传感器必须有固定长度的针头。传感器制造商已经对传输这些高频、低能量信号所需的最佳长度进行了研究。

有些超声波枪是专为排除故障而设计的,这种测量精度和数据完整性要求不太高的仪器,可能不会遵守某些设计规则。所以,在设计检测和测量超声波信号用的超声探测器时,更注重的是接触式传感器的设计。

传感器的频率响必须与仪器高度匹配,并且它们应该是可以互换的。这意味着不管其被接入哪个超声波仪器,所采集的数据都要能被验证是可信的。同样,当传感器损坏并被替换后,新的传感器必须与之前的性能紧密匹配。

时常会有人问到应该何时使用频率滤波器进行调谐的问题。超声波程序解决的大多数机械故障产生的峰值频率在 36~40kHz 范围内,而谐振接触式传感器使用 40kHz 压电晶体。因此为了能收听到其他频率,可以考虑使用带宽滤波器调谐来校准超声波仪器。但在这样做前应该思虑再三,因为传感器和仪器的校准只能保证其最佳频率下的测量精度。可见,频率调谐最适宜用于故障排除,而不是故障趋势分析。

**4. 为什么超声波是一种有效的技术?**

超声波的固有特性使得它能在嘈杂的工业环境中成为检测机械系统缺陷的有效技术。

超声波信号的波长短、能量低。因此,它们不能很好地在媒介中传播。但这实际上却是检查人员可以利用的一个优势,因为缺陷信号虽然在其来源是强烈的,但在经过很短的距离后便会减弱。要知道,试图通过声音信号来检测出问题是极其困难的,因为周围机器发出的干扰声音会使我们根本辨别不出故障所在。

超声波的另一个特点是具有方向性。低能量声波会受其介质的约束。我们知道,超声波是纵波,在投射方向上的传播能力是最强的。波是通过分子撞击得以在介质中传播的,但信号的能量如果太弱,便无法扇出。事实上,一个 40kHz 的超声波信号会在 60° 范围外出现显著的能量衰减。

方向性带来的好处很多。例如,对于驱动油泵用的电动机这样一个简单的机械系统,它只有 4 个轴承和 1 个柔性联轴器,定向超声可以接收全部 5 个测量点的数据,而无须担心干扰问题。

方向性在检测泄漏时也有同样的优势。一个维护不善的空气压缩系统可能会因泄漏而损失总需求量的 40%,而几处泄漏点可能紧挨在一起,利用超声波的方向性,便能发现和精确定位单个的泄漏。

超声波可以让我们在维修和分析可靠性时听到高于工厂地板的噪声。通过屏蔽低频声音,检查员可以辨别出与机械系统缺陷对应的声音。这些缺陷产生的超声波能反映出三种现象:

(1) 摩擦(F);

(2) 碰撞(I);

(3) 湍流(T)。

面对超声波是否适合发现某些故障模式这个疑问时,问问自己"它适合吗?"如果缺陷引起了摩擦,那它就是适合的;如果它产生了碰撞,那就是适合的;如果产生湍流,它也非常适合超声检测。

**5. 用途**

超声波作为一种 CM 技术,在几乎任何制造领域都有着成百上千种应用。它最常用于轴承 CM,轴承润滑剂更换,低速旋转资产分析,疏水阀测试,阀门旁路,电晕、电弧、跟踪等放电检测,压缩空气泄漏管理,外壳和管式换热器的泄漏查找等。这是一种强大的 CM 技术,受到了维护技术人员的青睐。

决定在什么地方使用超声波技术,在什么地方不使用,就像遵循 SDT 的"适用性测试"一样简单。机器系统的缺陷会通过摩擦、碰撞和湍流产生超声波。只需将缺陷与现象进行匹配,便能确定超声波作为解决方案的适用性。

### 9.4.4 压缩空气泄漏管理

压缩空气系统是制造业中最昂贵的三大设备之一。泄漏的代价是高昂的,且往往难以被发现。虽然光凭耳朵就能听到声音,但由于有背景噪声干扰,很难对泄漏位置进行准确定位。但超声波探测仪却能在工厂地板的环境噪声之上识别出泄漏湍流。

泄漏的高频成分是定向的,因此可以快速且容易地定位其来源。一项针对压缩空气超声波探测器的调查结果显示,该公司节省了数百万美元的成本,使那些希望提高效率、降低成本的设备管理人员受益良多。

**1. 状态监测**

随着新一代探测器的问世,旋转和非旋转设备的 CM 不断进步。资产出现摩擦和撞击时会伴随高频超声波信号产生,其峰值在 35~40kHz。虽然摩擦声会被环境噪声和低频振动的声响所掩盖,但超声波部分可以被清晰地监听和测量。这些特征的变化可以作为故障的早期指标,并为振动分析提供对比的、互补的信息。

**2. 低速轴承**

对低速轴承的监测,哪怕对于经验丰富的振动分析人员来说都是一个挑战。常见的缺陷包括点蚀、撞击和摩擦。所有这些都会产生摩擦和撞击信号,它们最好通过时间波分析工具中的动态数据来识别。

**3. 基于声学状态的润滑**

机器依靠适当的润滑来减小摩擦,否则会缩短资产的寿命周期。最优润滑指的是只有在需要时才使用新的润滑脂,或使用适量的润滑脂使摩擦水平回到可接受的水平。

超声波提供的数据,促进了维修团队从基于时间的润滑任务向基于状态的润滑任务的转变。当摩擦水平上升到可接受的基准线以上时,它就会发出警告,并指示需要使用适量的润滑脂才能恢复正常。

### 4. 电子应用

超声波检查的多功能性能进一步拓展至电气维修领域,将其用于对开关设备、变电站和高压输配电线路进行例行扫描早已是司空见惯的做法。人们越来越关注安全问题,特别是像电弧闪击之类的危险,在打开高、中压电气面板之前,检查人员一般会使用超声检测设备来监听柜内的超声波水平。

### 5. 蒸汽系统检测

蒸汽疏水阀是一种自动阀门,它能对可冷凝气体和非可冷凝气体打开,但对蒸汽关闭。其作用是收集并去除气体中的水、空气、二氧化碳,这些物质会阻碍蒸汽的有效传输,腐蚀系统部件,并造成破坏性的"水锤"。

对整个蒸汽系统进行超声检测,可以发现系统泄漏、堵塞、阀门卡住和疏水阀失效,从而提高蒸汽效率,既节省了巨额开支,又能提高产品质量。

对于某些类型的疏水阀的检查可以从动态信号分析中寻找线索。当监测连续的疏水阀时,可能很难将自失效疏水阀中出来的流动蒸汽与闪蒸区分开来,这种闪蒸是当凝结线的压力降低导致凝结物再生为蒸汽时产生的。查看可疑疏水阀的时间信号可以帮助区分闪蒸和流动蒸汽。

### 6. 泵空化

空化现象是由于泵在超常规条件下工作导致的——从过低的吸压中吸取,使得在叶片后面产生小的蒸汽空腔。这些气穴会对泵的内部组件产生破坏性影响。空化危害的范围可以从轻微的点蚀到灾难性的失效。

在正常的数据采集过程中,检测员会使用超声波探测器将那些被低频调制掩盖的随机空化区分出来。采用超声的早期检测和预防性解决方案的实现,可以防止因空化问题导致的长期损害和不必要的停机。

### 7. 往复式压缩机和阀门

往复式阀门用于控制压缩机的连通与关闭。阀门一旦磨损或脏污便不能正常工作,里面的弹簧会随着时间的推移变弱,不能提供开启和关闭所必需的力,并造成泄漏。这时就需要采用超声波检测设备和频谱分析软件对阀门的工作状态进行监测。光谱图能显示出压缩机阀门开启和关闭,以及进气和排气过程。

将压缩机阀门的声音记录文件在时域内可视化,可以反映出许多与阀门及其部件状态有关的信息。阀门的开启、进气或排气、关闭这几个事件都是在瞬间发生的,人耳来不及处理。但通过实时观察波谱文件,我们可以将其展开以直观呈现出每个事件。

往复式压缩机产生超声波存在 4 种现象(FIT):

(1)阀门开启:摩擦和撞击;

(2)进气或排气:湍流;

（3）阀门关闭:摩擦和撞击;

（4）阀门泄漏:湍流。

**8. 热交换器和冷凝器泄漏**

管式冷凝器和热交换器用于冷却蒸汽,蒸汽凝结成纯净水并流回至锅炉,在锅炉中过热后再次转变为蒸汽。换热器管中的泄漏会导致漏水或污染物进入,从而造成腐蚀和使用寿命缩短。因此,保持水的纯净度是确保效率的关键。

一般的检查方法是用仪器在离管板几英尺的地方进行扫描,留意任何有噪声的区域。然后,检测员会切换到一个扩展的柔性传感器,对管子一根根地进行扫描。如果从数字(dB·μV)分贝计或耳机中获取的声音信号未发生从管到管的变化,说明没有发生泄漏;如果信号发生显著变化,则表明可能存在泄漏。如果泄漏发生在管道内,这种声音上的差异是能够在管道裂缝处被听到的。如果在管片上还听出有噪声存在,则应该封锁该区域以消除反射的噪声。然后再在柔性扩展传感器上使用一个具有 1/8 英寸开口的精密尖端,并使其尽量靠近管板表面,以定位泄漏的位置。

### 9.4.5　超声波用于可靠性检测

超声波领域是一个耐人寻味、趋之若鹜的领域,它有着不胜枚举的应用,包括导航、医学、材料测试和工业 CM。虽然超声波检测已经存在了 40 年,但在工业维修特别是 CM 中的应用,范围仍在继续扩大。

超声波用于可靠性检测是一种既简单又复杂的技术,这取决于它的具体用途。在压缩空气泄漏管理项目或蒸汽系统检测中,超声波检测可以快速而轻易地实现,并能赚取巨大的投资回报;当用于排查电气系统的潜在故障时,能提高安全水平和对救生潜力的认识;在机器的寿命周期中,可以用来监测旋转和非旋转设备的退化和磨损情况,并及时发出维修警告。此外,还可以利用超声波数据来决定发动机轴承何时需要换油,然后进一步引导润滑装置预防润滑过度、减少停机时间、减少润滑剂浪费以及腾出人力进行更有意义的工作。

超声波检测的应用能显著提升设备的可靠性水平。企业若想追求完美的RCM 理念,应该将全球顶级的超声波应用程序考虑在目标内。

## 9.5　无　损　检　测

我们可靠性计划的一个关键目标是,对资产的整体完整性进行有效的管理。RCM-R 能揭示资产完整性可能受到损害的多种方式,而 CBM 针对的是众多资产的故障早期。然而,有些资产并不适合应用非侵入式的 CBM 方法,如振动分析、热成像、油液分析以及超声波检测。对于这些情形,可以采用无损检测(NDT)来帮助我们管理这些资产的故障机制。

NDT 对于揭示腐蚀、侵蚀、爆裂、外力等破坏机制有一定的帮助。通过使用NDT,可以预测和保护管道、容器、储罐、锅炉以及其他许多资产的完整性。

早期的工业历史显示,那时候对于固定资产的管理真是糟糕透顶,爆裂、腐蚀、泄漏、坍塌以及其他一些问题时而发生。健康和安全常常受到威胁,个别情况下还有人员伤亡。历史上曾有许多因管道、锅炉和水箱故障导致生命损失和环境破坏的例子。后来,政府逐步介入工人和公众的保护工作中,这才使得一些以确保公共安全为目的的标准和治理方案陆续出台。然而,即使在今天,我们也还是会经历一些原本可以避免的事故。

最近的一些例子:

(1) 1984 年,墨西哥的圣华尼科发生爆炸,造成数百人死亡,数千人受伤。

(2) 1988 年在美国路易斯安那州,一条被腐蚀的管道发生泄漏,导致碳氢化合物气体逸出并爆炸,7 人死亡,42 人受伤。

(3) 1974 年,在英格兰的弗里克斯伯勒,一条输油管发生故障,导致爆炸,工厂被夷为平地,28 人死亡,36 人受伤,爆炸摧毁了附近的 2000 多座建筑物。

(4) 1984 年,在印度的博帕尔,由于设备故障而引起化学反应失控并释放出有毒气体,导致近 2000 名平民死亡,受伤人数估计超过 20000 人。

(5) 1989 年在美国得克萨斯州的帕萨迪纳,一次大规模爆炸造成 23 人死亡,315 人受伤。

同应用其他 CBM 技术一样,NDT 也直接关系人员的健康、安全、盈利能力以及工作和生活的环境。

当前,已经出台多项针对 NDT 的工业标准,并且拥有多个管理机构来制定与 NDT 相关的标准,包括美国石油协会(API)、国际标准化组织(ISO)和汽车工程师协会(SAE)。

许多故障都是从肉眼无法察觉的小裂缝开始演变的。可用于裂纹探测的NDT 技术有很多,包括视觉测试、液体渗透检测、磁粉、硬度和超声检测。需要注意的是,在大多数情况下,这些技术不能用于正在运行中的设备,毕竟 NDT 通常是侵入性的。即便如此,它还是为我们增添了一种备选的 CBM 工具。

**1. 常规的无损检测方法**

视觉测试是通过寻找表面异常进行的,通常需要使用一些光学增强工具,如显微镜、受控照相机、管道镜、内窥镜、望远镜、高速照相机等。

磁粉检测是一种增强的裂纹探测方法。它是通过将铁的氧化物颗粒撒在铁金属表面,从而在材料中引入磁场来进行的。表面或近表面的缺陷会干扰磁场,导致缺陷区域出现磁通的"泄漏",铁粒子会被吸引到磁通泄漏的位置,从而产生对缺陷的视觉指示。

液体渗透检测是用于探测表面裂纹的另一种方法。物体表面被涂上含有可见或荧光染料的溶液,然后除去过量的溶液并施加显影剂,由于表面的裂缝会残留部分溶液,因此可以看到它们。

射线成像可用于同时检测物品的内部和外部。它利用穿透性强的射线来检查材料的内部特征。射线穿过受检部分后进入探测器,就像 X 射线作用在人体上,只是这种 X 射线要强得多。这个过程会生成一张显示材料厚度、密度变化和空隙的阴影图。

脉冲回波超声波检测(UT)已成为 NDT 的主要手段之一。在脉冲回波超声波中,会用到电磁声波传感器发送和接收脉冲声波。当声波遇到另一个表面或材料内部的异常时会反射回探测器。该技术可用于检测厚度、腐蚀及其他一些缺陷,如铸件的裂缝和孔等。通常情况下,如果侵蚀或腐蚀是退化的主要形式,UT 应该以一个固定的频率工作,其结果才会有利于资产的剩余使用寿命,故障趋势也才有助于探测出退化率的变化。

**2. 先进的无损检测方法**

除了传统的 NDT 方法外,还有许多先进的工具和技术,包括 UT 裂纹探测和尺寸测定、C 扫描腐蚀映射及探伤、衍射飞行时间、相控阵、导波 UT 和数字放射显影。

(1) UT 裂纹检测和尺寸测定。利用脉冲回波技术可以估计表面裂纹的深度。通过采用纵波研究频率对表面裂纹尺寸测量的影响,发现测量误差小于7%,达到了合理的准确度。

(2) C 扫描腐蚀映射及探伤。腐蚀映射需要用到自动或半自动扫描仪,利用脉冲回波、涡流和相控阵等各种超声波技术对检测表面进行扫描。在石油、天然气和核工业中,腐蚀映射被广泛用于对管道、压力容器、储罐、锅炉和反应堆的检查。

(3) 飞行时间衍射使用一对超声波探头。探头设置在发射器和接收器之间焊缝的相对侧,从而发射器发出的超声波脉冲可以被对面的探头——接收器接收。在探测到裂纹后,从裂纹尖端发出的超声波会发生衍射。利用脉冲的实测飞行时间,可以自动计算出裂纹尖端的深度。

(4) 相控阵由许多小的超声波传感器组成,每个传感器都可以独立发出脉冲,而这些发出的脉冲波束可以通过电子方式进行聚焦和操控。波束扫过被测物体后,通过对取自多个光束的数据组合,可以得到一张显示物体切面的视觉图像。

(5) 波导 UT。波导测试使用的是频率非常低的超声波,使声波能够沿着管道传播,管道长度覆盖可达 100%。通过沿管道圆周固定一组低频传感器,可以从传感器的位置产生一个沿管道双向传播的声波,然后运用大量的数学建模对该波的性质进行评估,并呈现在色散曲线图中。

(6) 数字放射显影是一种 X 射线成像技术,它使用数字化的 X 射线传感器代替传统的胶片。这个过程可以比传统的 X 射线扫描进行得更快,并且产生更少的辐射来生成图像。与 X 射线胶片不同,数字放射显影使用的是数字化的图像捕捉装置。

(7) 基于风险的检测(RBI)是一种基于 NDT 来开发检测程序的方法,是对 RCM-R 的补充。它可以在 NDT 适合作为故障管理策略的场合使用,或者在其他 CBM 技术无济于事时,它也可以被单独使用。

RBI 利用了风险等级的评估结果来确定一个优先的检测计划。它可以评估管道、压力容器和热交换器等静态设备的潜在损害机制,以及主动损害机制和潜在损害机制给商业、环境、健康和安全后果所带来的风险。通过对 RBI 的研究,能为我们提供最优的检测频率,明确应采用何种类型的 NDT,还可以用来评估操作范围和负荷。

应用 RBI 既可保障资产的完整性,又能提高资产的可靠性和可用性。RBI 还致力于降低检查次数以及对停机的要求,并在不影响可靠性的前提下实现运行周期的延长。

以下是值得采纳的几项标准,它们也概述了 RBI 的要求:
- API 580:基于风险的检测推荐做法;
- API 581:基于风险的检测资源;
- API 571:影响炼油行业固定设备的损伤机制;
- ASME PCC-3:采用基于风险的方法制定检测计划。

像 RCM-R 结果中定义结构化的工作方案一样,RBI 任务必须贯彻到已规划的工作当中。在执行检测过程中,如果数据显示某一部件存在损坏机制,则必须迅速对其跟踪,以确保采集到最佳数据(例如最低厚度)。如果这是以几乎实时的方式开展的,那么后续工作就可以利用已经对初始 NDT 检测开放的访问权限。

## 9.6  本 章 小 结

本章介绍了多种复杂程度各异的 CM 技术。了解这些知识,对于开展 RCM-R 分析是很重要的——RCM-R 分析提供了许多很好的 CBM 选择。要切记的是,选择其中任何一种技术都需要培训并使技术人员具备正确使用这些技术的能力。这些技术中的每一种都必须正确地应用,才能产生预期的结果——对潜在故障状态的精准预测。在未受过训练的人手中,这些技术可能产生容易被误解、然后被误用的结果——可能导致实际不必要的纠正工作(假警报),或在未发现潜在故障时产生虚假的安全感,而这两种情况都会削弱 RCM-R 分析人员对整个 CM 计划的信心。然而,如果被有资质且老练的技术人员正确使用,这些技术便可以产生显著的成果,以及可能被其他人忽视的一些发现。

只要应用得当,RCM-R 将产生广泛的 CM 结果。结合人类的五种物理感官,您现在就有了一个强大的工具箱,里面充满了各种卓越的技术选项——在解决运行背景中出现的特定故障模式上,每一种都有自己独特的优势。

# 参 考 文 献

[1] Bryan Johnson Palo Verde Nuclear Power Generating Station, "Oil Analysis Success at a Power Station", *Machinery Lubrication Magazine*, July 1998, Noria Corporation, Tulsa, OK.

# 第 10 章　管理故障后果的策略选择

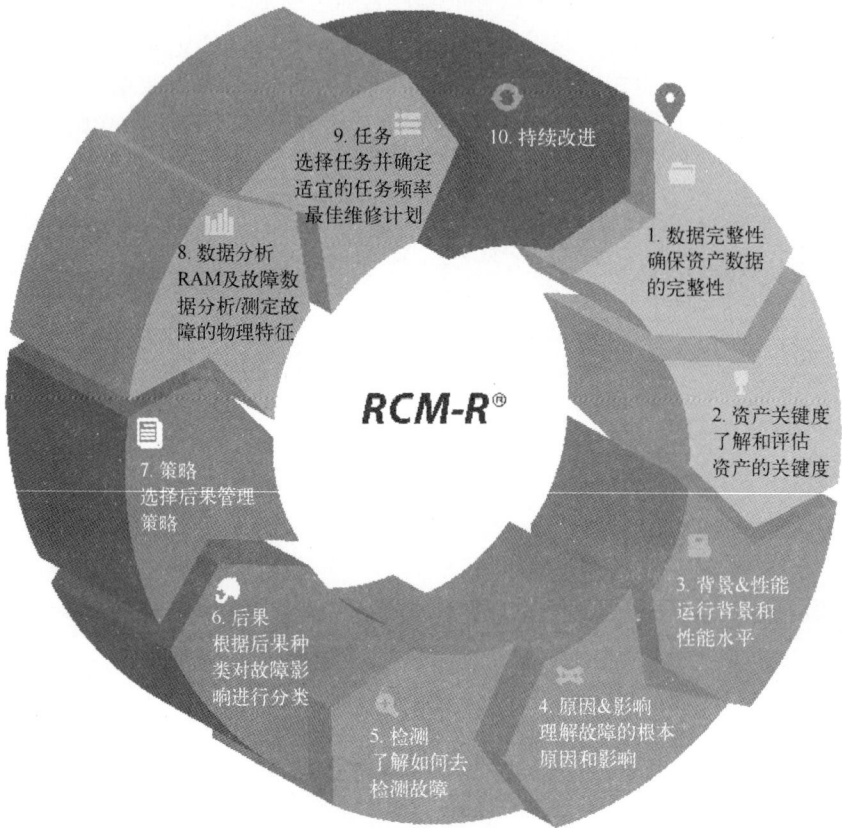

四个内部子工艺：

- Ⅰ-准备工作
- Ⅲ-微调
- Ⅱ-AE JA1011/1012 对应的RCM
- Ⅳ-实施&支持

## 10.1　故障后果的分类

故障影响应该描述和量化每个故障根源对业务目标的影响,包括对成本、安全和环境的影响,以便我们能够确认故障是隐性的还是明显的,并可能识别出其他一些影响,从而能够及时调整以规避资产在当前运行环境中的风险为目的的后果管理策略。除此之外,其他影响也可能很重要,例如在某些情况下,公司声誉的恶化可能造成潜在的业务损失。

根据故障对安全、环境、运行能力及成本的影响,RCM-R 将故障影响分为几类。P(生产型)、M(维修型)、S(安全和环境型)和 H(隐性型)是分析团队分类故障影响需要用到的 4 个可能的故障后果类别。我们使用描述各个故障模式及其原因的段落中提供的信息,以及在第 7 章中阐述的故障影响风险分析来决定每次适用这 4 个类别中的哪一类。每个故障模式的原因只可以选择一个类别——哪个反映了最严重的后果。

P(生产)型:当显性故障只有经济影响,且生产损失的代价超过修理相关费用时,才考虑选择这类故障。造成原材料损失、生产返工和质量缺陷、增加能源和/或劳动力成本但不影响安全或环境目标的故障事件也属于这一类。此外,这里还考虑了与生产延误有关的停机成本。P 类后果在 SAE JA 1011 中被认为是与运行相关的一类后果。

M(维修)型:若显性故障仅具有经济影响,且修理或更换的费用超过与生产损失有关的费用,这些故障便被归结为维修类后果。这些费用包括与直接人工、材料、承包商、备件以及用于设备租赁和后勤等有关的费用。在 SAE JA 1011 中,M 类后果被认为是与运行非相关的。

S(安全和环境)型:对安全和环境目标有影响的显性故障属于这一类。因此,对于可能对操作员、维修工或整个群体造成生理或心理损害的故障事件,明确指出应划分到在这个故障后果类别中加以处理。同样的规则也适用于对与公司环境相关的目标产生不利影响的事件。

H(隐性)型:在正常运行情况下,已经发生但尚未被操作人员察觉的故障事件,属于此故障后果类别。这些故障几乎总是与经常失效的机器保护设备、冗余部件故障、安全设备故障和备件无效等问题有关。隐性故障造成的最坏情况是引发多重故障,继而带来安全、环境、运行或非运行方面的后果。如图 8.3 所示,保护装置在其保护功能失效时发生故障就属于这种情况。

在第 5 章中,我们提到 RCM-R 将功能分类为主要的、次要的或隐性功能,而故障也相应地被划分为关键的、非关键的和隐性故障三类。当资产保护装置或冗余组件不能履行其功能时,就会发生隐性故障,也意味着资产无法履行其隐性功能。根据定义,隐性故障在设备正常运行期间对于操作员或维修人员来说是非显而易见的,并且可能使企业遭遇多重故障,从而损害人员、环境、机器或产品的完整性。另外,资产的操作和维修人员还可能面临显性故障。故障影响分类过程明确地将只有经济影响的故障与使企业无法实现安全和环境目标的故障区分开来。注意,正如它们在故障影响说明中所描述的那样,隐性故障可能会影

响到经济、安全和环境目标。下面的分步过程(按给出的顺序)可以帮助分析团队决定每种故障影响应该选择哪种故障后果:

(1) 归类为隐性的故障被认为具有 H 型后果。

(2) 对操作人员造成伤害或死亡,或可能引发环境事故的显性故障影响应归类为具有 S 型后果。

(3) 必须对只有经济影响的显性故障进行评估,以确定生产或维护成本(或预算)是否受故障影响更大。当生产损失或增加的成本超过修理或维护费用时,应选择 P 型后果。

(4) 当发现显性故障没有安全或环境影响时,则应选择 M 型后果。也就是说,由于特定的故障原因,维修活动的费用超过了生产相关成本。

另外,可以按照图 10.1 所示,根据故障对安全、环境、作业能力和成本的影响,将故障影响划分到相应的类别中。RCM-R 分析中的下一个逻辑步骤是为每个故障模式的根本原因指定故障影响后果,如图 10.2 所示。

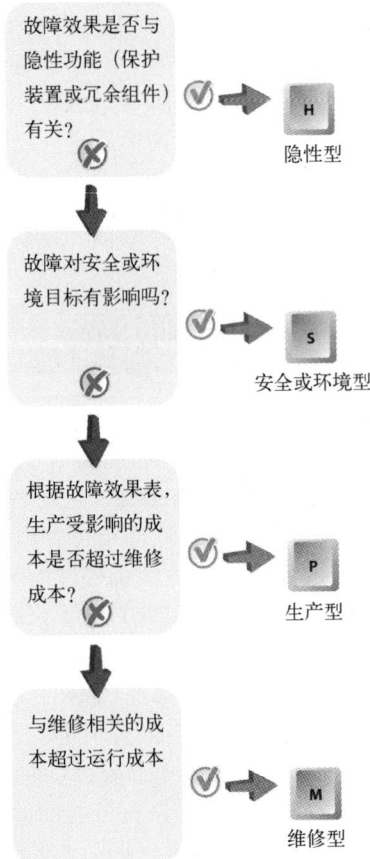

图 10.1　故障影响分类

RCM-R®

功能及功能故障的分类举例（关键的、非关键的、隐性的）

故障模式/类型&根本原因/类型

| 功能 # | 功能、性能水平及运行背景 | # | 功能故障（功能丧失） | 故障分类 | # | 故障模式 | 类型 | # | 根本原因 | 类型 | 故障影响* | 故障影响风险评估<br>总计 | 后果** |
|---|---|---|---|---|---|---|---|---|---|---|---|---|---|
| 2 | 提供至少30加仑的腐蚀性水 | A | 根本无法提供腐蚀性水 | C | 1 | 泵联轴器磨损 | 材料 | c | 错误做法导致的失调 | 管理 | 振动警报声响。机修工检查，发现联轴器磨损。没有安全风险。<br>环境预警发布。停机1小时进行维修。费用：修理100美元，停机50万美元。修复时间延长可能导致反应堆材料损失（30万美元）。<br>失调是一个常见问题，增加了10%的持续能源成本，并使耦合寿命减少到8000小时 | 479 | P |
| | | | | | 2 | 泵汽蚀 | 机械 | a | 因过滤器肮脏导致的吸入压力低 | 工程 | HMI显示低压。无安全或环境风险，更换过滤器需要10分钟，费用50美元。生产不中断。过滤器堵塞的历史时间是300小时 | 3.2 | P |

* 故障出现时会发生什么？
1. 有什么事实证明发生了故障？如果出现多重故障或隐性故障，会发生什么？
2. 资产周围人的安全会受到什么影响？
3. 环境目标会受到什么影响？
4. 故障对生产或运行有何影响？
5. 故障会造成什么样的物理损害？从维护和修理的角度来看，故障的代价有多大？
6. 是否存在二次损害？可以做些什么来恢复运行？需要多长时间？
7. 故障发生的可能性有多大？以前发生过吗？

**
H-隐性型
S-安全或环境型
P-生产型
M-维修型

图 10.2　RCM-R 烧碱泵的故障后果判定实例

## 10.2　故障后果管理策略的命名和典型决策图

故障后果判断为选取合适的后果管理策略（通常称为维修策略）铺平了道路，从而分析团队可以酌情选择具有相应频率的特定任务。在第 8 章，我们对用以减轻各关键故障诱因的不同后果管理策略进行了阐述。这里的重要前提是，我们所提出的建议必须在技术上能够处理故障的诱因。同时，从降低成本或风险的角度来看，这些建议必须值得去做。

RCM-R 按所采用的任务类型对故障后果管理策略指定了特定代码：

C：状态监测（考虑预测性维护、无损检测［NDT］和工艺参数趋势）；

T：基于时间的修复或更换；

D：检测；

O：操作人员执行的任务；

2：C、T 和 D 三类任务的组合；

R：重新设计型任务（如第 8 章所述的一次性变动）；

F：故障（运行到失效）。

状态监测、基于时间和检测的任务是周期性地执行的，并且列在预防性维修（PM）项目的工作计划中，后者侧重于处理不同类型的故障和故障模式。C 和 T 型维修任务旨在避免功能性故障或将其后果降低到可容忍的水平，而 D 型任务的目的是查找在任务执行时可能已经发生的(隐性的)故障,即 D 型任务主要用于将多重故障的风险降低到可容忍的水平。如第 8 章和第 9 章所述,C 型任务用于查找潜在的或早期的故障,这些故障可通过状态参数进行跟踪,以避免资产可能出现功能丧失。T 型任务是根据资产的使用寿命设计的,包括在既定的使用寿命结束时或之前修复或更换资产。

RCM-R 通过使用决策演算图帮助实践者找到正确的后果管理任务。让我们首先看一下在当前实践中用于 4 种后果管理分类的一些典型的 RCM 决策图。决策图中的起点正是每个故障原因对应的故障后果类型。分析团队必须运用其专业知识,找到具体的任务和适当的任务频率,以适当地减轻故障的后果。

## 10.3　隐性故障的后果管理任务

经验告诉我们,大多数隐性故障最好用 D 型检测任务来处理,目的是识别出有缺陷的保护装置或冗余部件。事实上,在现代制造机械中,30%以上的推荐任务是基于是否对保护装置、冗余部件和状态监测仪器的验证。但是,如果故障会造成严重的安全或环境风险,我们应该避免等到它发生。因此,典型的 RCM 决策图要求我们调查清楚存在哪些主动任务在技术上可行又值得去做,以避免故障发生。在决策图中,总是优先考虑状态监测任务,这是因为它们通常不具有侵入性,允许资产在维护或操作人员执行这些任务时继续运行,并且由于统计上发生的随机故障可能是最常出现的。处理隐性故障后果的典型方法(SAE JA 1011 兼容)如图 10.3 所示。该图表明,以避免故障为目的的重新设计任务可以

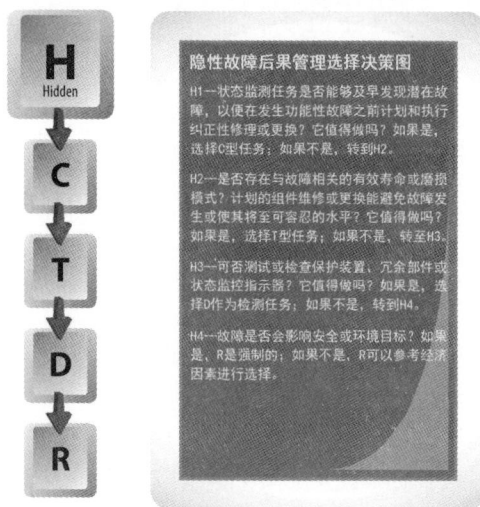

图 10.3　典型的隐性故障决策图

或应该被予以考虑,因为多重故障事件可能会对机器的完整性或其操作人员造成灾难性的影响。

## 10.4　管理任务

安全风险可能会使资产的使用者、维修者或一般公众暴露于危及人身安全甚至导致死亡的事故中。安全(和/或环境)后果管理进程必须确保消除或降低已识别的风险,使其达到最低发生概率,或将后果减轻到认为可以容忍的程度。选择任务的优先顺序应该与隐性故障的排序相同。对于此类故障后果,状态监测是需要优先考虑的后果管理策略,而定期修复或更换是第二选择。如果单独的状态监测或基于时间的任务无法将故障发生的概率降低到可容忍的水平,可以考虑 C 型和 T 型任务的组合。因此,如果寿命数据分析告诉你,第二个组件的故障表现出强烈的磨损模式,那么你可以将监测特定组件的状态与替换同一任务中的第二个组件结合起来。有时,根本找不出任何主动任务或它们的组合可以将故障的可能性降低到可接受的发生率,这时就不得不执行重新设计任务,以使资产所有者能够接受故障的可能性。图 10.4 显示了 S 型故障后果的经典决策图。需要注意的是,对于安全或环境后果类型的关键故障,这里没有考虑 F 型(运行到失效)后果。通常,分析团队会对风险进行识别并加以评估,然后给出最终解决方案(重新设计任务),将故障的可能性降低到可容忍的水平。作者

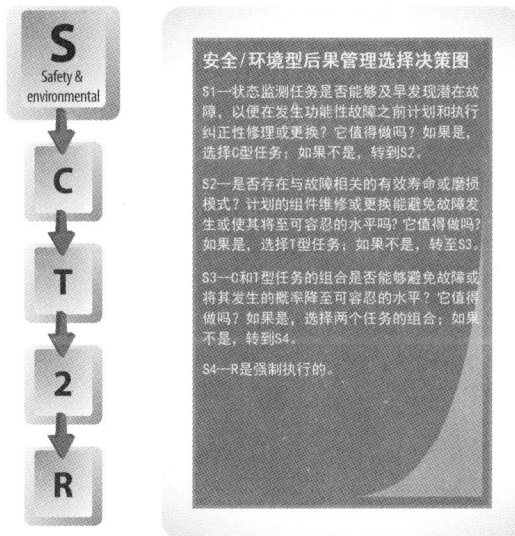

图 10.4　典型的安全和环境型后果故障决策图

也遇到过一些需要资产的设计者或制造商进行进一步评估并最终推荐一个可接受的解决方案来处理安全风险的案例。

## 10.5　生产型后果管理任务

对不影响安全和环境目标的显性故障的处理，与前两种后果类型略有不同。C 型维修任务很受欢迎，主要是因为它们很少干扰生产活动；T 型任务则通常需要机器停下来才能执行。而对于 P 型后果的故障管理策略来说，主要区别在于它在某些情况下允许设备一直运行到失效为止。也就是说，对于此类故障，维护工作的成本比通常允许发生故障事件造成的生产损失还要高，而且，生产和维修类后果故障也都是如此。这可以通过比较故障影响说明中实施主动任务的成本和让故障发生的费用来证明。可能还有一些与故障的物理原理有关的技术原因存在。例如，有些故障可能非常难以预测或难以使用施工现场可用的技术。有些人可能会说："你总是这也不可预防，那也不能预测"。从技术上讲，当需要确保任务总是在"技术上可行"或是可行的时候，这正是我们要核实的事项。某 CM-R 培训参与者最近告诉我们的一位作者，在他的团队确信任务花费要比故障造成的生产损失更昂贵之后，他取消了很多 T 型任务，转而执行 F 型后果的故障管理策略。他的公司开始在不必要的用于预防性更换的消耗品上省钱，但更重要的是，他们还避免了一些维修引发的故障。在过去，他们曾经历过零件更换后出现过早失效的情况。最后，对于被认为过于高昂的 P 型后果的故障管理策略，分析团队可能会提出重新设计的建议。R 型建议的目的是将故障的可能性或其后果降低到用户可以容忍的水平。图 10.5 显示了 P 型后果故障的典型决策图。

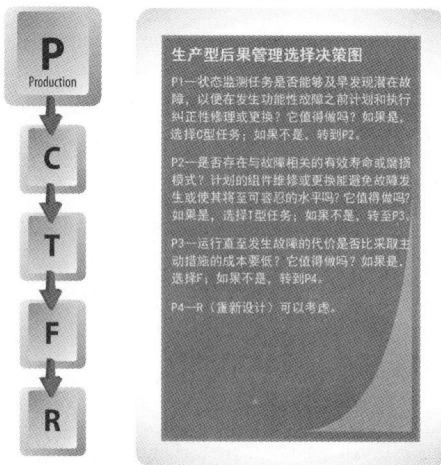

图 10.5　典型的生产型后果故障决策图

# 10.6　维修型后果管理任务

有些故障不会影响生产、安全或环境目标。它们之所以具有相关性,只是因为一旦它们发生,将产生高昂的维修费用。一家装有 4 台离心式空气压缩机的装瓶公司因一次操作失误而失去了其中一台。250 马力压缩机的更换成本超过了 12.5 万美元。但是,生产并没有受到影响,因为工厂的压缩空气需求可由 4 台机组中的 3 台得到满足。如果这 12.5 万美元的损失是由于生产损失或是某个失效的填料机造成的,对于公司老板来说还重要吗? 当然不会——公司的损失还是一样多。因此,影响维修成本的故障可能与影响生产能力的故障一样严重,只要它们的维修成本足够高。事实上,典型的 RCM 后果管理决策图为 P 型和 M 型故障后果的决策图提供了类似的维修策略优先级排序。例如,考虑到公司为压缩空气泄漏、额外的能源开支以及因轴错位和转子失衡而降低的轴承寿命所支付的高昂成本,与维修有关的费用会显著增加。但在许多情况下,它们会被与生产相关的损失所掩盖。图 10.6 显示了 M 型故障后果的典型决策图。请注意,它遵循的后果管理策略的优先顺序与生产型故障后果完全相同。

图 10.6　典型的维修型故障后果故障决策图

图 10.7 显示了一个简化的组合图,概括了图 10.3~图 10.6 描述的所有流程,其中故障影响后果代码见第一栏。可首先在图 10.1 的帮助下选定正确的后果。然后,从左向右移动,可以获取一个故障后果管理策略,因为它们已经按照先前显示的各个图建议的优先级顺序排列。例如,如果选中了生产型后果,第一个故障后果管理策略选项将是状态监视,然后依次是基于时间的维修、运行失效和重新设计。

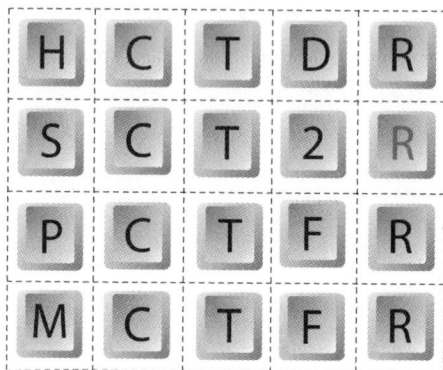

图 10.7 简化的故障后果决策图

## 10.7 RCM-R 故障后果管理决策图

第 3 章讨论了根据 SAE JA 1011"以可靠性为中心的维修(RCM)流程的评价标准"选取故障后果管理策略的流程。这是该标准最为重要的一个方面,因为它促成了对关键资产维修效率的优化,正如航空工业在 20 世纪 70 年代所经历的那样。RCM-R 利用图 10.1 依据各故障原因的迹象来确定合适的故障后果。然后,分析团队需要回答一系列的 9 个问题,引导他们为每个故障原因选择最恰当的后果管理策略。这些问题以决策图的形式排列,如图 10.8 所示。

分析团队的负责人必须确保团队理解每个问题的含义。如今,许多 RCM 实践者已经对团队和决策图这种方法不再感兴趣,而是青睐于使用仅需一个人便能完成输入的 RCM 软件,这一般在维修过程中比较常见,毕竟维修者不一定要完全了解系统的操作甚至是维修管理的概念。也正因为如此,往往会产生对当前基于时间的任务驱动维修计划的错误辩驳。当然,在他们得出这样的结论后很快就会发现,其实他们的努力大部分都白费了,因为根本没有从中获得任何新的东西。其实,主要问题还是在于他们的方法不对。我们坚持认为,应该采用经过培训的基于团队的方法并使用决策图来避免这类错误。让我们看看在 RCM-R 决策图中的这 9 个问题都在寻找什么。

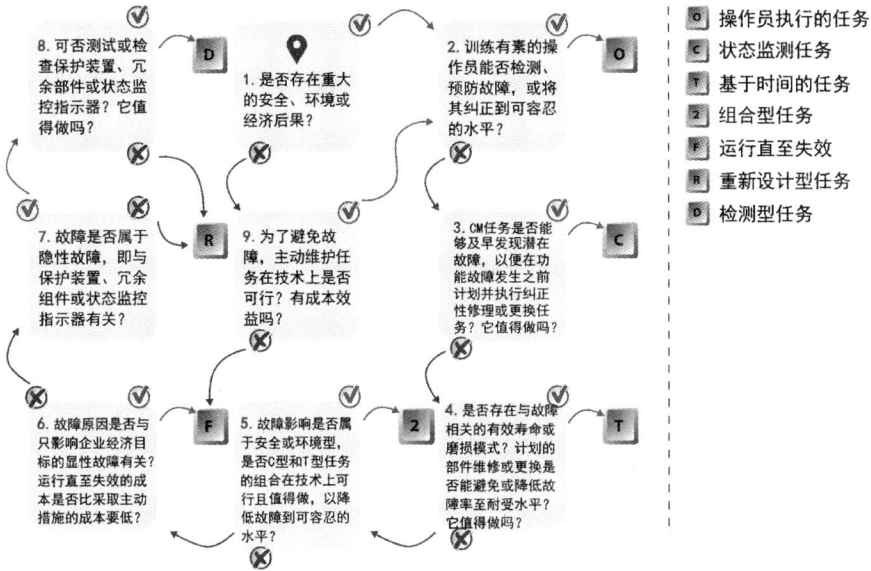

图 10.8　RCM-R 故障后果管理决策图

### 1. 是否存在重大的安全、环境或经济后果?

在进入到 RCM-R 分析这一阶段时,必须对所有故障原因进行评估,以确定它们对业务目标的影响——这些评估应该出现在对故障影响的描述中。F 型策略(运行到失效)只有在故障被认为是无关紧要的情况下才能被接受。因此,此时我们必须对严重故障和非严重故障进行区分,这是通过图 7.4 所示的 RCM-R 故障影响风险评估矩阵来完成的。通过分析得出的风险值(图 7.5)将告诉分析团队故障原因是否重要。对于重要的故障,将通过问题 2 继续接受评估,而无关紧要的故障则直接转到问题 9。

### 2. 受过训练的操作人员能检测、预防或纠正故障到可容忍的水平吗?

操作者在资产管理中发挥着重要作用,他们可以在例行的工厂作业中执行许多主动的任务。全面生产维修(TPM)会考虑操作员对资产进行清理、润滑、校准、检查和轻微维修,以避免资产出现恶化,使资产维持在合理的运行状态。操作员更接近于运营资产,并且可以立即响应以执行常规活动而不必等待维修技术人员的到来。当然,他们必须在识别资产恶化的早期迹象和执行相关的纠正任务以解决这些问题方面接受适当的培训。实施 TPM 的组织受益于让空闲的操作员执行一些小规模的维护任务而几乎无须任何开销,同时还能让维护人员腾出精力,将他们的专业技能用在更复杂的维修工作当中。基于时间的任务,比如更换过滤器和润滑剂等耗材,便是一个训练有素的操作员可以胜任的工作。另外,合格的操作员还可以执行检测和状态监测、目视检查和安全检查等其他一些任务。O型任务应该包括在正式的 PM 工作清单中,并由维修规划师分配给操作人员,就像按照维修工艺的 PM 一样执行。任何一套有效的包含 O 型任务的 PM 方案都要求操作主管坚守职责、一丝不苟。要知道,这些任务是由多学科团队分析得出并获得生产代表同意后的结果。只有在确信受过训练的操作员能够检测、预防或纠正故障原因时,才能选中 O 型任务。当发现某个故障原因通过 O 型任务不能有效解决时,我们应该采用问题 3 对其进一步评估。不打算使用 O 型任务的组织可以使用图 10.9 所示的决策图。

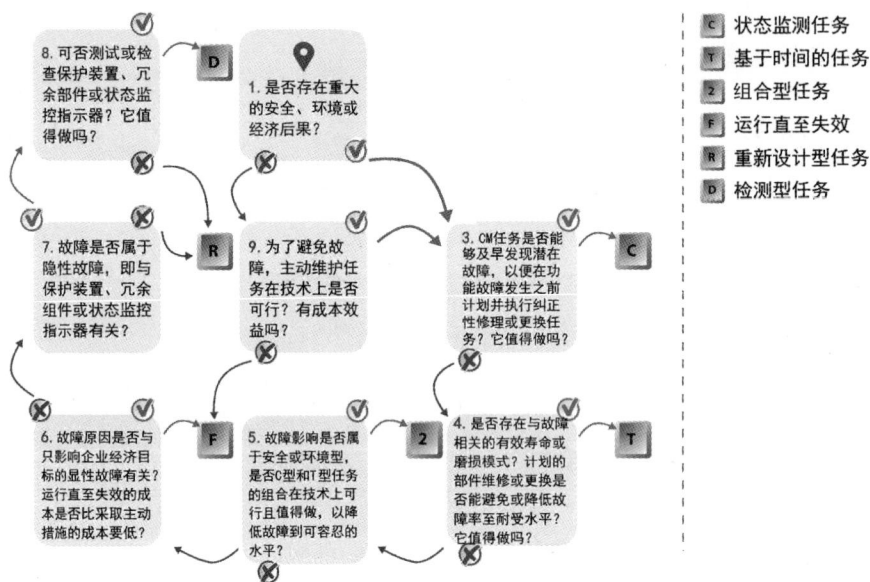

图 10.9　RCM-R 故障后果管理决策图(不含 O 型任务)

**3. 状态监测任务是否能够及早发现潜在的故障,以便在发生功能失效之前能够规划并执行纠正性修复或替换任务? 值得去做吗?**

状态监测已得到充分解释,特别是在第 8 章。至关重要的是,分析团队必须明白,状态监测需要不断开展对资产的测量、趋势分析和健康指标分析。大部分的 C 型任务不需要使用复杂的预测维修技术,而是可以由受过训练的操作员或维修员使用人类感官或通过监控工艺运行情况和性能参数来完成。许多任务都会涉及对工艺参数的分析,如温度、流量、负载和液面等,还有一些任务可能需要测量螺栓的扭矩、电压、电流、负载读数等,有时甚至还需要通过 PM 和 NDT 来进行检测一些严重的潜在故障。当找不到合适的 C 型任务来避免故障或将其发生的频率降至令人满意的程度,分析团队应继续回答问题 4。

**4. 故障是否具有使用寿命或磨损模式?计划中的部件修理或更换是否能够避免故障或将其概率降低到可容忍的水平?值得去做吗?**

由故障事件数据支持的专家意见对于确认与老化相关的故障是有帮助的,但要提防夸大某些故障重要性的倾向。例如,来自操作的团队成员可能对个别组件的过早故障事件印象深刻,由此可能造成团队对其他正常运行的组件故障模式的误判,因为该团队可能根本想不到会有几十个未失效的组件,或者某两个故障是由于意外情况导致的。任何干预都有可能引发过早故障,它们可能发生在随机失效的组件上,也可能发生在因老化或使用不当而失效的组件上。如果只考虑异常事件,组件失效的物理特性总是存在着可能被误判的风险。只有当故障事件经分析证实为磨损模式,并确信预防性任务的成本可行时,T 型任务才被认为值得一试。否则,小组应继续进行问题 5。

**5. 该故障原因对应的故障影响是否属于安全或环境范畴,是否认为 C 型和 T 型任务的组合在技术上可行并值得去做,以将故障降低到可容忍的水平?**

该问题的目的是将有安全或环境后果的故障与只影响企业经济效益的故障区分开。如果单个任务不能避免故障或将故障率降低到可容忍的水平,则可以考虑 C 型和 T 型任务的组合,即这种情况下可以考虑采用两种(任务组合)故障后果管理策略。注意,只有当故障模式的原因与老化或使用有关,并且存在可被监测的状态时,上述策略才是可行的。如果用于处理安全或环境后果型故障的任务组合无法避免故障发生,或无法将其可能性降低到可容忍的水平,分析团队应进入问题 6。如果故障后果不属于 S 型,他们也应该直接回答以下问题。

**6. 故障的原因是否与只影响企业经济目标(P 或 M)的显性故障有关?运行直至失效的代价是否比采取主动措施的费用要低?**

该问题用于查找只对经济目标有影响的显性故障原因。换句话说,我们正在查找 P 型或 M 型后果的故障原因。对这些故障的考虑和处理方式有别于 S 型或 H 型后果的故障原因。对于这些 P 型或 M 型故障原因,如果找不到在成本上可行的主动维护任务,我们将允许它们运行到失效。因此,一旦从问题 6 得出了肯定回答,将自动为所考虑的故障原因分配一个 F 型故障后果管理策略。如果运行失效被认为是不可取的,或如果故障不明显,分析团队则应继续处理问题 7。

**7. 故障缺陷是否被归类为隐性缺陷(意味着它们与保护装置、冗余组件或状态监测指示器有关)?**

通过回答这个问题,隐性故障便能在该阶段被过滤出来并处理。图 10.7 显示,所有故障影响后果类型通常遵循相同的优先级顺序,包括从 C 型后果管理策略到 T 型后果管理策略,直到分析的第二阶段。随后,会根据故障的迹象将其分为 3 类:具有安全后果的显性故障、具有经济后果的显性故障、隐性故障。我们在第 3 章中指出,SAE JA 1011 要求对隐性故障引起重视,并应将其与显性故障区分开来;同时,应根据 SAE JA 1011,按照其对安全或经济目标的影响,将显性故障进行分类。很显然,RCM-R 是满足并高于这个要求的。如果问题 7 的答案是肯定的,那么分析团队可以直接进入下一个问题,否则可能需要执行 R 型任务。S 型故障后果需要强制性的 R 措施来进行处理。R 意味着对资产本身、其操作或维修程序或其他因素(如培训)的修改。用于 P 或 M 型后果的 R 措施并非强制性的,仅供参考。

**8. 是否可以对保护装置、冗余部件或状态监测指示器进行测试或检查?值得去做吗?**

到达故障后果管理分析这一阶段的隐性故障无疑是至关重要的。因此,如果无法对隐性故障的功能性进行测试,则应考虑重新设计。请记住,因为存在发现潜在故障的可能,或为了避免因老化或使用而造成功能丢失,此前已经对故障原因进行了评估。重新设计型任务的选取与否,取决于故障可能造成的损害严重程度,是否会造成人身伤害,或只是生产损失,或仅有维修支出?这一问题的答案将决定应对风险的措施是选择重新设计型任务还是做出一次性变动。当测试保护装置、冗余部件或状态监测仪器在技术上可行且成本不太高时,就会分配检测型任务。

**9. 为避免故障实施的主动维修任务在技术上是否可行?经济上是否可行?**

当问题 1 得到肯定回答时,我们便能决定做什么。在这种情况下,我们开始按顺序回答问题 2~8。接下来,让我们考虑故障被认为是不重要的情况。对这类故障的直接后果管理处理将是 F 型任务(运行直至失效),而问题 9 为我们提供了再次考虑采取积极措施的机会,而该措施的费用必须要比让资产失效造成的损失低得多。以石油和天然气工业中一项非常昂贵且重要的资产分析为例,分析团队的生产代表认定,只要不影响安全或环境目标,生产损失低于 $X$ 金额的故障可被认为是非关键的,而用于判定关键度的 $X$ 阈值在 6 位数美元的区间内。在本案中,约有 20 个故障原因发生在该数字区间内,它们本来适用于采用 F 型后果管理策略,但总费用加起来竟然高达几百万美元。于是分析团队通过回答问题 9 对它们进行了评估。令人惊讶的是,其中的一些故障完全可以通过低成本的 O 型、C 型、T 型和 D 型任务来处理,这意味着可以为企业节省巨额的开支。当然,这其中也有一些故障根本找不出合适的任务去处理,所以只能允许它们运行到失效。换句话说,对于那些只会造成经济后果的故障原因,如果找不到任何成本合理的主动任务,便可以考虑 F 型任务;但如果分析团队自信能找到一个成本合理的任务来避免故障发生,则他们应该继续回答问题 2。如果通过之前的问题已经判定故障原因是非严重的,分析团队建议考虑跳过问题 9,无需多虑地选择 F 型任务。

如图 10.10 所示,RCM-R 的故障后果管理决策图已被转换成带有编码框的简化流程图。流程图引导分析团队基于之前问题的答案完成提问。为了避免出错,分析团队在使用此图时应该有 9 个关键问题可供参考。例如,对问题 1 的回答如果是"是",将带你进入问题 2;如果是"否",则进入问题 9,等等。

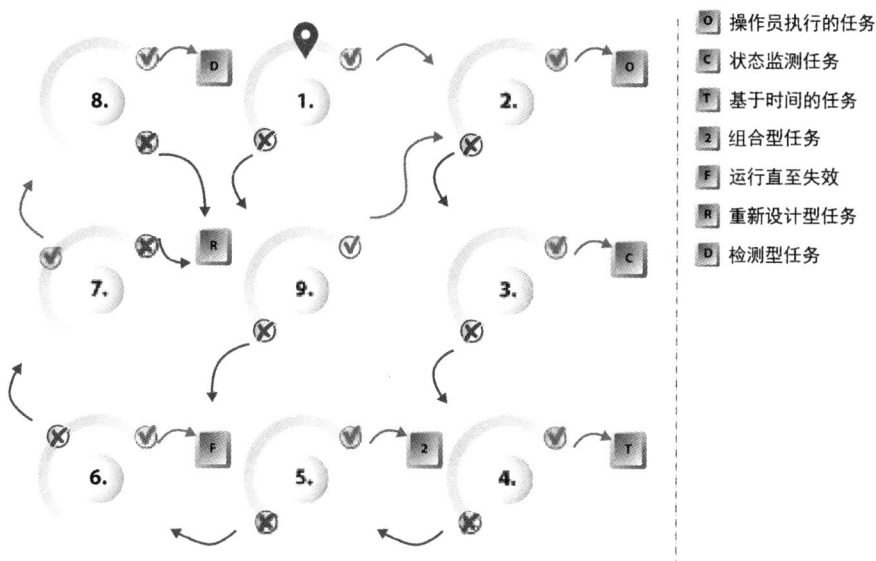

| 框 | 说明 |
|---|---|
| O | 操作员执行的任务 |
| C | 状态监测任务 |
| T | 基于时间的任务 |
| 2 | 组合型任务 |
| F | 运行直至失效 |
| R | 重新设计型任务 |
| D | 检测型任务 |

图 10.10　RCM-R 简化的后果管理决策流程图

## 10.8　开发有意义的维修任务

RCM-R 工艺(和任何其他符合 SAE 标准的工艺)使分析团队能够选取在技术上可行且又值得去做的故障后果管理策略,我们可以使用决策图(图 10.8)或相对应的编码流程图(图 10.10)来完成这项工作。但是,没有任何一种 RCM 工艺能够自行根据故障后果管理策略给出切实可行的维修任务。这些决策是决定了 RCM-R 分析团队所要选取的故障后果管理策略,但还必须对可用于该场合的切实可行的任务进行明确。因此,分析团队必须做出任务描述并使之成为工艺的一部分。这些任务最终将由维护人员和操作人员执行。最后,会按照工艺类型和在 PM 工作清单中的执行频率将其分为主动型( C 型和 T 型)任务和检测型( D 型)任务。维护人员或操作人员在按照既定步骤执行任务时,有时习惯将这些分组转换成可以遵循的"路线",这样使得工作执行起来更有效率。决策催生了任务,而任务最终导致了工作清单的形成。在工作清单层面上只需要一些常规的信息,而在任务层面上则需要其他一些更具体的细节。此外,有些任务可以参考标准维修程序(SMP),以避免在编写 PM 任务清单时出现一些过于冗长的描述。一些计算机化的维修工作管理系统具有标准的任务定义,它们通常可用于构建工作清单。

每一份 PM 工作清单都必须明确工作中所需的个人防护设备。在执行任务时所面临的所有安全和环境危害都应予以说明,并列出完整的工具、材料和备件清单。必须在 PM 文件中对执行 PM 工作指令所需的技能资质和人员类别( 即工业技工、持证电工、仪表技师等)进行明确规定。PM 文件中的每一项任务都应准确、简洁、明确地进行规定:

- 谁去做这项工作:技能要求。
- 要做什么:简要、明确地陈述将要采取的具体行动(例如检查和记录振动读数)。
- 如何完成工作:工作所需的方法、流程和专业仪器有哪些(例如,在轴承外壳的测量点上使用 XYZ 手持式整体振动计)?
- 工作的具体应用:在资产的哪个具体部位或地点执行任务(例如,对发动机内轴承和外轴承的 P123A 泵、泵的内侧和外侧轴承以及发动机外侧轴承的轴向读数进行垂直和水平测量)?
- 执行任务所需的时间。
- 执行任务所需的人数。
- 执行任务需要参考的其他文件。
- 如果任务属于 C 型任务,应该申明当状态监控显示为初始故障时该做什么。

我们应该明白,任务的对象是故障的根本原因,目标是要能够避免故障发生或将其后果降低到资产所有者/操作者可以接受的水平。故障原因与 RCM-R 分析所形成的后果管理策略中的最终任务之间存在着直接的联系。复杂的任务可能需要有针对性的标准文件或 SMP,能够对任务步骤及其执行方法进行详细说明与描述。例如,可能需要一个极化指数(PI)测试来解决"因老化导致电缆绝缘性能退化"的故障原因。因此,分配的任务可以写成"按照为交流感应电机进行 PI 测试的 SPM 2304E 程序,对电机进行 PI 测试"。SPM 必须创建执行任务的所有细节,包括仪器、方法和个人防护设备。

# 10.9 本章小结

RCM-R 分析根据故障迹象对安全、环境、运行能力和成本的影响，将故障分为 4 类。P（生产型）、M（维修型）、S（安全和环境型）和 H（隐性型）是 4 种可能的故障后果类型，分析团队必须从这些类型中选取，以便对每一种故障影响进行分类。只能选择其中的一个类别——最严重的那个。图 10.1 所示的故障影响分类问卷可以帮助用户选择最适合各特定故障原因的故障后果类别。分析的下一步是根据明确的故障后果分类：O（操作员任务）、C（状态监测）、T（定期修复或更换）、2（两个任务的组合）、D（检测）、F（运行直至失效）、R（重新设计），来决定应该为严重的故障原因选择何种后果管理策略。

RCM-R 分析使用后果管理决策图为多学科分析团队确定的各故障原因选择最合适的后果管理策略。图 10.8 所示的决策图能够引导我们按照 SAE JA1011 标准流程进行分析，并根据各故障原因对企业目标（涉及安全、环境和经济目标）的影响以及操作员和维修员在正常运行中看到的故障迹象来处理故障原因。

以根据该图为两个故障原因分配后果管理策略为例，如图 10.11 所示。请注意，每个答案都会引导团队回答下一个问题，直到最终选出可行的结果管理策略。图 10.11 所示的示例中，与 2-A-1-c 号故障原因对应的答案次序（因操作不当发生错位导致的耦合磨损）如下所示：

| 故障模式/类型&根本原因/类型 | | | | | | | 任务 | | |
|---|---|---|---|---|---|---|---|---|---|
| # 故障模式 | 类型 | # | 根本原因 | 类型 | 后果* | 后果管理策略** | E-电子 M-机械 I-仪器 R-制冷 O-运行 | 任务描述 | 时间(小时) |
| 1 泵联轴器磨损 | 材料 | c | 错误做法导致的失调 | 管理 | P | R | M | 按照行业最佳校准实践，准备一份校准 SMP，培训并考核机械人员 | N/A |
| 2 泵发生气蚀 | 机械 | a | 因过滤器肮脏导致的吸入压力过低 | 工程 | P | O | | 取出并用溶剂 X 清洗&更换泵吸入滤网 | 0.2 |

\* 　　　　　　　　\*\*
H-隐性型　　　　O-操作员维修
S-安全或环境型　C-基于状态的维修
P-生产型　　　　T-基于时间的维修
M-维修型　　　　2-二者结合
　　　　　　　　D-检测
　　　　　　　　F-运行直至失效
　　　　　　　　R-重新设计

图 10.11 RCM-R 烧碱泵的后果管理策略选取示例

问题 1：回答是（故障造成重大生产损失）；

问题 2：回答否（表明没有合适的操作员任务）；

问题 3：回答否（表明没有合适的状态监视任务）；

问题 4：回答否（表明没有合适的基于时间的任务）；

问题 5：回答否（故障后果不影响安全）；

问题 6：回答否（表明故障是显而易见的，但 F 不被接受）；

问题 7：回答否（表明故障是非隐性的）。

由此，R 被选为后果管理策略。可见，需要对维修方法进行修改，以避免故障出现或将其发生率降低到可接受的水平。一些重新设计型任务可能还需要由其他专业人士明确，但对于分析团队来说，这看起来已是一个无懈可击且切实可行的维修实践方案了。

接受评估的第二个故障原因的编号为 2-A-2-a（因过滤器变脏造成吸力变弱而导致的泵空化），评估结果见图 10.8，具体如下：

问题 1：回答否（故障造成微不足道的 1000 美元生产损失）；

问题 9：回答是（任务费用为生产损失的 5%）；

问题 2：回答是（操作员可以执行适当的任务）。

在这种情况下，O 被选为后果管理策略。也就是说，存在一个可以避免故障发生且具有成本效益的任务可供操作人员执行。图 10.12 显示在烧碱泵示例中为故障原因分配了两个任务。

| 故障模式/类型&根本原因/类型 | | | | | | | 任务 | | |
|---|---|---|---|---|---|---|---|---|---|
| # | 故障模式 | 类型 | # | 根本原因 | 类型 | 后果* | 后果管理策略** | E-电子 I-仪器 O-运行 M-机械 R-制冷 | 任务描述 | 时间/h |
| 1 | 泵联轴器磨损 | 材料 | c | 错误做法导致的失调 | 管理 | P | R | M | 按照行业最佳校准实践，准备一份校准SMP，培训并考核机械操作人员 | N/A |
| 2 | 泵发生气蚀 | 机械 | a | 因过滤器肮脏导致的吸入压力过低 | 工程 | P | O | O | 取出并用溶剂X清洗&更换泵吸入滤网 | 0.2 |

\* 　　　　　　　　\*\*
H-隐性型　　　　　O-操作员维修
S-安全或环境型　　C-基于状态的维修
P-生产型　　　　　T-基于时间的维修
M-维修型　　　　　2-二者结合
　　　　　　　　　D-检测
　　　　　　　　　F-运行直至失效
　　　　　　　　　R-重新设计

图 10.12　RCM-R 烧碱泵维修任务示例

# 第 11 章　精确 RCM 分析

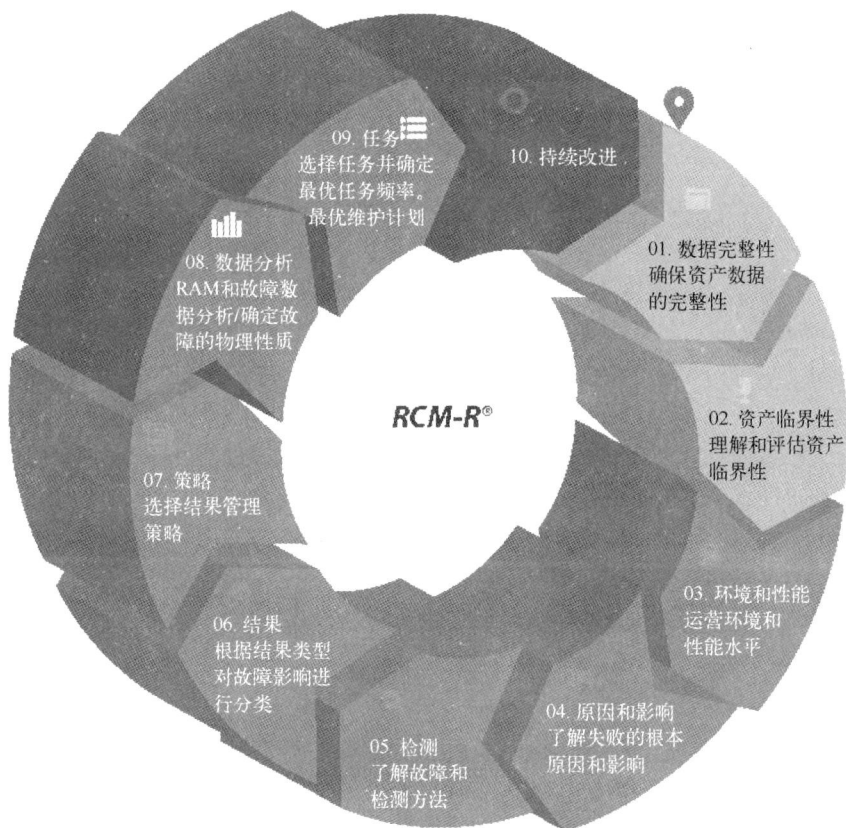

09. 任务
选择任务并确定
最优任务频率。
最优维护计划

10. 持续改进

08. 数据分析
RAM和故障数
据分析/确定故
障的物理性质

01. 数据完整性
确保资产数据
的完整性

RCM-R®

02. 资产临界性
理解和评估资产
临界性

07. 策略
选择结果管理
策略

03. 环境和性能
运营环境和
性能水平

06. 结果
根据结果类型
对故障影响进
行分类

04. 原因和影响
了解失败的根本
原因和影响

05. 检测
了解故障和
检测方法

4个内部子流程

● I−前期工作

● III−微调

● II−RCM的SAE JA011/1012标准

● IV−实施与维护

# 11.1　数据的可靠性

第 3 章将资产数据的完整性与 RCM、可靠性—可用性—可维护性(RAM)、Weibull 分析以及持续改进确定为 RCM-R 的五大支柱。一般来说,RCM-R 需要收集操作方面的、技术方面的、可靠性的、维修相关的、故障的、材料的、财务的以及安全和环境方面的数据,用于决策分析。同时,有关停机时间、备件消耗、预防性维修(PM)的总工时、人员技能、纠正性维修工时、故障事件、质量缺陷等方面的维修和操作文档也是必要的。在第 3 章中我们提到,实施 RCM-R 工艺的前提是,可以对纠正性工作订单中记录的故障数据进行统计分析,以找出各关键故障原因对应的主要失效模式。因此,可以使用统计的故障数据分析对 RCM-R 分析进行微调,以便更好地制定维护策略和分配任务间隔。工作订单数据是任何良好的可靠性改进方案的框架。因此,维修和可靠性工程师必须确保重要的故障和维修数据包含在其关键资产的纠正和主动工作订单中。如果我们将图 4.1 所示的流程(从资产数据中挖掘价值)应用到良好的工作订单数据中,并采用一些可靠性分析方法对其进行处理,我们将会获得一个改良的、基于证据的RCM-R 决策工艺。SEA JA1011 规定"在应用过程中使用的任何数学和统计公式(特别是那些用于计算任务间隔的公式)在逻辑上是可支持的,可供资产所有者或用户使用并得到其批准"。我们对 RCM-R® 分析的这种微调是符合这一要求的。

# 11.2　可靠性-可用性-可维护性(RAM)分析

让我们定义可靠性工程中使用的一些基本术语作为此定量分析讨论的起点。

- 可靠性:一个项目在规定时间、规定条件下执行所要求的功能的能力。
- 可靠性(作为概率):在规定的使用寿命内,项目在规定的条件下执行所需功能的概率。
- 纠正性维护:由于未能将项目恢复到指定的性能水平而执行的非计划活动。
- 主动维护:用于将物品保持在指定性能水平的定期检查、检测、修理或替换任务。
- 主动维护频率(FP):执行主动维护任务的频率。它在数学上表示为计划的主动任务之间的时间的倒数。

- 平均故障时间（MTTF）：在相似的不可修复项目失效时观察到的平均年数。
- 平均故障间隔时间（MTBF）：在相似的可修复项目失效时观察到的平均年数。
- 恒定故障率（$\lambda$）：单位时间的故障次数。
- 平均维修间隔时间（MTBM）：应用于特定资产或组件的计划维护工作与非计划维护工作之间的平均时间。
- 平均校正时间（$M_{ct}$）：从故障识别到从功能损失中完全恢复的平均校正工作时间。
- 平均维护时间（$M$）：在考虑计划和非计划干预的情况下进行所有维护工作的平均时间。
- 平均停工时间（MDT）：资产由于维护和/或其他原因而没有运行的平均时间。
- 固有可用性（$A_i$）：由于故障而导致的资产可用的时间比例。
- 已实现可用性（$A_a$）：资产由于维护（纠正和主动）而可用于操作的时间比例。$A_a < A_i$。
- 操作可用性（$A_o$）：由于维护（纠正和预防）和其他导致操作停止的活动（如人事会议、假期、缺少原始资料等）的不及时，资产可用来操作的时间比例。$A_o < A_a < A_i$。

MTBF 被认为是 RAM 分析中的一个可靠性参数。同样，通常称为平均故障时间（MTTF）的 Mct 是与可维护性相关的定量参数，并且它是在修复时间中测量的。可维护性是资产在执行维护功能时处理简单、准确、安全和经济的设计特征。式（11.1）和式（11.2）分别表示 MTBF 和 MCT 是如何计算的。从式（11.3）可以看出，可靠性和维修性都影响资产的 $A_i$。今天许多公司定义 $A_i$ 为对设备系统的期望。设备设计人员在选择系统配置时必须考虑这些信息，这些系统配置能够产生适当的设计特性，从而产生必要的可靠性和可维护性性能，从而获得所需的固有可用性。

$$\text{MTBF} = \frac{\text{操作时间}}{\text{失败的次数}} \tag{11.1}$$

$$M_{ct} = \frac{\text{总故障停机时间}}{\text{失败的次数}} \tag{11.2}$$

有时，我们被问及某项资产的可用性时，并没有意识到基本上有三种方式来计算它。如果你是个纠正性维护主管，那么你将有兴趣计算 $A_i$ 以你预期的工作量或计划对你的纠正性维护检查列表的改进，以减少活动的修复时间。式

(11.3)给出了 $A_i$ 数学描述。

$$A_i = \frac{\text{MTBF}}{\text{MTBF} + \text{Mct}} \tag{11.3}$$

例如,如果我们的苛性泵在应用式(11.1)时,在10000个工作小时内经历了 5 次故障,那么它产生的 MTBF 将是故障之间的 2000h。这个泵是一个更大的空气洗涤器系统的一部分,由生产室逸出排放物。类似地,如果我们的风扇在相同的工作时间内仅出现 2 次故障,其 MTBF 将比观察到的泵大 2.5 倍(5000h)。我们可以认为泵是一个坏角色,因为它比系统的排气风扇故障更多吗?当然,泵的可靠性较低,而且维护也很差。管理者应该寻找方法来改进它的修理,也许是通过使用精确的维修技术。让我们假定,由于不可接近性问题以及对处理安全和环境风险的隔离的需要,风扇修理平均花费大约 72h。如果泵的维修平均只需要 2h,那么这两个部件中哪一个对洗涤器系统的可用性有更多的影响?用式(11.3)计算泵和风机的 $A_i$,以及表 11.1 中的整个系统。

表 11.1 固有可用性计算结果

| 资产 ID | 操作时间 /h | 故障次数 | 故障停机 时间/h | 平均故障 间隔时间 /h | 平均校正 时间 /h | 固有可 用性 |
|---|---|---|---|---|---|---|
| 碱水泵 | 10000 | 5 | 10 | 2000 | 2 | 0.9990 |
| 洗涤器系统风扇 | 10000 | 2 | 144 | 5000 | 72 | 0.9858 |
| 洗涤器系统 | 10000 | 7 | 154 | 1429 | 22 | 0.9848 |

该洗涤器风扇具有比苛性泵更好的可靠性。但是,由于它需要更多的修复时间,它的 $A_i$ 比泵显示的要低。洗涤器系统的可用性也可以通过考虑泵和排气扇的所有故障以及由两个部件的故障引起的总停机时间来计算。

干扰生产活动的主动维护工作也有资产可用性。在积极的和正确的维护工作中,资产所能达到的最大可用性是 $A_a$。理论上,如果维护活动是造成生产延误的唯一原因,那么设备可用于生产的时间比例最大。例如,考虑我们的苛性泵和排气扇具有 PM 程序,要求每 1000 个工作小时对每个部件进行 2h 的预防性工作干预。生产监督员在这段时间内将无法使用洗涤器,进而影响系统的可用性。系统所有者由于校正和主动维护活动的输入而经历的实际系统可用性计算为 $A_a$。为了得到泵的实际 $A_a$,还需要一些其他的计算,因为通过校正和主动维护的结合来获得泵实际 $A_a$,见下面用于计算 $A_a$ 的公式。让我们用式(11.4)来计算故障率,假设它是常数。

$$\lambda = \frac{1}{\text{MTBF}} \tag{11.4}$$

然后,让我们来看看如何确定 $M$,并考虑矫正和积极的工作将停止操作活动。预防性维修(PM)频率也表示在每个操作时间发生的活动方面。例如,每 1000 个操作小时执行的 PM 频率表示为 1/1000,这意味着每 1000 个操作小时将发生一次 PM 中断。我们将变量 $F_{pt}$ 命名为 PM 频率:

$$F_{pt} = \frac{1}{\text{PM 之间的时间}} \tag{11.5}$$

我们需要计算两个变量来确定 Aa,即 M 和 MTBM。首先从数学上定义 M:

$$M = \frac{M_{ct} \times \lambda + M_{pt} \times F_{pt}}{\lambda + F_{pt}} \tag{11.6}$$

MTBM 可以用下面的数学表达式计算:

$$MTBM = \frac{1}{\lambda + F_{pt}} \tag{11.7}$$

然后用 MTBM 和 $M$ 的值计算 $A_a$:

$$A_a = \frac{MTBM}{MTBM + M} \tag{11.8}$$

现在,我们可以应用式(11.6)~式(11.8)来计算泵的 $A_a$,如表 11.2 所示。注意,由于 PM 工作的进行,单个组件和整个系统的所有可用性都略有下降。

表 11.2　已实现可用性计算结果

| 资产 ID | 平均故障间隔时间/h | $\lambda$(1/MTBF) | 每小时预防性维修频率 | 平均校正时间/h | $M_{pt}$/h | $M$/h | 平均维修间隔/h | 操作可用性 |
|---|---|---|---|---|---|---|---|---|
| 碱水泵 | 2000 | 0.0005 | 1/1000 | 2 | 2 | 2 | 667 | 0.9970 |
| 洗涤器系统风扇 | 5000 | 0.0002 | 1/1000 | 72 | 2 | 13.7 | 833 | 0.9839 |
| 洗涤器系统 | 1429 | 0.0007 | 1/1000 | 22 | 4 | 11.4 | 588 | 0.9810 |

平均校正时间数据来源于表 11.1。

资产运营不会仅由维护活动停止。有时,由于缺乏原材料、操作和维护人员的会议、节假日以及其他活动,会缩短生产时间,从而影响资产的 $A_o$。$A_o$ 是通过维护和非维护活动来减少物理资产的运行时间的。如果我们认为由于各种原因,洗涤器系统的 MDT 为 25h,那么使用式(11.9),系统将产生 0.9592 的操作可用性,与相应的 $A_a$ 相比,这表示其可用时间下降了近 2.25%。

$$A_o = \frac{MTBM}{MTBM + MDT} \tag{11.9}$$

RAM 分析是 RCM-R 的重要工具,使得分析团队能够定义资产的可靠性、可维护性和在当前操作记录中产生的可用性。如果当前系统的可用性不能被其所有者接受,则可以采取措施提高可维护性或可靠性。重要信息是从矫正和积极主动的工作顺序中抽取的,以确定这些重要的定量参数。当一家公司希望通过优化操作的可用性来提高其可操作性时,对更好数据的需求就成了一个真正的问题。一旦工作订单中有适当的数据用于计算,将 RAM 参数作为关键性能指标(KPI)就不难了。RAM 分析是很容易计算的,也是灵活的,因为它可以应用于单个资产或整个系统,只需在数学中包括在限定时间内期望系统的所有故障和 PM 事件。

RAM 分析在基于平均数据的基础上有一定的局限性。修复时间和故障计算之间的时间产生适合于分析目的的平均数据。然而,仅对平均数据进行分析可能会产生误导。使用平均值可能掩盖实际的主要故障模式并导致故障后果管理政策的误用(例如,平均数的使用可能导致我们考虑婴儿死亡事故,就好像它们是随机的并且失败率较低一样)。

## 11.3　故障数据分析

统计寿命数据分析通过确定每个失效的物理原因和相应的特征寿命来补充 RAM 分析。可靠性被视为完成指定功能的概率,而不是项目的平均故障时间,如 RAM 分析中的情况。该分析特别适用于那些运行和维护记录中对故障事件进行了详细描述的资产分析。这些事件应根据故障原因进行记录和分类。正如 Robert B. Abernethy 博士在他出版的《特新 Weibull 手册》中提到的,寿命数据分析的一些结果和应用如下:

- 故障预测与预报;
- 评估纠正行动计划;
- 以最小成本测试新设计;
- 维护计划和成本替代策略;
- 备件预测;
- 保证分析和支持成本预测;
- 控制生产过程;
- 复杂设计系统的校准;
- 对服务问题的管理建议。

机械、电气、电子、材料,甚至人类的故障都可以使用故障数据分析技术来建模和预测,与质量控制和设计问题相关的其他故障也是如此。我们将讨论失效数据分析对于补充 RCM-R 的其他支柱是如何非常有用的。我们将关注以下方面的失败数据分析:

- 创建失效概率图;

- 确定在任何操作时间失效的可靠性和可能性；
- 确定项目的主要故障模式(故障物理)；
- 适当的故障后果管理策略的选择；
- 计算基于时间的任务频率。

我们还将提供用于估计 C 型任务的最佳频率的工具。这很重要,因为如果在状态监视任务中使用错误的维护频率,则过度维护(导致过度监视成本)也是可能的。

## 11.4　Weibull 分析

Waloddi Weibull 在 1937 年发明了 Weibull 分布,声称它对于广泛的问题和应用是有用的。这个被那个时代的统计学家拒绝了的分布,后来成为分析寿命数据的世界领先方法。后来,其他一些受人尊敬的统计学家,如通用汽车公司的 Leonard Johnson,帮助改进了 Weibull 的绘图方法。基本 Weibull 分析包括绘制 Weibull 概率纸上的失效数据和解释情节。Weibull 图对于极小的数据样本非常有效,甚至可以对 2 个或 3 个数据点进行工程分析。通过使用这个庞大的统计工具,可以精确地确定故障及其对应的成本、备件消耗、劳动力使用、故障率和停电的预测。

我们将讨论如何利用和解释 Weibull 分布的 4 种形式,即可靠性、失效概率、失效率和概率密度函数,以供在失效数据分析中实际应用。让我们从一个基本可靠性函数 $R(t)$ 开始,它对应于一个项目存活到任何给定年龄的概率。设 $T$ 表示故障时间,$t$ 表示操作时间,$R(t)$ 表示在 $0 \sim t$ 的间隔内没有发生故障的概率。那么,

$$R(t) = e^{-\left(\frac{t}{\eta}\right)^{\beta}} \tag{11.10}$$

图 11.1 显示了一个项目的可靠性函数图,该项目显示了一种磨损类型的故障模式。注意,该项目的可靠性在其运行寿命的开始被认为是 100%。然后,可靠性持续下降,直到达到 0。

让我们现在来看看故障概率或累积分布函数 $F(t)$。$F(t)$ 表示在操作年龄 $t$ 或 $t$ 之前发生故障的概率:

$$F(t) = 1 - e^{-\left(\frac{t}{\eta}\right)^{\beta}} \tag{11.11}$$

图 11.2 为呈现磨损型故障模式的项目的累积分布函数图。注意,该项目的不可靠性在其运行寿命的开始被认为是 0。然后持续增加,直到达到 100% 的故障概率。请注意:危险函数或故障率在数学上是函数 $F(t)$ 的一阶导数。其函数在数学上表达如下:

$$R(t) + F(t) = 1 \tag{11.12}$$

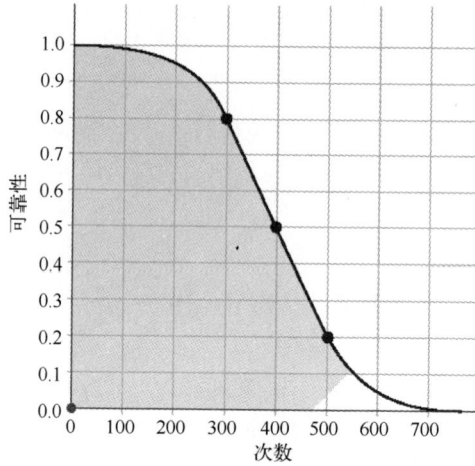

图 11.1　可靠性函数图

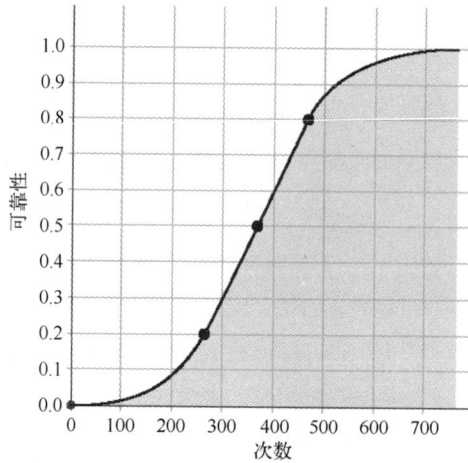

图 11.2　累积分布函数图

$$h(t) = \frac{\beta t^{(\beta-1)}}{\eta^{\beta}} \tag{11.13}$$

　　危险函数表明故障率相对于时间是如何变化的。一个经历随机故障的项目将显示水平失效率曲线。过早失效用快速下降的失效率曲线描述,而磨损失效则显示出随着时间的流逝而增加的失效率。图 11.3 展示了一个磨损型故障模式的项目的危险分布函数图。

概率密度函数(pdf)的两个给定年龄之间的曲线下面积表示新项目在该给定年龄间隔失效的概率。概率密度函数可以根据 Weibull 参数的值,特别是形状参数 $\beta$ 的值采取许多不同的形状。当 $\beta = 3.35$ 时,pdf 函数成为正态分布。$f(t)$ 的数学表达式如下:

$$f(t) = e^{-\left(\frac{t}{\eta}\right)^\beta} x \frac{\beta t^{(\beta-1)}}{\eta^\beta} \tag{11.14}$$

图 11.4 表示分布函数表现出强磨损失效模式。

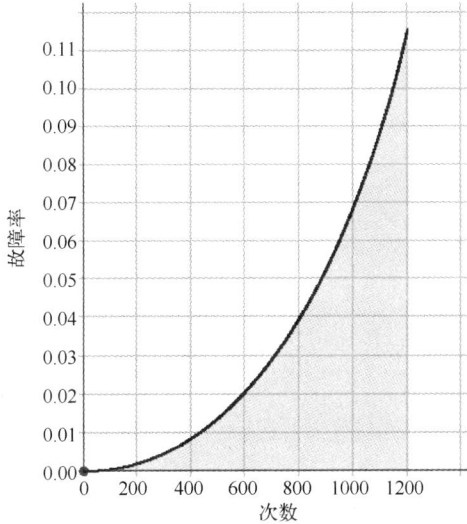

图 11.3 危险函数图

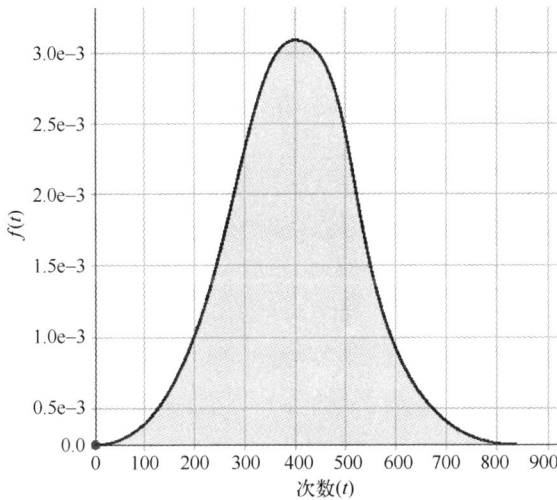

图 11.4 概率密度函数图

# 11.5 Weibull 数据图的创建与解释

Weibull 分析的主要优点在于它能够用极小的样本提供精确的故障分析和预测。我们的资产管理手段可以阻止关键机器的故障事件,从这样的分析中受益,这揭示了正在经历的故障模式的本质。主要故障模式、故障概率、后果管理策略和最佳替换时间可以在故障原因级别上容易地确定。该方法的另一个优点是它提供了故障数据的简单图表,其可以在某种程度上直观地解释,而无须任何计算。

Weibull 数据绘图需要在特别设计的对数 Weibull 概率纸上绘制故障时间与故障概率的关系图。首先,它是 $F(t)$ 的对数图,该图的水平尺度是通过使用时间参数($t$)来测量寿命或老化。生命数据意味着我们需要知道项目失败和服务的年龄。时间参数 $t$ 可以表示为里程(对于车辆)、操作时间、操作周期、开始和停止、着陆、起飞、储存时间等。最好的老化参数是与 Weibull 图中的直线相匹配的最佳老化参数。Weibull 分析中使用的寿命数据有两种:标准寿命数据和分组或区间寿命数据,其中标准寿命数据由精确的失效年龄数据组成,而分组或区间寿命数据的确切年龄是未知的。纵向标度表示失效项目的累积百分比或直至时间 $t$ 的失效概率 $F(t)$。$x$ 轴绘图位置对应于故障时的年龄。利用中位数秩对 $y$ 轴标绘位置失效值概率进行最优估计。伯纳德公式估计了累积故障概率的中位数秩。中位数秩估计优于非对称分布的均值或平均值。伯纳德的中位数秩的公式表示为

$$\text{Median rank} = (i-0.3)/(n+0.4) \tag{11.15}$$

式中,$i$ 为故障顺序号;$n$ 为样本大小。

Weibull 曲线的参数为形状参数 $\beta$ 和特征寿命或尺度参数 $\eta$。$\beta$ 是一种关于物品的失效的物理概念,如婴儿死亡率、随机或磨损。它等于 Weibull 概率图上 Weibull 曲线的斜率。

标度参数 $\eta$ 也称为特征寿命,等于对于 $\beta$ 的每个值失效概率为 63.2% 的时间。假设我们的苛性泵吸入过滤器已经经历了 3 次故障事件,故障原因是"由于脏污的滤网导致吸入压力过低",在图 7.5 中编码为 2-A-2-a。如果抽吸过滤器的失效时间是 505h、401h 和 298h,我们可以确定它们相应的中值等级来构造 Weibull 图。当准确的年龄数据可用时,建议以下事件顺序执行 Weibull 分析:

(1) 收集和使用好数据;

(2) 按升序重新排序故障数据;

（3）确定每个故障事件的中位数等级；

（4）画出每个失效事件的失效年龄($x$)与之对应的中位数秩($y$)；

（5）绘制一组绘图点的最佳拟合线；

（6）确定形状参数 $\beta$；

（7）确定特征寿命 $\eta$。

第一步完成后,就可以对事件重新排序,并确定每个失效事件的对应中位数秩值,如表 11.1 所示。我们可以手动或使用软件来构造 Weibull 图。

然后,将表 11.3 中的数据在 Weibull 分析软件中绘制,如图 11.5 所示。形状参数 $\beta$ 等于 Weibull 曲线的斜率(在这种情况下为 3.65)。此外,通过检查对应于63.2%失效概率的时间图,可以容易地获得比例参数 $\eta$。一条水平虚线精确地以 63.2% 穿过图表,它与绘图线的截距产生大约 445h 的特征寿命。如果

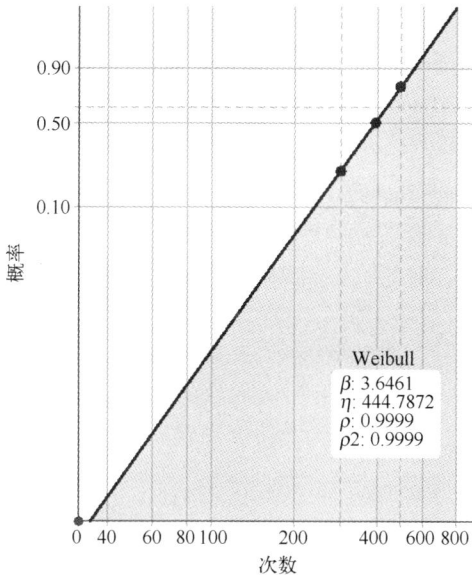

图 11.5　Weibull 概率图

表 11.3　苛性泵滤网故障数据

| 故障事件顺序($i$) | 故障次数($X$)/h | 中位数秩($Y$)/% |
|---|---|---|
| 1 | 298 | 20.63 |
| 2 | 401 | 50 |
| 3 | 505 | 79.37 |

将两个参数代入 Weibull 可靠性方程,那么针对该特定故障的数学模型由下式表示:

$$R(t) = e^{-\left(\frac{t}{445}\right)^{3.65}}$$

其对应的故障对应概率表示为

$$F(t) = 1 - e^{-\left(\frac{t}{445}\right)^{3.65}}$$

但是,不需要使用这个数学模型来计算失效值的可靠性或概率。任何年龄的不可靠值都是通过检查 Weibull 曲线图(对 $\beta$ 和 $\eta$ 参数进行了分析)来确定的。例如,通过检查,$F_{10}$ 或故障概率为 10% 的时间对应于大约 238h 的操作时间。请记住,Weibull 分析是针对特定的操作环境下的单个故障原因进行的。也就是说,尽管不同工况的泵入口滤网在物理上是相似的,但我们也不能对其进行分析。同样,我们也不能在同一个图中分析堵塞的过滤器和磨损的叶轮,即使它们属于同一资产。

我们如何解释 Weibull 曲线图? 在第 3 章中,我们解释了形状参数 $\beta$ 的含义。表 11.4 总结了 $\beta$ 值与每个失效原因的失效物理关系。它还验证了 4 种可能的 $\beta$ 值方案的推荐故障后果管理策略。在这种情况下,$\beta > 3$,这意味着我们有一个很强的耗损情况,推荐 T 型任务。实际上,图 10.11 显示了操作员要执行基于时间的任务来清洗泵吸入过滤器。因此,定量数据的分析确认了为这个失效原因选择的故障后果管理策略在技术上得到 Weibull 分析的支持。使用 Weibull 分析,为 RCM-R 分析增加了基于证据的决策的好处。RCM-R 分析团队可以改变先前推荐的故障后果管理策略,如果它的寿命数据分析能够证实失效的物理现象。例如,$\beta < 1$ 将警告我们由于不良操作/维护实践或外部原因(例如不正确的设计)可能导致早期故障。然后,应将当前状态的重新设计任务添加到 RCM-R 报告列出的建议中。

表 11.4  $\beta$ 值的意义

| $\beta$ | 物 理 故 障 | 结果管理政策 | 备　　注 |
| --- | --- | --- | --- |
| $\beta < 1$ | 过早 | R,F | 不推荐 T,C |
| $\beta = 1$ | 随机 | F,R,C | 考虑高阶 R 可以考虑 C |
| $1 < \beta < 3$ | 随机+磨损 | C | C 为完美方案 |
| $\beta > 3$ | 强烈磨损 | T | T 优于 C |

## 11.6 周期性任务的频率

作为资产 PM 程序的一部分,定期执行状态监视、基于时间的任务和检测任务。RCM-R 分析团队不仅确定任务,还使用简单数学标准的分析确定其频率。我们在第 3 章中讨论了在分析故障和成本数据时如何计算任务频率。使用以下公式计算最佳更换或预防性维护时间:

$$\mathrm{CPUT}(t) = \frac{\text{寿命周期内总更换成本}}{\text{预期寿命}}$$

$$\mathrm{CPUT}(t) = \frac{C_\mathrm{p} \cdot R(t) + C_\mathrm{u} \cdot (1 - R(t))}{\int_0^t R(t)\,\mathrm{d}t} \tag{11.16}$$

式中,$C_\mathrm{p}$ 为预防性更换成本;$C_\mathrm{u}$ 为纠正性更换成本;$R(t)$ 为 $t$ 时刻之前不会发生故障的概率。

预防性维护任务成本 $C_\mathrm{p}$ 仅为\$50.00,故障成本 $C_\mathrm{u}$ 约为\$1050.00,如故障情况所示(参见图 10.10 中的故障 2A2,了解泵过滤器堵塞故障原因)。当用 $C_\mathrm{p}$、$C_\mathrm{u}$ 和 $R(t)$ 求解式(11.16)时,对于许多从 0~800h 的置换时间值,我们得到大约 151h 的最佳($t_\mathrm{p}$)。每 151h 更换过滤器的成本大约是每个更换周期 49.04 美元,而故障的成本估计为 20.23 美元。部件在 151h 的运行可靠性 $R(t)$ 约为 98%,这意味着在 100 个替换事件中仅预期 2 次故障。由可靠性分析软件产生的最佳替换间隔输出的结果将是这样的:

循环长度:150.345626

每周期更换:1

计划每周期更换:0.980731

非计划替换每周期:0.019269

每周期计划替换的"成本":49.036531

每周期非计划替换的"成本":20.232846

平均替换时间:150.345626

C 型任务频率也可以在数学上确定。美国海军航空系统司令部标准 NAVAIR 0-25-403 使用以下方程式来确定状态监测任务频率。该公式可用于具有非安全后果的随机故障的最优状态监测任务频率计算:

$$n = \frac{\ln\left(\dfrac{-\dfrac{\mathrm{MTBF}}{\mathrm{PF}}C_\mathrm{i}}{(C_\mathrm{npm} - C_\mathrm{pf})\ln(1-S)}\right)}{\ln(1-S)}$$

式中,$n$ 为 PF 间隔期间的检查次数;PF 为从潜在故障到功能衰竭的间隔;MTBF 为平均故障间隔时间;$C_i$ 为一次检查(CM)任务的成本;$C_{npm}$ 为不进行预防性维护的成本;$C_{pf}$ 为纠正潜在故障的成本;$S$ 为用所提出的 CM 任务检测故障的概率,假设存在潜在故障。

假设我们的洗涤器系统风扇分配振动分析任务,检测潜在的轴承缺陷,以避免 100000 美元(CNPM)停机事件。状态监测任务成本(CI)估计为 100 美元。此外,由振动技术人员报告的 PF 假定为大约 4000 个运行小时。维护计划者基于轴承潜在故障与总轴承故障事件(包括潜在的和灾难性的失效)的历史比率,估计计划修复成本($C_{pf}$)为 5000 美元,以及由维护技术人员进行故障检测的概率为 0.925。换句话说,在计算机故障维修管理系统(CMMS)历史数据中显示的 27 个轴承故障中有 25 个在故障之前被检测到。如果风扇轴承的 MTBF 为 20000,NavAIR 公式得到 $n = 2.4$,这意味着 C 型任务的频率应该被设置为每 1671h 的操作,如式(11.17)所确定的。

PM 频率 = PF/$n$

我们都知道,每 1671h MPT 要求一个任务的确切频率(FPT)的 PM 作业计划是不现实的。因此,可能需要在我们的 PM 工作计划中为实际目的调整振动监测任务,每 1500h 或 1250h 执行一次。注意,如果需要做这些调整,我们会增加频率,而不是减少频率。在第 8 章中广泛讨论了 D 任务频率。现在,我们已经通过数学公式来支持 PM 工作指令中包含的所有类型的任务(C、T 和 D)。

# 11.7　本章小结

RAM 分析是 RCM-R 的重要工具,使得分析团队能够定义资产的可靠性、可维护性及其在当前操作环境下的可用性。$A_i$、$A_a$ 和 $A_o$ 是资产、系统或设备可以展示的三种可用性形式。当 $A_i$ 只考虑故障事件时,$A_a$ 包括预防性和纠正性维护事件。$A_o$ 考虑所有类型的停机时间来确定项目的操作可用性。因此,你会体验到 $A_o < A_a < A_i$。

Weibull 分析包括从失效事件数据中创建统计模型。在一个特殊的对数标度纸上绘制了失效年龄和累积失效百分比。该分布的两个定义参数是形状参数 $\beta$ 和尺度参数 $\eta$(也称为特征寿命),它们很容易通过检查标绘线来确定。Weibull 分析在确定单一失效原因的物理过程中是非常有用的。$\beta$ 是两个参数中更重要的一个,因为它使我们能够确定用于处理每个故障原因的合适类型的后果管理策略。利用工程公式确定最优 T、C 和 D 任务间隔。RCM-R 通过分析资产当前运行环境中的故障数据时的故障事件来支持任务频率。

# 参 考 文 献

[ 1 ]　Dr. Robert Abernathy. The New Weibull Handbook, 5th edition, Reliability and Statistical Analysis for Predicting Life, Safety, Supportability, Risk, Cost and Warranty Claims. Abernathy, North Palm Beach, December 2006.

# 第 12 章　RCM-R 的实现

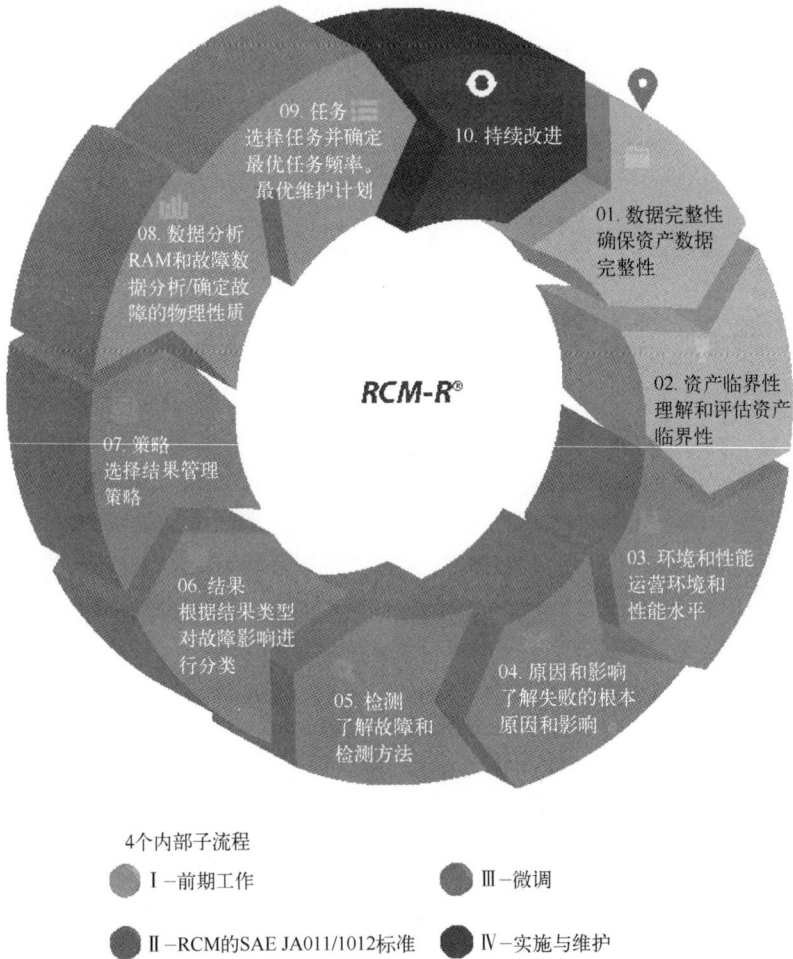

09. 任务
选择任务并确定
最优任务频率。
最优维护计划

10. 持续改进

08. 数据分析
RAM 和故障数
据分析/确定故
障的物理性质

01. 数据完整性
确保资产数据
完整性

07. 策略
选择结果管理
策略

RCM-R®

02. 资产临界性
理解和评估资产
临界性

06. 结果
根据结果类型
对故障影响进
行分类

03. 环境和性能
运营环境和
性能水平

05. 检测
了解故障和
检测方法

04. 原因和影响
了解失败的根本
原因和影响

4 个内部子流程

● Ⅰ-前期工作　　　　　　　● Ⅲ-微调

● Ⅱ-RCM 的 SAE JA011/1012 标准　● Ⅳ-实施与维护

RCM-R 是一个需要仔细准备、执行、实现和跟进的过程,以确保分析团队通过该过程,获得所寻找的结果,并在分析完成后继续看到这些好处。经验表明,以可靠性为中心的维护(RCM)和其他许多计划一样,例如实施新的维护软件、引入精益管理、六西格玛、全面生产维护或其他"命名"的改进计划,需要一个纯粹的技术团队进行坚实的分析,以提供成果。许多人认为变革管理是必要的,但这里需要更多的成功。

本章将重点介绍 RCM-R 在组织中长期成功所需的那些元素。我们提出了一种经过多年试验证明最有效的方法。

# 12.1　分　析　团　队

RCM-R 需要一个团队的努力,它需要由最熟悉分析系统的团队来执行分析。这些团队成员通常负责执行 RCM-R 之外的其他功能,如操作、计划、监督、工程、维护等。资产管理者甚至可能拥有专门从事系统或设备分析的技术专家,但可能这些人都根本不具有丰富的 RCM 经验,在处理 RCM 和具体 RCM-R 时甚至很多都是零基础。因此,他们需要做一些准备工作。

分析团队需要经过培训并练习这种方法,然后才能适应这种方法,并胜任分析工作。当然,你也必须从团队中正确的人开始。

RCM-R 过程基于以下知识:所分析的系统预期做什么(它的功能)、它如何不能提供那些功能(功能性故障)、它如何进入那些故障状态(故障模式)以及当它们发生(影响)时会导致什么。然后,需要对主动和默认任务的后果和决策进行分析。如果你有适合目的的有用数据,那么也可以绘制你的故障记录(历史)。

系统操作员需要回答 RCM-R 中关于功能的第一个问题。如果系统是一个新的设计,那么工艺工程师知道他们打算如何设计功能将是必要的。同样,当我们描述故障时,我们需要同样的专业知识(操作员或过程/制造工程师)。

维护人员和可靠性工程师将提供故障模式,并对主动维护技术和功能有很多了解。如果最终出现诸如重新设计之类的情况,那么对于开发如何处理特定情况的想法非常有帮助——他们是优秀的"有想法的人"。他们也是最熟悉你的计算机化维护管理系统/企业资产管理(CMMS/EAM)系统,以及关于故障、修理和现有预防性维护(PM)程序(如果有的话)的数据的人。当然,当这些数据对团队可用时,工程师还可以通过操作中使用的数学方法带来一定程度的舒适感。

一些组织中有专家,如果操作员和维护人员在技术细节上遇到困难,专家会非常有帮助。他们可以专门从事基于条件的维护(例如,经认证的振动或超声分析员)或专门从事某种资产类型或类别(例如,柴油发动机或高压变压器)等。作为一般规则,并不需要在你的设备和系统中的技术专家有成功的 RCM-R 分析。事实上,他们在团队中全职工作是很令人反感的,因为他们通常有很多其他需要专业知识的工作。只在团队其他成员陷入困境时才会要求 RCM-R 分析,然而,通常他们需要的只是关于技术问题的建议。专家的参与通常限于回答分析会议之外的问题。

对于 RCM-R 分析,最常见的成功团队组成包括一个或两个培训师以及一个或两个全职操作员、随叫随到的兼职专家(如果可用)和团队协调员。

## 12.2　团队协调员

协调员是 RCM-R 分析团队中的可用专家。他们不需要是你自己的员工,但如果你要做大量的 RCM-R 分析工作,开发一些自己的员工是最经济的。在许多情况下,公司选择从外部聘请协调员,通常是从提供 RCM-R 培训的同一家公司聘请,并且通常实际上使用的是指导者。

协调员不需要是来自维护或运营商或资产专家的技术专家。事实上,如果他们对所分析的系统知之甚少,通常是有利的,这将使他们在分析会议时保持中立。他们应该具备几个关键的特点,以成为良好的协调员:

(1) 他们必须在 RCM-R(训练有素)有丰富的知识。

(2) 他们必须有很好的数学方面的可靠性分析能力(或在他们的分析团队中有人擅长于此)。

(3) 他们不需要成为工程师或技术专家,尽管大多数人都是工程师。如果他们不太具备数学能力,那么团队就需要这么一个人。

(4) 他们必须有技术背景。很多人认为一个好的协调员可以是任何人,但我们不同意这种观点。RCM-R 专门研究技术问题。协调员不需要知道正在分析的系统,但是他们需要充分了解技术原理,以便理解他们正在处理的系统。对于分析团队来说,过于专注于不会真正影响需要做出的决定的技术细节并不罕见。协调员必须能够发现这些情况,以便能够推动团队。

(5) 他们必须非常有条理。分析本身可能变得复杂,并且在分析会议之外将工作分配给不同的团队成员并不罕见。协调员必须跟踪所有这些。

(6) 他们必须是很好的“人”。他们必须是分析团队中很容易相处的人。如果他们是多愁善感的人,或者是独断的人,那么他们可能很难保持团队的注意力。

(7) 他们必须熟悉并有能力使用促进技能来主持会议,并处理在会议环境中出现的人和挑战(例如,共同解决、打破僵局、达成共识)。

(8) 他们必须以结果为导向。虽然协调人确保使用明确定义的流程,但他们必须始终专注于从团队中获得良好的决策。协调员的能力在实现分析的质量和速度方面起着很大的作用。

（9）他们一定想成为一名协调员。志愿者——被征召者通常只做他们能逃脱的最低限度的工作，你的 RCM-R 努力就会受到影响。志愿者也将是那些喜欢 RCM-R 的人，他们可能会在这个职位上看到职业机会。然而，要注意那些只想让自己的简历添彩的人，或者只想在事业上有所进步的人。

## 12.3　培训与胜任力

分析团队成员需要在 RCM-R 中进行培训。我们看到没有 RCM 知识的人参与分析，并在过程中完全迷失。所用的思维和逻辑不是常识，它们并不总是直观的，即使对于非常敏锐的工程师也是如此。虽然我们问的问题很简单，但答案并不总是那么简单。团队成员需要了解他们被问到的问题。所有团队成员也必须有相同的理解，否则讨论会变得非常混乱。RCM-R 也有自己的技术语言。例如，分析家需要理解 C、T、R、2、D 和 F 的决定而不作解释。他们需要理解 C 和 T 任务的技术标准。他们需要理解失效预防的概念以及什么是"隐蔽的"和"明显的"。这些知识最好在培训中传授。即使分析师已经经过 RCM 的其他形式的培训，他们还应该采取 RCM-R 培训。并不是所有的 RCM 商业变化都使用相同的术语或相同的分析过程。

在培训过程中，分析人员将进行案例研究练习，这使他们熟悉我们使用的工作表以及如何分析相关文件。当他们加入一个分析团队并做好准备后，团队可以立即开始分析。

在分析工作进展过程中，应该注重对分析员新手的培训。协调员并非专业培训师，应该在分析过程中要求他对概念和过程进行解释和说明。这需要占据很多分析时间，而且占据整个团队的时间甚至更多。所以，让所有分析人员参加分析会议要高效得多。

协调员是 RCM-R 方面的专家，对他们的培训需要更加宽泛。他们需要出现在分析团队会议上，准备好自信地领导会议。在工作中，他们没有学习的空间，特别是如果他们与一支新培训的分析师团队合作。分析员会有很多机会犯错误，而协调员需要坦率和有能力抓住他们。

RCM 的一些商业变化提供了长期的助教培训课程。我们发现这些是不必要的，甚至有点误导。在其他变化中，我们看到了一些缺陷：

- 长期的课程花费大量的时间在案例研究上，协调员分享促进作用。通常，超过一半的课程时间可以投入到这项活动中，到课程结束时，它们实际上都没有促进全面的分析。

- 高达 25%的课程时间花在复习先前分析师培训的教材中。如果这两门课程相近,这篇评论可能会过火。所有的协调员候选人都有所有的参考资料和以前的训练。
- 课程的新内容仅限于讨论促进技能以及深化故障找查的数学模型。
- 真正的学习开始于协调员的第一个分析项目中。理想情况下,这些都是由训练师指导的。如果这样做了,那么协调员将成为合格的。然而,很多时候,他们没有得到这种高成本训练。许多公司花了大量的时间进行长时间的培训,期望他们的协调员做好准备,而不是提供辅导。这是个大错误。我们的经验表明,从那些没有接受过培训的人那里得到的分析质量是缺乏的,而且往往是严重缺乏的。那些协调员知道他们在做不标准的工作,但通常无法获得帮助。他们将失去兴趣和动机,最终停止协调。这迫使公司进行更多的培训,从长远来看,这比提供教练的费用要贵。

对于 RCM-R,我们采用一种培训方法解决这些缺陷,主要依靠指导和经验,而不是课堂学习和共享促进一稿数用的案例研究。

我们的协调员的胜任能力过程可以与新飞行员的培训相比较:

- 课堂教学的理论与应用。
- 与坐在学生旁边的教练一步一步地练习(练习滑跑、着陆、水平、机动等)。
- 空中测试:如果需要,教练只是简单地观察和纠正。
- 独自飞行和最终认证。

协调员候选人必须首先接受分析师的培训,并在进入促进角色之前至少执行过一两次分析。这样就排除了那些并不真正喜欢和不想这么做的人,以及那些不完全理解这种方法的人。它还消除了审查早期培训的需要(除非在原始培训和分析与开始他们的促进指导之间有很长的一段时间)。在这种情况下,他们应该重做 RCM-R 培训。这给他们提供了一些理论和实际应用,例如飞行员培训的第一步。

协调员的候选人被指导发展能力,如飞行员培训的第二步。由经验丰富的讲师一对一指导确保新协调员获得尽可能好的学习经验。对于他们的第一个分析项目,我们"共同促进"——协调工作。这使候选人看到一个有经验的协调员如何工作,提供了一个很好的例子,并设置标准。当候选人有足够的信心接受这个职位时,他会这么做,而导师只在需要的时候提供建议和提示。角色互换发生在 RCM-R 进程的每个步骤中。在他的第一个"真实"分析结束时,协调员有机会协调过程中的每个步骤,可能犯了一些错误并被纠正,并且交付了一个有效的 RCM-R 分析结果,然后可以在组织中实施。

然后进行辅助协调用于第二个分析。这一次,有经验的协调员(指导者)完全保持支持/指导角色,而候选人自己运行整个分析。候选人通常是非常坦率的,并且有必要的能力来促进他/她自己。这相当于飞行员培训的第三步——指导者向候选人提供他/她的表现的书面评估,以及协调员独自开展工作之前的最后建议。

最后一步是协调员对自己的第三个分析。如果新的协调员陷入困境需要帮助,我们的导师仍然可以(通常通过电话或电子邮件)回答问题。在这第三个分析的结尾,我们确信,新的协调员能够胜任认证。

# 12.4　准 备 工 作

RCM-R 分析在团队分析会议开始之前进行。有些准备工作要做,这通常是由协调员进行的。

这种准备包括会议室和日程安排后勤、技术信息的可用性、训练有素的团队成员的可用性和操作环境的准备。

团队可用性分析工作可能是一个挑战。在大多数情况下,你将使用运营商的维护人员和运营商。这种分析工作是在他们的正常职责之外进行的,除非组织能够找到替代者,并将分析人员专用于这项工作(这种情况很少发生)。而且,大多数操作中的操作员和维护人员并不控制他们自己的日程表。有必要设置团队能够容纳的会议时间,因此会议的安排可能需要一些电子化,以及与分析师的领导和计划者/计划者的一些协商。请注意,在分析过程中可能存在团队遇到未知的情况,在分析会议之外需要进行研究。通常,这并不需要很多时间,但是应该提醒团队成员和他们的上司,在会议之外可能有额外的(次要的)时间要求。

因为分析可能有点乏味,特别是对于那些通常非常活跃于行业内的人(即你的维护人员和操作员团队成员),我们建议每次会议限制为 3h 或 4h,至少有一到两次短暂的休息。把分析会议安排在半天内是个好主意,让你的分析师在一天中的另一半时间回到他们的正常工作。如果可行,可以进行快速跟踪分析试点项目,为此,团队和促进者需要在几天内每天工作 8h,直到分析完成。作者已经广泛使用这种分析模式,尤其是当内部分析人员正在接受培训以最终成为认证的协调者时。此外,快速跟踪项目进度时,需要及时分析。无论哪种情况,组织都应该为 RCM-R 分析团队成员留下的实地工作做出规定。通常,快速跟踪项目需要 6~10 天的分析,这取决于系统的复杂性。依靠外部协助的公司方便地使用快速通道模式,可以节省不必要的时间。

一个有经验的协调者实际上可以并行地管理两个分析,一个在上午,一个在下午,但是他必须非常善于成功地做到这一点。

在过程早期面临的一个挑战是估计将需要多少次会议(参见下一节关于评估的指导)。

分析会议室应该相对安静,位于没有干扰的位置,但是应该离系统安装足够近(如果可行),以使团队在分析工作期间能够访问资产。团队成员应该有舒适的座位(他们一次会在那里呆 3~4h),桌子/桌面空间可以让他们回顾图纸、做笔记等。这个房间应该能变暗并有一个屏幕和一个投影仪。协调员(在大多数情况下)将在分析进行时投射信息和决策工作表,并且他记录 RCM-R 问题的答案。

在某些情况下,协调员可能会指派一名抄写员来做记录或使用活动挂图。无论协调员选择使用什么,他/她必须为会议室组织它。如果会议室与其他用户共享,则需要在团队成员能够开会时进行预订。

有一些分析"工具",我们认为对协调员有用。我们有一本使用技巧手册、决策图的副本,甚至一些简短的视频剪辑,可以在分析过程的每个步骤用作分析团队的更新。当然,协调员还需要一台计算机来记录分析,并且必须配备适当的软件。我们经常使用电子表格和 MS Word 文档,市场上也有很多可用的 RCM 软件包。任何软件包都必须谨慎——这些软件包中的大多数被设计成与 RCM 的特定商业品牌一起工作,而不一定适合 RCM-R。虽然符合 SAE JA1011 和 JA1012 标准的方法都应该非常相似,但是它们相关联的软件包如何工作可能存在差异。

当考虑软件时,有一个要点要牢记:RCM-R 是一个分析过程,依赖于人类的思考和决定,而不是软件,也不是计算机。以逻辑方式记录分析以供将来参考和使用是很重要的,但是任何一个软件包的使用并不特别重要。

分析将涉及各种信息来源。理想情况下,这些都是团队工作的重点。但我们发现,这并不总是必要的。如果在 CMMS 或 EAM 中维护和可靠性记录保持在线,那么提供访问权限的终端是有用的。如果这些系统可以生成临时报告,那么你将需要知道如何进行此操作的人员,无论是在团队中还是在团队需要时都随时可用。

可能还需要各种文件,如 P&ID、示意图、线路图、仪器回路图、机械图、民用图、技术手册、程序、标准操作规程(SOP)、标准作业计划等。同样,它们也应该是可用的,除了这些 P&ID 和技术手册(但如果需要的话大多数可以访问)。它们不需要都在房间里。如果大部分信息是电子存储的,那么将需要访问文档管理系统,以及知道如何使用它的人。

操作记录是分析工作本身的一部分,但是与任何文档一样,与团队一起创建操作记录可能很单调且耗时。协调员的一个作用是在会议开始前尽其所能地准备一份业务环境草稿。在第一次分析会议上,分析团队将根据需要进行审查和修改。请记住,协调员可能不是正在分析的系统的专家,因此可能需要一些研究,甚至可能与几个熟悉系统的人面谈,以便能够准备操作记录草案。

## 12.5　工作评估

有经验的协调员可以快速浏览一个系统,检查它的 P&ID,然后对需要多少分析会议做出合理的估计。经验不足的协调员通常不知道需要多长时间。首先,他们不太清楚他们能够走多快。团队将如何很好地回答问题,团队可能需要多少解释,甚至分析需要走多深。他们还可以查看系统中的许多组件,并想象每一个组件都需要大量的详细工作。经验丰富的协调员面临着所有这些挑战。在完成一些分析之后,评估变得更加容易,并且经验丰富的辅助人员可以使得它看起来简单,这是一门艺术。

关键在于一个未知变量和一个仅部分已知的变量。

未知变量是你将遇到的故障模式的数目。通常,系统越复杂,故障模式就越多。然而,设备的冗余(占空和备用)、同一设备或项目(例如,换热器或泵)的多个实例、从不拆卸和修理的复杂组件等都影响故障模式的“计数”。实际上,就将遇到的故障模式的数量而言,看似非常庞大的系统实际上可能相当小。在培训期间,我们试图让团队了解分析需要付出多少努力,但是在指导阶段,协调员将获得如何做到这些“感觉”。要确切地知道你将遇到多少故障模式,唯一的方法是实际执行分析,然后对它们进行计数。这就是为什么这部分的估计比科学更具艺术性的原因。

另一个变量是部分已知的协调员自己/团队成员的经验。一个新的团队有一个新的协调员将减缓进步的脚步。一个经验丰富的团队有一个新的协调员将进步更快一点。一个拥有经验丰富的协调员的新团队可以非常快地进步,而一个拥有经验丰富的协调员的有经验的团队则可以更快地进步。请记住,即使经验丰富的团队和协调员,如果他们有一段时间没有完成这些工作,也会变得“生锈”。他们可能比 6 个月前做 RCM 分析的时候要慢。分析的速度可以从每小时 2~12 个故障模式变化来完成整个分析。具有 120 种故障模式的系统可能需要 60h 或 10h 才能完成,这取决于你的团队位于哪个层次。

了解经验级别,以及你经验丰富的团队和协调员最近完成了多少 RCM-R

工作,是安排分析时需要考虑的重要因素。如果你打算覆盖多个系统,你会发现以相对短的顺序来完成它们会更有效——在分析之间不要留长时间间隔;或者你会发现团队推进得稍微慢一些,完成得比他们在同一时间范围内可能完成的要少。

幸运的是,分析有几个时间点,你可以评估你的进度,并确定是否需要更多甚至更少的时间来完成工作。再次,在我们对协调员的培训中,我们分享这些珍贵的信息。事实上,我们在指导过程中使用他们,以便协调员在现实生活中知道如何做到这一点。

## 12.6　执行分析

一旦准备工作完成,操作记录草稿可用,团队安排和培训完毕,会议室准备就绪,分析工作就开始了,团队即将会面。

在分析会议中,协调员提问并记录答案(或有抄写员这样做)。他可以使用投影图或计算机技术进行投影,这样每个人都可以看到正在记录的东西。重要的是他们确实看到了被记录下来的东西。在我们看来,使用计算机投影是最好的。

当记录答案时,建议协调员要注意他的措辞和拼写。很容易马马虎虎,认为他稍后会回来"清理它",但这并不容易做到。协调员还有一天的工作要做!如果他在记录分析的过程中勤奋而细心,那么在会议之外就不需要做太多的工作。当然,如果使用翻转图表,进展可能会更慢,而且在分析会议之外还有很多转录工作要做——它很有效,但是不推荐这样做。

在第一次会议中,你将回顾并商定操作记录以及会议行为的"规则"(例如,不吸烟、不打电话、一次发言一位、坚持议程的重要性、会议的中间休息等工作)。

在随后的会议中,协调员将快速回顾上次会议中发生的情况以及从任何"家庭作业"中得到输入,并将这些输入纳入分析工作,概述分析团队希望在每次会议中取得多大进展,并加强规则。分析从上次会议结束时的地方开始。

分析会后,团队可以被解散回到他们的正常职责,但协调员仍然有工作要做。他将安排对团队的工作进行审查或审计,安排向管理层提交财务报表,并确保执行结果,如下文所述。

协调员主持会议,可能需要处理可能出现的许多潜在挑战中的任何一个或几个。其中包括:

- 让人们集中注意力：结束无关讨论；可能需要不时提醒人们他们的目的。
- 让团队保持积极：做到这一点的最简单方法是保持积极和热情——树立榜样。
- 注意房间里的氛围，必要时休息一下。
- 提醒人们"规则"，如果他们扰乱会议。
- 遵守每个会议的时间表和目标：加强准时、开始、休息的准时性。
- 如果时间不多了，请停止讨论。
- 认识到团队何时"不知道"，需要得到帮助。
- 利用中间休息来获取信息（通常情况下，这是显而易见的，因为讨论是循环的）。
- 结束因个人议程而产生的讨论（例如，有人想通过分析来保持旧的做法）。
- 解决团队成员之间的沟通问题（自己远离他们）。
- 帮助团队达成共识：每个人都不必同意，但每个人都必须能够适应这些决定。
- 让更多内向的团队成员也参与（直接询问他们的想法或输入）。
- 降低更多外向的团队成员的输入（如果他们同意他，可以去问别人）。

这些都是协调员的基本职责和技能。有些人天生擅长这个，有些则不擅长。它们都是可以通过传授、指导和实践来学习的技能。另一个确实需要特定技术能力的角色是帮助那些忘记了自己的部分培训知识、误解了一些 RCM-R 概念、或者感到困惑的团队成员（例如，失效模式和容易混淆的等级；许多人对隐藏的和明显的失效感到困惑）。这就是为什么协调员需要他/她的团队成员接受所有训练和大量的练习，然后在早期进行指导。

## 12.7　实　施　成　果

一旦完成 RCM-R 分析，则需要执行所得到的决策。分析团队由那些最有可能在该领域执行大多数决策的人员组成，但他们通常不是管理该工作的人员。这属于管理者、监督者和规划者，他们可能不是分析的参与者。

必须有人确保这些决定付诸实施，而"某人"通常是协调员。一个关键的协调员的作用是确保所有 RCM-R 决策的后续工作及时完成。如果他没能做到这一点，RCM-R 分析的努力只会是一堆装订文件或者充满分析的计算机文件，而没有任何结果。

RCM-R 的输出需要转换成形式、标准作业、计划、检查路线等，并输入任何正在使用的管理系统中，以确保按照预期执行这些决策。那些将要执行这项工作(例如,执行日常检查、保持设备清洁、监测条件等)的职业人员将需要理解和接受要求他们做出的改变。出现阻力并不罕见,尤其是当严重依赖 T 型任务的旧 PM 程序被转换为具有更多 C 型和 F 型任务的程序时。在一个电力公司中,我们认识到阻力来自对 T 型和 C 型任务背后的概念缺乏理解。我们对那些抵触的人进行了训练,然后他们就明白了,开始接受这些决定。有些人甚至要求参加分析会议,并努力成为有价值的贡献者!

其他一些人可能目前很难接受将资产运行到出现故障。如果说奋力抢修如同是长期以来受人称颂和感激的消防救火,那些喜欢冲锋陷阵的救火英雄们可能就接受不了这种火灾一天天减少的情形,而那些以靠发难民赚取外快的家伙也将失望透顶。管理预期中前期所做的努力对于人们应对 RCM-R 的结果至关重要。

我们需要处理这些非常自然的人类对变化的反应。如果不这么做,则整个工作都处于危险之中,并且经验表明,这是这些计划中最有可能失败的地方。

设定期望,提前告知人们,并对他们进行培训,这样他们就能理解(并可能做出贡献)所有的帮助。随着项目的进展,让人们了解项目的进展,意味着项目的完成,以及随之而来的变化。

我们发现培训的人越多越好。首先,充分了解情况的人越多,质疑结果的人就越少。那些受过培训但没有参与分析的人也可以在其他地方做出有价值的贡献——包括那些不会被分析的系统(可能是因为它们的临界性较低)。

培训产生了关于设备(即,它做什么比它是什么更重要)和故障到底是什么(即,功能损失,不一定完全停止)以及它是如何发生故障(即,寻找答案的原因)的新的思维方式。即使没有正式的分析,训练有素的员工也可以看到现有的 PM 程序和操作实践中的缺陷。如果鼓励他们大声疾呼,管理层也认真倾听,那么无论在技术层面上,还是在员工对待工作的态度上,情况都会显著改善。

你越能深入参与分析就越好。通过分析团队轮换人员。如果他们积极参与,那么他们就是决策的一部分,并且更希望看到他们的决策被执行。

RCM-R 分析会议也是知识转移和捕获企业存储信息的重大事情。包括团队中较年轻的工人和更多有经验的员工,都会获得大量的学习。经验在讨论中被转移,并且大部分体现在 RCM-R 问题的答案中。在一些地方,我们遇到了两个不同年龄段的劳动力——接近退休的年龄较大的"婴儿潮"一代人以及经验较少的年轻一代 X 和 Y 员工。这两个群体的工作伦理和动机是相当不同的,许多书籍和文章已经提及这些问题。我们发现,X 和 Y 一代的员工从他们的"婴儿潮"一代的队友那里学到了很多东西,并且高度重视他们的经验。相反,我们还发现,"婴儿潮"时期出生的人对年轻同事的快速思考、从容、善于使用在线工具来查询团队所需信息,以及他们普遍较高的学历感到印象深刻。这两组通常比两个单独的组更接近和变得更像一支团队。这种团队合作和员工态度的改善是来自 RCM-R 的一种意外的分拆效益。

## 12.8　C 型和 T 型任务的实现

这些任务主要是由维护人员执行的维护活动,但也可能由操作员或其他人员执行。RCM-R 分析输出简短的任务描述和任务频率,并指定哪个是最好的。在分析之后,将得到各种设备和系统的长任务列表。它们都是由同一组维护人员和操作员共同完成的,并且都在同一个 PM 程序中工作。

任务合并是根据贸易、频率和地理位置对任务进行分组。例如,你可能有多个系统分析,每个系统分析都针对同一工厂中不同频率的各种设备,以及所有可能指定用于同一行业的设备(例如,注油器)产生多个采样要求。它们可以分组,而不是为每个人创建一个标准的 PM 工作顺序。所有的月度样品都放在一个 PM,季度样品放在另一个 PM,依此类推。这种整合可以一个系统一个系统地进行,也可以一个工厂一个工厂地进行。随着更多的分析完成,这些"抽样路线"的列表也可以改变。等到所有的分析都完成之后才开始对决策采取行动是没有意义的。如本段所述的石油采样路线等路线,可在完成每一项新分析后加以修改。

我们通过按类型、交易和频率对任务输出进行排序来实现这种整合。如果合并看起来有意义,我们就这么做。如果任务最好由它们自己来完成,那么我们就把它们留给它们自己。这一努力可以在分析之后由规划者完成。

另一个不能错过的步骤是计划工作。大多数 C 型任务是非侵入性检查、读数检查或采样活动。不太可能需要很多(如果有的话)材料或部件,但是需要指定正确的振动分析仪、哪个红外摄像机、使用正确的样品瓶等。你还需要告诉维护者(例如,振动分析员)什么信号水平是可接受的,什么信号使我们处于报警状态。当信号读入超过 0.35 个 IPS 时,还必须指定要做什么。例如,如果振动读数超过了 IPS,则启动轴承更换的工作顺序。

T 型任务通常侵入设备并要求关闭。这些维修或修复活动通常消耗部件和材料,并且需要对系统和操作断电,以使设备准备从服务中移除。在某些情况下,可能还需要操作来作出替代安排,以便在设备停用时继续生产。这些工作需要完整而全面的工作计划。同样,一旦 RCM-R 输出被知晓和批准,规划者就承担这个计划。这些计划中的每一个都应该作为 CMMS/EAM 系统中的"标准作业"保存,并且应该与任务执行的基于时间或使用的 PM 触发器相关联。

C&T 型任务将成为新 PM 计划的基础。任何旧的 PMS 都应该修改以匹配新的标准或被删除，以使它们不再被执行。RCM-R 并不总是"添加到"现有的 PM 程序，事实上，它可以从中移除任务。在一家忠实遵循制造商推荐的维护计划的电力公司中，我们发现，我们正在取消多达 30% 的推荐工作，或者运行失效，或者用状态监视替换任务。整个 PM 程序实际上比以前更小了，并且在提高资产可靠性的同时每年执行公用事业的成本减少了 20%。当原始制造商推荐的 PM 程序被使用时，看到 PM 程序更大幅度地被减少（从 40% 到 70%）并不罕见。在 RCM-R 计划实施一年后，水处理厂记录的最近一个案例使 PM 工时减少了 63%，校正维护成本减少了约 55%。这家工厂发现了许多（不必要的）维修引起的故障。此外，分析结果中 T 到 C 型任务的比率被显著地减少。

## 12.9　实施 D 型任务

在协调员分析后续活动方面，检测维护（D 型）任务（故障发现测试）与 C 和 T 型任务相似。许多 D 型任务注定要由操作员来执行——毕竟，最好的故障检测实际上是模拟故障情况，并查看保护装置是否实际执行其工作。操作人员处于最有利的位置。在模拟失败的条件下，他们可以密切关注过程性能。如果保护装置实际上不能正常工作，那么操作人员就可以将操作恢复到正常状态并修复保护装置。

这些测试通常按频率进行逻辑分组，但由于它们可能会破坏特定系统操作，因此通常应该按系统对它们进行合并。

对这些测试的计划也很重要，但是对于操作人员执行的测试来说，不是自动生成 PM 工作顺序，大多数组织将测试包含在标准操作流程（SOPs）中。SOPs 可能不是由计划人员，而是由过程工程师编写和修改。

协调员有义务确保所定义的这些为测试要求适用于特定的人员，以便将其纳入 SOPs。还要记住，新的测试协议取代了旧协议（如果有的话）。在修改 SOPs 时，还必须删除可能不再相关的旧测试或可能与使用 RCM-R 定义的测试相冲突的旧测试。这里唯一要注意的是，在没有得到监管机构许可的情况下，不要删除任何由监管要求生成的内容。

监管机构主要关注的是安全和环境。你的组织是否赚钱与他们毫不相干。如果你的分析工作产生了与法规不同的测试需求，那么你就有了更改这些测试的良好基础。你总是可以在没有得到许可的情况下增加测试。做一些超出规定要求的事情从来都不被反对，但是如果你发现你的测试比规定要求的要少，那就需要让监管机构/检查员批准你的权限。你的 RCM-R 分析将为你提供做出这些更改的充分理由,但它们仍然必须被说服。

## 12.10　F 型任务结果

运行失败是 RCM-R 分析的常见输出——多达 30% 或更多的故障模式可能以这种方式结束。正如这个术语所暗示的,什么都不做(主动)对你的组织意味着什么。但是当它们失败时你仍然必须进行修理。对于其中的每一个,你都需要让规划人员创建一个标准的工作计划,该计划将被保存并准备好应对将要发生的最终和不可避免的故障。使用时,这些工作计划将包含在维修的例行(非限制)工作单中。

但是,还有一点需要考虑。当作出 F 型决策时,这是因为分析表明,组织实际上可以容忍失败。任何参与分析的人都知道这一点。当参与分析的操作员看到故障发生时,他将创建具有标准(非紧急的)工作优先级的维护工作请求。然而,那些没有参与分析的人呢? 对于他的情况,他也会创建一个维护工作请求,但是因为他不知道可以允许资产失败,他可能会给工作请求一个高的(紧急的)工作优先级。维护将直接响应这两个工作请求——一个作为例行处理,另一个作为非例行处理。除非维修计划组中的某个人知道了,否则紧急工作要求可能导致零件被高价匆匆购入,深夜打电话给主管或管理人员,花时间打电话给资历表上的工人,掏出租车费让你的工人进入工厂,加班工作,等等。所有这些都导致了那些并不那么紧急的东西的高成本。

组织需要一种方法来告诉他们的操作员和规划人员项目已经过分析,并且认为项目失败是可以接受的。它可能是一个简单的列表,发布在操作控制室中,因此操作员可以分配正确的工作优先级,或者可供所有规划人员使用的列表,以便他们可以相应地调整工作优先级;或者 CMMS / EAM 中的注释/代码,该注释/代码表示资产属于 F 类决策。

## 12.11　R 型决策

重新设计决策有些棘手,因为它们只适用于需要发生一次的操作,而且通常必须在操作和维护部门之外完成。协调员通常是来自运营或维护的人员,通常并不是必须执行这些决策的部门的一部分。

R 型决策体现在对程序(SOP)的修改、实践(例如,用于内务管理或将精密工作与焊接和切割分离的车间实践)、培训(由 HR 或单独的培训部门管理)、标准变更(通常是工程)或资产设计的实际变化(通常是工程或供应商的责任)。

协调员将有一份来自分析工作的 R 型决策清单。通常,这些是以简明的术语定义的(例如,"向操作员培训添加油采样技术"可能是由使用较旧/现有采样方法未检测到的油污染引起的故障模式的结果)。作为这些决策的一方,协调员能够更好地为部门/个人描述这些决策,他们必须在分析经过审查和批准后对其采取行动。协调员将把这些决策(可能在单独的清单上)提交给必须实施这些决策的每个小组。决策被移交给行动,但协调员的角色并未就此结束。

我们不能依赖别人对我们"翻过篱笆"并进入他们部门的事情采取行动。他们需要知道他们为什么会收到这些请求——这是我们之前讨论的变更管理考虑因素的一部分——他们需要了解决策不是可选的。一旦分析得到批准,所有决策都必须执行,或者组织将继续承担这些决定打算处理的后果。

协调员需要跟踪这些决策以及谁将采取行动,以及行动项目的状态直至其实施的程度。只有到那时我们才能确定我们的 R 型决策实际上已经导致了所要求的一次性行动。

## 12.12　监控与持续改进

假设分析已成功执行,所有决策均已实现,并且现在预期在节省成本、提高可靠性和生产率、减少事故和环境不符合性方面取得结果。但是,我们知道我们真的得到了吗?研究表明,大多数改进项目的结果从来没有真正被测量,并且大多数并没有真正交付分析团队想要的结果。我们希望我们的 RCM-R 计划成为我们操作中可靠性文化的开端,因此它必须持续。为了维持它,我们将毫无疑问地表明它是有效的并且继续工作。

假设你已经成功地开始了那种可靠性比消防更重要的新文化。它会持续下去吗?

随着时间的推移,事物将发生变化,运营环境可能会发生变化,这可能会影响功能、故障模式及其原因,就像故障可能会产生的影响。这些变化通常是由于市场对产品需求、客户行为、过程输入的变化、制造过程中的修改、气候变化、需求和负载增长等的结果。这些变化可能突然发生(例如,生产线中的工艺变化),但很可能在长期内缓慢发生。因此,我们在意想不到的失效中开始经历缓慢增长,并且需要快速地对它们作出反应。最初,我们甚至不会注意到这种情况的发生,因为我们太忙了。但是随着时间的推移,我们最终会意识到,我们不再获得我们曾经意识到的 RCM-R 的优势。

我们认为我们正在预防或预测的失效模式正在超出我们的预期。我们的 C 型任务并没有尽早发现早期的失效。我们的 T 型任务正在完成,但无论如何失效都在增加。我们的 D 型任务仍然是失效的保护装置,但是已经错过了一些隐藏的故障,并且发生了多次故障。更多的早期故障正在发生。似乎 RCM-R 的努力不再有效。

一个组织发现,在完成其分析约 6 年之后,故障不断增加,并且在一个案例中,由于他们认为正在预防的单一严重故障,客户起诉了他们。随着时间推移,事情发生了变化:工作执行纪律的改变,工作执行纪律松弛,项目管理完成率下降;由于客户需求的增长,该领域一些资产的负载急剧增加;并且在最初的分析中低估了老化的影响。它引发了一场诉讼,引发了对这些因素的仔细研究:

- 通过让管理层了解 PM 的重要性,确保 PM 完成纪律是受控的:当然还进行了一些培训,使管理者能够理解为什么 PM 要出现在第一个实例中。
- 资产负荷只会继续增长:没有人认为现有资产可能需要及时升级,但实际上,这正是所需要的。在这种情况下,它是电气负载,而旧设备根本没有满足不断增长的需求。
- 旧资产的负荷增加实际上加速了这些资产的恶化。期望的性能无可救药地越来越接近内置容量,并且在少数情况下超过了它。

抓住这些发生的事情,而不是在诉讼中受到威胁,就需要长期的努力。有必要监测在分析中潜在的假设条件,这些通常在操作记录中陈述。在上面的例子中,操作环境正在发生变化。当这些因素发生变化时,就需要重新审视分析,并确保决策(应该在业内采取行动)仍然合适。需要一个监测和持续改进计划。

我们的 RCM-R 分析衍生的主动维护程序将包括大量的状态监测(C 型任务)。然而,整个主动维护程序也需要状态监测,以确保它仍在执行。在进行分析工作后不久,我们需要分析资产和系统的操作环境和预期性能结果。由此,我们需要确定我们必须在长期内监控什么,以确保整个项目仍能实现其预期。

同样,作为你的内部专家,此任务属于协调员。你可能有可靠性部门或工程师来监控此类性能,但很可能他们并未监控整个程序。这样做是新的国际资产管理标准——ISO 55001 中概述的良好资产管理实践之一。

## 12.13　监控和改进工具

除了你的协调员的专注之外,还有两个监控你的程序的主要工具,一个是根本原因分析(RCA),另一个是 PM 优化。

根本原因分析是在我们经历意想不到的失效之后使用的——一次发生的主要故障或者重复发生的慢性故障。在根本原因分析中,我们观察了故障的后果——事实上,通常是故障的后果触发了 RCA。我们收集关于故障本身、发生了什么、涉及什么顺序、谁、采取的行动、可能错过的行动、实际中断了什么、它的故障机制等的数据。根据这些信息寻找失效的可能原因，并且不断追溯，直到找到我们可以控制的"根本原因"。如果我们改变它，那么理论上，我们将消除随之而来的整个事件链，包括故障本身。这样做可以避免这些影响和后果，引发我们进行分析。

RCA 是一个强大的工具，有多种不同的方法来实现它，但它们利用了我们在 RCM-R 分析中也使用的技术知识和决策逻辑。在 RCA 中，我们不是从资产功能开始，就像我们在 RCM-R 分析中那样。相反，我们从故障的后果开始，返回工作故障失效模式和原因，然后应用逻辑决策过程来确定可以采取的措施以消除这些原因。在 RCA 的某些变体中，一旦确定了原因，我们实际上使用 RCM 决策逻辑来做出决策。

与 RCM-R 分析一样，RCA 分析的结果必须在现场实施并进行监控，以确保其按预期工作。

RCA 是一种持续改进的反应方法。它将捕获 RCM-R 中可能遗漏的故障模式和原因，事实上也只能这样做。它非常成功，但遗憾的是，其成功取决于未能及早识别故障模式和原因。

RCA 不适合用于开发全新的 PM 程序。如果你知道维护程序完全使用 RCA 开发，你可能不会选择乘坐新飞机飞行。

PM 优化(PMO)是我们可以使用的另一种工具，它比 RCA 更具主动性。在 PMO 分析中，我们会定期审查 PM 计划。与 RCA 一样，PMO 有多种不同的方法，它也有比 RCM-R 更不同的分析起点。我们不是从审视功能开始的，而是从你今天可能使用的现有 PM 开始。这些可以以任何方式得出——来自制造商的建议，或纯粹基于内部经验，甚至是使用 RCM 或 RCM-R 开发的 PM 程序。

PMO 位于主动(RCM 和 RCM-R)和反应(RCA)方法之间，用于改进维护计划。它适用于已经存在 PM 程序的"棕色地带"(现有)操作，但如果将其应用于建议的 PM 程序(例如完全基于制造商的建议的 PM 程序)，则可以在"绿地"(新)应用程序中使用它。与 RCA 不同，我们不需要等到有失效的时候才应用它。从这个意义上讲，它是积极主动的。它达不到 RCM 和 RCM-R 实现的主动性水平，因为它从现有结果开始，而不是从功能中获得。

在 PMO 中，我们从现有的 PMS 开始。我们看看 PM 实际上能达到什么，并询问它是否被适当地使用在当前指定的地方。

例如，在一个小型发电厂中，我们在几个柴油发电机组上每隔 6 个月发现一个预定振动分析程序。使用的振动分析设备是一种老式的位移式仪表，可测量位移。柴油发动机倾向于振动——它们是往复式机器，具有一些固有的机械不平衡和配重以及设计用于平滑其操作的飞轮。尽管如此,它们仍然比大多数具有纯旋转运动的设备(例如泵和离心风扇)振动得更多。位移读数对于泵和风扇、油离心机和其他一些旋转设备非常有用,但对于柴油机却没有用。它们获得的读数通常非常高,并且除了柴油发动机比其他设备振动更大(他们已经知道的东西)之外,实际上并没有显示出多少相关性。实际上,振动分析师可能会告诉你,往复式设备固有的大振动使其不适合大多数形式的振动分析。活塞运动和许多齿轮和链条产生的振动具有很大的能量和噪声,它们可以有效地淹没纯旋转部件的较小振动。我们的结论是,位移读数并没有真正增加任何价值,因此该任务被消除了。

他们所拥有的振动程序的另一个问题是执行检查的频率。他们有一个承包商以 6 个月的间隔读取数据。振动分析可以检测到在成为问题之前很长时间仍然非常轻微的缺陷,但是分析方法会相当复杂。如果使用的位移读数计就能检测到缺陷,并给出初始故障的警告,虽然没有加速度读数计给出得那么及时,但所探测到的缺陷将更严格、更精准、更接近功能性故障甚至全部故障点。6 个月的间隔被认为太长而不能用于捕获所有故障。实际上,他们经历过"错过"以及成功捕获的失效。我们将监测频率提高到每月。

在这个例子中,我们在一些相当常见的约束下优化了振动分析程序——他们不可能一直让承包商在现场,并且他们受到承包商的技术的限制。我们消除了一些非常低价值的检查,并增加了那些已经证明是有价值的检查的频率。

我们通过查看 PM 检查实际能够检测什么,询问设备中是否存在合理可能性,然后决定是否保留任务,以及如果保留它,我们应该如何做。

我们还质疑特定的监测技术及其适用性。如果我们有选择地改变这一点的话,我们可能会做出不同的决定。

我们没有回过头来确定设备中的所有故障模式,但我们也可以做到这一点。一些 PMO 方法确实可以确定更普遍的故障模式,然后继续(如在 RCM–R 中)使用决策图确定适当的故障管理策略。在我们的柴油发电机组的例子中,我们回过头来确定潜在的轴承故障和机器不平衡,作为可以使用振动分析技术检测到的故障模式。如果不受现有技术的限制,我们可能会寻找其他方法来检测这些相同的问题(例如,使用全谱分析加速度数以隔离特定的组分信号)。

然而,即使我们已经这样做了,也可能错过了最初从未解决过的其他故障模式。例如,在气缸排气歧管上安装了热电偶,以指示特定气缸中的高排气温度(以及阀门问题)。热电偶是运营商所依赖的监控系统的一部分。但是,没有检查监控系统本身,除了按下一个只显示报警指示器是否正常运行的测试按钮。它没有测试热电偶及其电路,但是操作员认为它确实如此。当我们第一次看到那个测试程序(它每天都进行测试)时,操作员认为这是一个有效的测试并且足以检测到问题,而且从表面上看它确实是这样的。于是我们进一步完善监控系统及其测试按钮的设计。在此过程中我们发现,事实上从未对报警电路进行过全面测试。我们设计了一种热电偶的测试协议并弥补了这一疏忽,当初,如果我们只查看测试按钮的测试内容,我们可能就不会想到这一点。

PMO 是检查你正在做什么或提议做什么的好方法,但它不像 RCM-R 分析那么彻底,如果从业者不勤奋,就可能会错过关键的故障模式。这是在"棕色地块"应用程序中开始可靠性改进计划的好方法。首先,优化你的工作,以免浪费精力,然后使用 RCM-R 重新审视你的关键应用程序。此外,如果你有一个使用 RCM-R 开发的 PM 程序,那么这是一个非常好的方法来定期检查你的程序,看它是否达到了预期的目的。PMO 应该能够确定运营环境中的改变使得过去的决策达到无效的位置。

## 12.14　持续性管理

RCM-R 是迈向积极主动的可靠性文化的重要一步,这种文化是你在世界级表演者和那些始终如一地体验卓越成果的环境中听到的那种环境。它非常适合包含 RCA 和 PMO 的程序。

执行 RCM-R 分析,成功地将其成果应用于日常运营实践,甚至监控并保持其长期成功(使用 RCA 和 PMO)需要的不仅仅是技术和运营活动。

人事变动,尤其是管理层的人事变动,会对企业文化产生相当大的影响。一个大型煤矿雇用了一位新的维修经理,他长期习惯手底下的人按照指示办事,并且屡试不爽。在这个新岗位上,虽然面对的是一群受过良好教育且不太受约束的员工,但他依然如故地坚持自己的老套路。该矿已经开始了一项 RCM 计划,并且已初见成效,但还有许多分析工作要做。这位新经理读过该厂的 RCM 文档后,觉得 RCM 的历史记录很差,因为员工们没有遵守公司的既定决策。他获取了准确的信息,但希望他的员工能像以前那样没有主见且不按监控程序的结果行事。他认为这些新员工会同样听话,也认定 RCM 终究要失败。于是,他下马了这一项目! 该项目没能得到继续推进,也就无法产生足够的证据来说服经理相信其价值(这是糟糕的时机)。最终,该项目因经理的偏见(糟糕的管理)未得到足够的支持而夭折。

像 RCM-R 这样的程序需要长期存在。这不是一个你开始、工作、完成和忘记的项目。

企业并非一尘不变——它会经历管理层的频繁变动,并且在各个层面都有人员流动。新人可能会或可能不会接触 RCM-R。他们可能来自那些破坏性修复是常态的环境,他们可能有非常"老派"的预防性维护思考,或者他们可能只专注于成本。为了使可靠性文化得以蓬勃发展和生存,必须得到支持,因为任何长期计划都得到支持,公司治理流程必须坚持它的存在。事实上,如果我们看一下在商业文化中一直存在哪种程序,我们就会发现它们实际上已得到培育,以便它们能够蓬勃发展,茁壮成长,并最终幸存下来。

会计师有他们自己的惯例和流程,他们符合严格的指导方针和期限,他们的工作需要接受审计。有些法规和法律要求这些流程和严谨性。公司决策遵循董事会层面的严格流程和做法,以确保公司符合监管和教育义务。这些治理流程在会计和董事会层面维持这些实践,无论谁来来去去,无论他们的偏好如何。企业有时会将这样做的成本视为"合规"成本。有规定的地方,这是非常准确的,但更重要的是,由于受到监管机构的关注,这些持续的做法正在蓬勃发展。这是因为它们为股东和公众增加了重要的价值。

安全和环境管理有一系列法规要遵循。它们往往是规范性的,旨在避免失效的影响和后果。它们很少解决失效的原因。例如,你必须穿戴个人防护设备以防止各种工作场所的危险,但没有规定你必须消除因设备故障而导致的危险。似乎有一个潜在的假设,即失效是不可避免的,我们必须与它们共处。对此,工程师们有着更深的理解。显然,可靠的运营也就意味着更安全、更环境友好的运营方式。我们对可靠性的关注解决了导致安全隐患和环境违规的故障原因。可悲的是,监管机构还没有解决影响问题的后果和解决问题的后果,作为工程师,我们倾向于放弃监管而不是增加监管。因此,思维方面的差距仍然存在,但我们并不需要法规来改变它。

在开始分析工作之前,我们首先需要着手建立可靠性文化。要想项目能够长久生存,我们需要确保它能够茁壮成长。何谓茁壮成长? 那就是让它活下来,也就意味着我们必须持续资助它。

在会计和公司董事会治理方面,我们对可靠性文化治理的投资必须确保其在个别关键参与者之间保持更替,同时确保其灵活,适应业务环境和公司战略目标的变化。

可靠性治理与董事会治理和财务治理同等重要。可以说,由于其可能对安全和环境以及公司财务绩效产生影响,因此可靠性更为重要。为了应对商业航空运输早期无法忍受的坠机事故,航空公司通过深入分析和创建 RCM 做出了回应。与航空旅行增长同时发生的坠机事故的减少无疑挽救了许多人的生命,使得航空运输成为长距离运输的最安全实用的方式(比公路运输安全大约 1000倍),并确保了商业航空业长期的生存能力。可以说,如果碰撞率保持与以往一样高,那么航空运输的增长就不会发生。整个行业的存在不仅仅是飞行技术,虽然它归功于可靠的飞行技术。在该行业中,可靠性是文化的一部分,并且已经通过大量的治理以确保其存活。使用标准是必需的。RCM 必须在飞机系统上使用,否则飞机将不会被许可为适航。工程师和管理人员的队伍可以改变,但这些做法仍将存在。

如果我们想要可靠性文化,我们就需要可靠性治理。我们需要一个企业可靠性章程来确定我们将如何实现这一目标。它必须有执行支持和赞助。如果首席运营官或首席执行官赞助了一个可靠性计划,那么单个站点的新经理就无法做出彻底的改变,这会使他的个人偏好超过他的决策标准。

在任何给定的组织中,该治理对于该组织而言都是独一无二的。回到第 1章,可靠性是提供良好资产管理的核心。我们的重点是绩效以及平衡风险、成本和机会。随着 2014 年资产管理的国际标准的引入,我们现在有了一个整体资产管理计划的框架。我们在这里称之为可靠性治理。如果有良好的资产管理实践,那么也将建立必要的治理机制,以确保我们的可靠性文化得以蓬勃发展和生存。

# 第 13 章　RCM-R 的使用

以可靠性为中心的维护(RCM)是产生决策的过程,每个决策必须导致某种形式的行动:

(1) 预见性维护(C)任务;

(2) 预防性维修(T)任务;

(3) 监测维修(D)任务;

(4) 资产的重新设计(R);

(5) 培训的变化(R);

(6) 程序更改(Rf);

(7) 标准实践的变化(R);

(8) 什么也不做(F 或运行至失效)。

每个 C、T 和 D 型任务都有一个指定的执行频率。本章讨论了如何实现这些任务。R 型输出只需要一次动作。F 型输出实际上不需要发生任何事情,但是明智的做法是确保人们知道 F 型任务在哪里被认为是正确的选择——如果不是,那么人们可能把它们当作紧急情况处理,而实际上它们不是。此外,第 12 章提供了处理的办法。

除了实现 RCM-R 的输出之外,我们还可以做更多的工作来从分析报告中获得最大值。在本章中,我们将探讨如何利用 RCM-R 输出。

## 13.1　概　　念

军队有一个集成和迭代的过程来开发被称为集成后勤支持(ILS)的物资和支持战略。它旨在优化功能支持系统,利用现有资源,并指导系统工程学朝着降低已安装系统的生命周期成本和最小的物流占用,使系统更容易支撑。今天,它已经从作者最初遇到的纯军事应用迁移到商业产品支持和客户服务组织。

ILS 的概念背后是你无须等待零件和机械师具备诊断汽车电子设备故障的能力,即可维修汽车。有人必须考虑可能出现的故障以及它们会产生什么信号,开发出一种诊断工具来对付它们,将它们呈现给技术人员,并培训技术人员,一且问题被识别出来如何使用该系统,以及如何修理该系统。同样,当你将某些东西发回供应商进行维修时,会有一整套支持机构来满足你的需求。当一家航空公司将喷气发动机送回维修设施进行维修时,他们就能得到所需数量的产品;他们拥有训练有素的技术人员和完成工作所需的所有设备。提供所有这些,使其能够在你需要时相对平稳地按需运行,这是大量思考和准备行动的结果。为什么不为你自己维护和支持的工业系统提供那种有效的支持?

## 13.2 集成还是迭代?

ILS 被描述为一个集成的和迭代的过程。它是集成的,因为它考虑了支持的所有方面,包括部件、工具、测试设备、设施、培训、技能、信息需求等。识别这些需求并将它们放到适当的位置以便它们提供电子和有效的支持,需要认识到每个元素可以影响其他元素。例如,可能对员工来说是新的技能培训的需要,可能导致培训设施中需要新的模拟器,反过来,可能导致需要维护的模拟器本身、模拟器手册、模拟器零件等。为新系统推荐的每个维护操作几乎肯定都会导致需要维护计划、部件和工具。对零件的需求将推动有关备件和仓储的决策。

ILS 是迭代的,因为它首先应用于新系统生命周期的设计阶段。分析过程从概念设计开始。如果在这些设计的早期分析过程中发现了缺陷,那么它们将在下一个详细的设计阶段得到解决。然后重复分析,可能会发现更多挑战,通常是在更细粒度的细节层面。分析不只是关注系统是否能够运行,还要考虑支持系统维持其功能所需的工作。

例如,在钢材被切割之前,作者在设计阶段使用 ILS 进行了造船项目。随着设计的发展,RCM 的早期形式被用于识别维护需求。船舶设计的一个系统是电子机械控制系统。当时,这是船上使用的一个相对较新的概念(很像加工厂的早期分布式控制系统)。该船的工作人员拥有较陈旧的气动机械控制系统的经验和培训,但没有接触过现代电子设备。由于控制信号全部在一个大的"黑匣子"内处理,而不是根据系统安装在不同位置的继电器和气动电路,因此故障排除将是不同的。在某些方面,使用计算机可能更容易,但对于习惯于机械系统的人员而言,它将变得不那么直观。在概念设计的早期,很明显,培训需要一个模拟器,并且必须安置在某个地方,现有的培训设施没有空间。这导致决定建立一个新的培训设施来容纳模拟器(以及其他新系统)。随着设计变得更加详细,并且揭示了可以预期的故障性质,模拟器设计也得到了发展。最后,必须为新的模拟器(以及船上的新控制系统)编写手册,必须为两者开发维护程序,必须识别

210

和采购备件,等等。

我们正在研究当时的前沿技术。随着进展,我们必须开发它,使其成为一个迭代过程。幸运的是,许多工业系统并不是那么复杂,技术上也不是很前沿。可能已经开发了我们可以利用的支持系统,但如果你是这些系统的供应商,你将体验到与作者开发这些系统非常相似的体验。

## 13.3　状态监测支持

考虑新建的工厂。项目团队一直在努力收集设备供应商的技术手册。他们跟踪购买信息、推荐备件清单、维护说明(如果与手册分开)、安装图纸和其他信息。他们可能已经在项目工程库中将它们全部归档,并且可能通过合同号归档,不一定是流程或资产号。他们购买了制造商推荐的调试备件,并将它们存放在新工厂附近的一个放置区域。也许把它们放进了容器甚至是仓库里,而且有一个职员看管它们。有一个工程图纸库,包括原理图、P&ID、安装图纸、平面图、立体图、某些情况下的竣工图、民用图纸、电气图纸等。这些可以是硬拷贝和/或电子格式,适合于使用专用工程计算机辅助设计(CAD)软件和在大幅面打印机上打印。

出于设计和施工目的,上述这一切都有效。但对于维护和操作却不是这样。

首先,维护和运营者将不了解供应商分配给他们购买的合同编号。找到这样的信息将是一个挑战。对供应商来说,试制零件是向那些不考虑未来需求的人出售零件的好方法,但如果供应链没有正确设置,其中一些零件将很快耗尽(例如,零件编目和指定为库存或非库存,最小/最大和确定的经济订单数量等)。技术手册将包含通用的操作和维护说明。一旦设备必须在整个工厂启动期间以特定顺序启动和运行,一个设备的操作说明(如其手册中所述)将是不同的。很可能是任何人都没有提供手册或启动工厂的说明,甚至可能都没有写过。同样,新工厂缺乏关闭和处理紧急情况的程序,例如可能发生的关键设备故障。特殊工具、起重设备和其他的维护设备经常被忽视,至少直到那些最初的几次故障发生,对它们的需求变得非常明显。

新工厂在开工前就有麻烦了。就像任何新系统一样,当我们开始运行时,它也会面临早期死亡率问题。我们最希望调试备件能覆盖所有这些情况。

那些需要维护但不是从单一供应商处购买的系统呢?我们建造的系统或我们的承包商为我们建造的系统怎么样?这些是否有维护说明、操作手册、备件或施工图纸以外的任何文档?可能没有。如果我们的组织依赖于供应商手册和说明,我们最终将陷入困境,因为我们工厂的那些部分将被完全忽略。例如,可能允许结构元素恶化,直到有人最终注意到它们变得多么不安全。

当然,新的行动最终会稳定下来。它将经历一个漫长的创业期,有很多问题和经验教训。所有这些都会导致采取一些措施来放置正确的文档、部件、工具等——无论最初遗漏了什么。

通常存在很多问题,这些问题可以追溯到糟糕的信息处理、缺乏操作员和维护人员的设计输入、以及以尽可能低的成本关注项目及其直接结果。为了确保项目交付一个可以持续使用的真正可操作的资产,需要投入必要的支持。通常,工程已经完成了它的工作,承包商已经完成了他们的工作,并且移交给操作和维护人员来使它工作。在这样做的过程中,人们做了很多修改,不久,这个工厂就不再是被设计的或者原本打算的。操作人员和维护人员应该得到很多荣誉,因为他们的设施工作得和他们一样好,这是由于他们付出了艰苦的努力和经验教训!

## 13.4  基于时间的任务支持

现在让我们将这些概念应用到我们的工业系统中。图 13.1 说明了这个过程。

利用 RCM-R 到我们的系统杠杆的过程,理想情况下,这是在设计阶段完成的,这是因为你有最大的机会达到生命周期成本。图 13.2 显示了一个时间表,显示影响支出的能力和实际支出的时间。它们不是同时存在的。

成本是在设计阶段早期投入的。关于设计细节的决策可以对系统的可操作性和可维护性产生很大的影响。只要问问任何维护者他维护的系统设计得多么好,他们通常能很快指出设计中的一些问题,这些问题会导致大量的额外工作进行故障排除和更换部件。设计者专注于提供符合设计规格的系统设计。这些规范严重影响了操作输出需求,并且忽略了可操作性和维护需求。事实上,设计中的人机工程学被视为一门专门学科。历史上,我们已经建立了系统的模型并测试它们,以确保它们能够运行和维护。今天,我们有三维计算机建模软件,可以模拟使用这些模型的操作和维护活动。使用它们,我们可以看到在哪里需要放置吊索吊耳,在哪里需要提供更多的高空空间来提高设备及其安装件,在哪里需要为维护人员和操作人员提供站立的平台,等等。我们能够模拟困难的维护任务,以确保它们能够在不严重干扰相邻系统的情况下完成,这将导致维修的过度停机。如果我们选择使用它,这都在我们的能力之内。

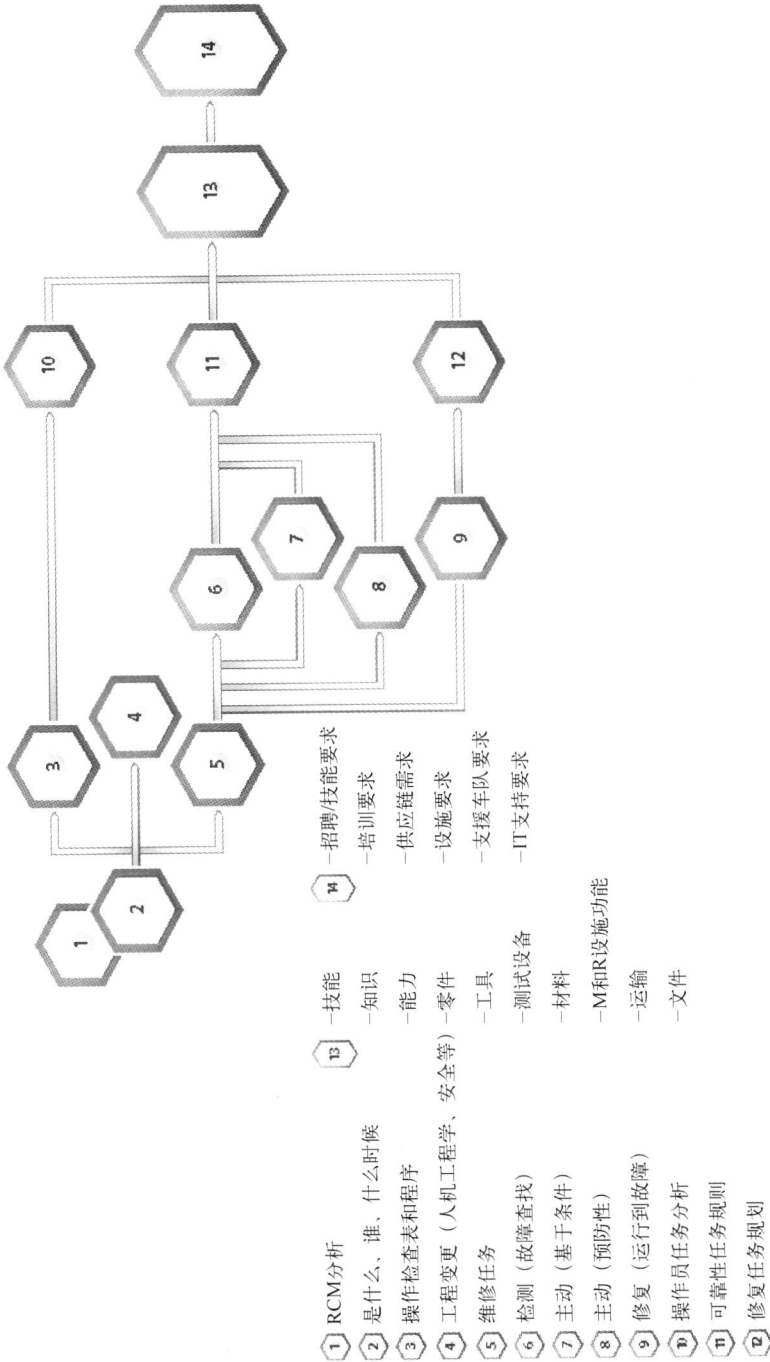

图13.1　工业生命周期支持定义

① RCM分析
② 是什么、谁、什么时候
③ 操作检查表和程序
④ 工程变更（人机工程学、安全等）
⑤ 维修任务
⑥ 检测（故障查找）
⑦ 主动（基于条件）
⑧ 主动（预防性）
⑨ 修复（运行到故障）
⑩ 操作员故障分析
⑪ 可靠性任务规则
⑫ 修复任务规则

⑬ —技能
　—知识
　—能力
　—零件
　—工具
　—测试设备
　—材料
　—M和R设施功能
　—运输
　—文件

⑭ —招聘/技能要求
　—培训要求
　—供应链需求
　—设施要求
　—支援车队要求
　—IT支持要求

213

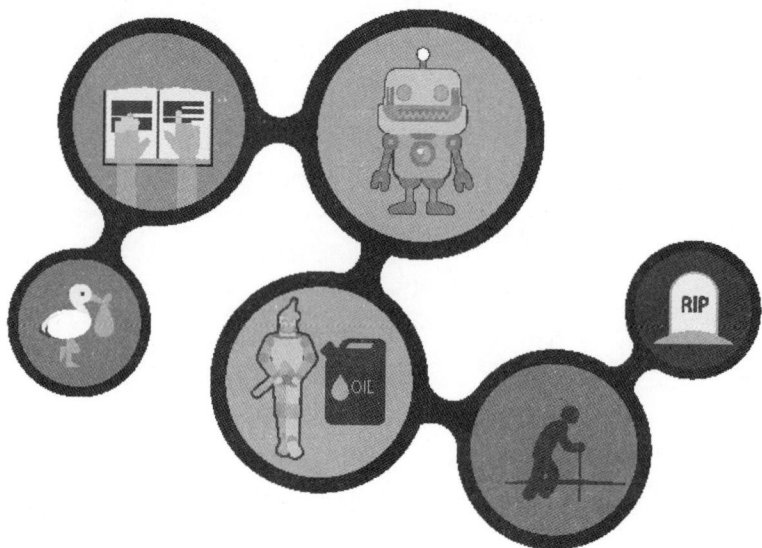

图 13.2　在生命周期中,系统拥有成本的机会随着年龄的增长而降低

在系统生命周期的设计阶段,这种工作的时间是早期的。一旦我们进入生命周期的运行和维护阶段(通常是最长的阶段),我们仍然可以进行更改,但是它通常很昂贵,而且通常要等到我们经历过失效后才能完成,而这些失效使我们发现本来可以设计得更好。资产生命周期越晚,我们影响剩余生命周期成本的机会就越少,并且回报可能变得太低,无法证明成本是合理的。对于这种情况下的维护人员,我们发现自己希望设计替代品的工程师能够了解这些产品并实际做些什么,而不是重复过去的错误。可悲的是,在所有情况下都不会发生这种情况。需要有一个反馈循环——这是良好的资产管理实践(如第 1 章所述)的实施。

回到图 13.1,我们现在来看看过程的步骤,假设我们在资产的生命周期(在设计阶段最好)早就这么做了。

资产设计开始成形。实际上,我们可以将 RCM-R 应用到我们正在设计的系统中。我们会有一种失效模式的感觉,以及我们能或可能做些什么。在这个阶段,我们可能没有很多关于设计的细节,只是概念和线图——从这个罐到那个泵的管道,但没有关于泵设计本身的细节。我们不需要这个阶段的细节。当我们从整体上看系统时,我们将看到它们如何失效,并决定我们是否能够忍受这些失效。例如,我们可能会看到,在管道中的特定点处启用(或禁用)阀门所需的操作功能。我们将了解系统有多大。例如,1000 加仑/min 的泵需要留有足够的余量,并留有足够的起重空间来作为未来维护的一部分。我们以后更详细的设计将需要提供这一点。这些都是通过使用 RCM-R 分析系统设计完成的。我们甚至没有尝试分析设备,因为我们不确定我们将要安装什么设备;我们只知道它的主要功能和一些次要功能,但是这已经足够满足我们此时的需要。

当我们进入更详细的设计,可以进行系统更新。对此,我们将详细介绍一些特定硬件的功能和缺陷。我们将能够更详细地识别故障模式。同样,我们可以确定可能需要的行动,这些行动可能会影响 R 型故障结果。我们还将获得 C、T、D、F 和其他 R 型故障结果,这些结果需要操作员和维护者的程序和行动。

当我们定义 RCM-R 的输出并确信我们的设计稳定时,可以开始将支持物流放置到维护和操作系统投入使用。每个任务都有一个规定的频率。如果任务需要零件,那么我们可以确定将如何需要这些零件,这为构建我们的备件库存和替换策略提供了基础,以便我们最终开始使用这些零件。但是,我们怎么知道我们需要零件?

每个任务都定义一个动作。该行动计划详细,列出了成功执行任务所必需的零件、工具、技术图纸、工作许可和其他要求。因此,对于我们定义的每个任务(C,T,D 和 F),我们应该制定计划。

## 13.5　维修检测

C 型任务不需要零件,但它们确实需要使用状态监测设备,比如振动分析仪或红外摄像机。这些支持设备项目列在所需设备列表中,包括使用频率。例如,如果每个月对特定轴承进行一次振动分析,则将其添加到所有其他轴承的相同振动分析仪的使用中。如果要进行大量的轴承分析,根据监测的数量以及监测方式,我们可以确定是否需要一个或两个振动分析仪。我们还可以清楚地看到有人需要知道如何使用振动分析仪。如果所需的振动分析需要大量的知识来解释分析仪读取的信号,那么我们还可以确定分析师需要的培训水平。

## 13.6　基于时间的任务支持

T 任务通常需要某种形式的干预。即使换油也需要同时了解油液和过滤器的消耗量。我们可以通过评估每次更换所需的油量和过滤器数目,以及使用它们的频率来确定我们需要获取多少油液和过滤器。同样,对于任何预定的大修——零件和其他消耗品以及它们的需求率都可以精确定义。

工具和其他支持设备也可以被定义,就像 C 型任务一样。

如果我们的 T 型任务要求在拆除设备进行大修时更换设备(例如,采矿运输卡车车轮马达检修),那么我们还可以测量将需要备件的频率以及需要的数量。对于运输卡车车轮马达,我们可以确定我们在仓库中储备多少,以支持整个卡车的计划部件更换。假设我们有 10 辆卡车配备四轮电机,每辆都要求每18000h 更换一次。如果我们全天候运营我们的矿井,这些卡车可能每天运行20h,到 900 天后达到 18000h(或者比每 3 年时间短一些)。因此,每 3 年需要更换 40 轮电机。如果我们能够安全地假设能够在 3 年内将它们分开,那么将需要4 台备用电机,每 3~4 个月一次。如果大修时间不到 3 个月,那么经过大修的电机应及时返回给我们,以便下次需要时更换,但有些可能会被发现无法修复。更换这些设备可能需要 6 个月,所以明智的做法是除了一组 4 台将在卡车之间循环的备用电机外,再携带一些备用电机。我们的备件库存中包含的数量将在稍后介绍。

## 13.7　检测性维护支持

检测性维护包括对通常处于休眠状态的备份和安全系统进行测试,以确定它们仍在工作。除非测试方法需要特定的测试设备或其他支持,否则我们可能会发现我们对这些测试的支持需求非常少。但是,我们需要支持因发现系统无法运行而导致的维修。

如果测试时需要借助支持设备,那么我们将依据测试频率用到它。如果不这样做,那么我们只需要计划修复失效的系统。当然,还需要预测我们将如何发现它们失效——也就是另一个 RCM-R 结果。实际上,我们在计算测试频率时使用可容忍的风险等级(即,我们如何能够容忍发现它们失效)。同样,我们的计划将告诉我们,我们需要什么;我们的分析将告诉我们,以什么频率进行维护。

## 13.8　F 型任务

F 型任务要求我们在资产被允许失效时进行修理。在一个典型的 RCM-R 分析中,你可以预期 30%的决策是 F 型任务。对于维修要求,我们的维修计划包括零件的标识等,以及每修一次的数量。故障频率(我们也应该从我们的 RCM-R 工作知道)告诉我们每个修理的每一部分的需求率。这也为备件计算提供了依据。

## 13.9　提　供　支　持

每个 RCM-R 输出任务的工作计划应确定是否需要:

- 零件；
- 工具；
- 测验设备；
- 技能；
- 图表,图纸或其他信息；
- 运输需求；
- 设施能力(例如,进货和吊装规定)。

如果作业要求其他设备或系统断电或停机,那么这些设备或系统也将被识别,从而支持操作员使系统准备好进行维护工作。

一旦这些需求都被识别,它们就可以作为我们系统的整体支持包的一部分。

零件需求将根据工作而定义,包括确定哪个零件、一次执行任务需要多少零件以及我们期望需要多少零件的任务。通常,我们发现在我们工厂的多个设备上使用相同的部件。对这样一部分的需求频率是其发生的所有实例的需求总和。如果我们不考虑这一点,就很容易积压零件。我们以类似的方式处理任务所需的材料和其他消耗品。润滑剂、胶黏剂、垫圈材料、垫片等在维护任务中被消耗殆尽,因此必须提供补充。

工具的处理方式与部件类似,只是它们通常不会在修复任务中"消耗"。它们可以重复用于许多维修。常用工具通常作为使用它们的技术人员的财产处理,但是一些对工作至关重要但仅偶尔使用的特殊工具可以在"工具栏"中保存和管理。生命保护设备、链条坠落、救生带通常在工具栏中管理,因为它们也必须维护并通过测试要求以便安全使用。再次,我们可以估计这些特殊工具的使用情况,并确定是否真的需要一个以上的工具。例如,支持车间进行大量发动机修理的工具床可能需要多于一个扭矩扳手,也许每个车辆托架或每两个托架可能需要一个扳手。如果我们有工具床项目,那么也需要一个工具床(如果你还没有一个)。

测试设备实际上只是另一种工具,但具有高度专业化的用途。今天,它是计算机化的;它可以是静态的或移动的(例如,在购物车上)。每个商店有一个测试人员,如果是大商店,有几个测试人员可能是足够的。

特殊工具和测试设备也需要维护。它们可能需要定期校准以确保其准确性。在某些企业中,校准可能是必不可少的,例如,用于制药或生物医学应用的测量工具。用于测试零件和系统的工具可能需要进行校准。校准有时受到监管,特别是在食品、制药和生物医学应用中。使用需要校准的工具可能需要校准设备,甚至可能需要校准车间。校准设备本身也需要使用一套标准进行维护和校准。例如,使用一组标准砝码校准称重秤,必须将这些砝码保存在特定条件下以用于校准,保持和维护这些条件是必须实施和管理的支持系统的另一个要求。

# 13.10　文件和记录

在执行所需的工作时,除了需要拥有所有正确的物资和正确的数量之外,我们还需要一些文档,包括图纸、图表、原理图、技术维修手册、操作手册、书面程序、检查清单等。甚至我们从分析中生成的零件清单和计划也是所需文档的一部分。我们使用的文件必须符合目的准确的表示,以便我们可以依赖它们。它们需要及时反映可能发生的任何变化。

当我们执行工作时,可能需要保留某些记录。例如,我们可能需要保持制药厂中所有校准工作的准确记录或核工厂中执行的所有主动维护。我们希望记录在状态监测工作中的读数,以便能够监测随时间变化的趋势。我们需要记录对设备进行的任何设计更改,并记录到已修改的设备的支持零件清单。修改也会改变我们的维护计划。

如果这些信息准确且符合当前要求,则所有这些信息都非常有用。如果它是不准确或不完整的,那么我们可能被误导,做出错误的决策,使用错误的部件,并导致可能对生产、服务交付、安全、环境或组织的声誉有害的故障。

考虑到所有的物理资产和系统,我们都有相应的信息(文件和记录),这就是我们的"信息工厂"。这些信息不仅需要"家",还必须保持。如何做到这一点超出了本书的范围,但认识到我们的工作将为信息生成内容,并且像我们的实际资产一样,它也必须保持最新和准确,并适合目的。

我们需要考虑以各种格式和形式存储信息,需要考虑这些信息将在不同的时间被不同地方的许多人用于不同的目的。当涉及这些信息时,只需要"一个版本的事实",并且该版本需要是最新的和准确的。它也需要可访问,否则有被忽略的风险。在缺乏准确有效的信息的情况下,我们人类倾向于"弥补",或者与我们听到的任何谣言,或与我们上次处理该主题时记忆中的任何内容一起,所有这些都很可能在某种程度上无效。正确的信息需要放在需要的正确位置,并且任何需要使用它的人都可以轻松访问。

例如,考虑一个纸浆和造纸厂运行一个泵的真实故事。维护计划要求进行C 型任务——月度振动监测——用于做出与轴承健康有关的决策。当振动读数达到临界水平时,轴承会被更换。该公司希望做得更好。他们希望根据当地的运营环境制定最优的政策来平衡成本和风险。如果没有收集和存储正确的数据,他们将无法实现这一复杂的目标。在这种情况下,他们需要记录先前的轴承变化及其原因,以及每个轴承位置的振动读数,包括日期、时间和测量值。很幸运,他们保留了所有这些记录,并且可以改进维护政策。许多公司并不那么幸运,尽管收集和存储了他们认为是大量数据的内容,但缺少关键数据元素,因此无法实现更好的数据驱动维护实践。

资产信息管理是一个大的课题,需要比这本书能提供更多的覆盖范围。资产信息管理经常做得很差,而且经常因为一些人所不知的东西而惹麻烦。信息的目的是帮助我们做出正确的决定。我们需要提供良好的信息来实现这一目标。我们一生中要做的决策决定了我们需要的信息。反过来,应该揭示需要的信息,由谁和以什么形式或格式。所有这些都驱动了我们使用的存储和检索系统,包括信息技术。如果现场技术人员在现场需要准确的技术手册,那么他们需要在他们的卡车上有一个小的图书馆,这将很难跟上修改,或一些移动技术检索和阅读他们需要使用的信息。

## 13.11　技能和能力

工作计划定义了我们在 RCM-R 分析中定义的任务所需的操作。这些行动可能需要我们的工作人员已有的技能和知识,或者可能需要新的技能和知识。作为我们杠杆活动的一部分,我们希望确保我们的员工为他们的工作做好准备——他们可能需要接受新技能的培训以及使用我们推荐的新状态监测技术所需的知识。

例如,如果要使用红外热成像、振动分析、油液分析和/或超声波技术,我们可能需要培训维修人员或技术人员如何使用它们。根据我们打算如何广泛使用这些技术,可能需要广泛的培训。如果打算使用振动分析作为状态监视和诊断工具,以帮助精确地找出我们正在检测的问题,那么我们可能需要比仅仅使用它来检测问题更多的训练。

RCM-R 分析将为运营商提供执行任务。这些任务中的一些是简单的维护任务,但是我们的操作员可能不知道如何在没有培训的情况下正确地执行它们。例如,我们可以要求操作员在必要时进行油位检查并加满油底壳。他们需要学习如何检查液位,什么液位可以接受,什么液位不可接受,使用什么油,使用什么设备,使用多少,甚至如何发现异常情况。

对于我们创建的每个计划,以及每个操作程序或任务,我们应该根据工作团队已经拥有的技能来评估所需的技能。如果他们需要额外的技能或知识来做我们现在要求他们做的事,那么我们需要提供培训。

## 13.12　设　　施

有设施支持我们的工作。事实上,这些设施经常支持这支持工作本身!维修车间提供我们进行维护所需的基础设施和系统——支持效率。我们的维修设施是否具备功能和能力来适应我们要求在那里完成的新工作?我们需要考虑这一点。

在北方的一次采矿作业中,一辆拖运卡车被新型的更大容量的卡车取代。更大的运输能力意味着更换车辆需要更少的卡车,因此可以避免卡车上的一些资本支出。但是,卡车比通往卡车车间维修区的门大。在夏季,这只是不便,但一旦冬天到来,它就成为一个主要问题。在该矿,温度可能会降至-40℃。如果卡车停在这些温度下,发动机缸体会冻结。在精密工作之外工作不是一种选择。矿山生产遭受了几个月的困难,同时对维修车间进行了紧急修改,以允许卡车进入室内。需要几个月的时间才能对空气、油、润滑和排水装置进行其他修改,并获得有效的工作工具。

同样,如果我们确定培训需求,可能需要考虑我们的培训能力和设施。我们有必要的设施、模拟器或教学仪器来进行培训吗?如果没有,我们也需要安排这些。

备件的存储空间是另一个考虑因素。我们需要携带一些备件,所以对储藏室的需求是相当明显的。但是它需要多大呢?我们有备件需要维护吗?一些电子备件(并且越来越多)需要被加电,即使是在存储中。有些物品在使用前需要校准。我们有能力识别它们并确保它们被校准吗?旋转设备备件(如电动机)需要周期性地转动。我们有一个系统来管理这些物品在储存过程中的维护吗?

## 13.13　备　　件

由于无法完成工作,维护人员会责备缺少备件或者使用错误的备件。对此进行的调查显示,维护计划不充分,供应链管理人员没有关于什么备件、备件多少以及何时需要的良好信息。我们希望通过充分利用 RCM-R 分析的过程来避免这一切。备件需要考虑很多因素,其中一些非常具有技术性。备件不能仅仅进入旧的被移除的空间,它也必须做原器件同样的事情和执行相同的标准。我们需要弄清楚我们需要多少备件,是否能够及时运到我们这里来满足需求;如果不能,那么每次需要保留和订购多少,如何存储它们,在存储期间需要做什么(如果有的话)来维护它们,如果我们修改设备并以某种方式改变零件该如何处理它们,等等。

在确定要保持可用的正确备件数量时,策略首先取决于消耗的备件数量以及消耗的速度。这取决于它们对整个过程的可靠性和关键性。

许多备件是快速消费、易于获得且购买和存储相对便宜的一次性消耗品。这些部件的订购可能涉及显著的管理费用。对于这些情况,最常见的是实施经济订单数量或最小/最大库存水平模型。这些模型的准确性取决于高需求率。

有些部件的消耗速度不是很快,但对于操作非常重要,无论是现场存储还是与本地供应商安排,获得零件是必不可少的。对这些备件的不稳定需求意味着用于快速移动部件的计算可能不准确。本节的其余部分将讨论存放这些资本或紧急备件的问题。

对资本备用的需求将来自两个主要来源:T 型任务和 F 型输出。早期在拖运卡车车轮马达示例中,解决的任务要求发生在需要在计划的基础上移除部件一段时间以进行维修、翻新或可能被丢弃时。F 型输出需求发生在意外故障的情况下,尽管维护程序效果最好,但仍可能不时发生。

也许可以通过状态监测来预测对备件的需求。这是一种更高级的备用配置策略,越来越受欢迎,但我们不会在本节中介绍它。

由于 T 型任务对备件的需求往往是可预测的(并且更频繁),因此这些备件的采购应该被认为是一个单独的管理问题,而不是保持足够的库存以满足更不可预测的故障需求。在拖运卡车车轮电机示例中,总共有 40 个轮式电机,每 3 年需要进行 3 个月的大修。在既定的运营计划中,我们可以期望在一年中均匀地分配这项工作,需要大约 4 台备用电机才能在稳定的状态下运行这个计划的维护计划。

请注意,在一项全新的操作中,一旦任何故障初始损坏率自行解决,我们可以预期一段时期对计划维护需求和计划外故障需求的资本备件需求非常低。这个低需求期将持续多长时间取决于部件的可靠性和服务数量。再次考虑车轮电机示例。如果它们都是全新的怎么办? 这些项目往往是可靠的。也许在第一次计划大修之前,其中只有 8 个会失败。很容易就会发生第一年根本没有备件需求,然后第 2 年和第 3 年发生一些失效。然后,我们将不得不计划在 3 年后进行 32 次大修,基本上全部是在同一时间。在全新操作的情况下,与 F 型输出备用需求分开管理 T 型任务备用需求尤为重要。

对于不可预测的故障需求,应该保留多少备件? 此外,还有许多可能的考虑因素。每当有人问"正确的数字是多少?""一个人必须根据什么标准来规定?"双重标准可以给出不同的答案。公司必须决定哪些标准最适合其业务目标。

一个标准可能就是我们所说的"区间可靠性",即在某些特定的计划范围内需要时,我们永远不会缺少备用。我们通常希望这种概率很高,例如超过90%或95%。计划范围可能是采购新零件的前置时间,或者可能是财政年度,或5年计划,或任何业务认为合适的时间。间隔可靠性取决于备件的需求率(基本上,单个零件的故障率乘以使用的零件数量)和维修率(如果零件可修复)。

对于使用区间可靠性准则的公司来说,一个常见的错误是在计划范围内将库存维持在预期需求数量上,但是这往往导致区间可靠性仅介于65%~80%!正确的数字往往是预期的需求数量,再加上最坏情况下的需求。

另一个标准可能是存储最小化总成本的备件数量。成本可包括以下任何考虑因素:获得零件的成本,持有成本,如果没有备件则每单位时间的停机成本,以及在短时间内获得紧急零件的成本。在规划期限结束时,还应考虑未使用备件的剩余价值。

还有一个标准可能是存储支持某个(可能是高的)正常运行时间百分比的备件数量。该标准还取决于需求率和修复率。

备件数量的实际计算需要使用软件。有可用的软件包可以执行备件计算。必须注意准确了解你选择的软件使用的计算方法。一些公司使用模拟软件进行备件计算。

让我们重温一下卡车轮式电机的例子。我们将使用多伦多大学维护优化和可靠性工程中心(C-MORE)开发的备件管理软件进行计算。

有40个轮子马达在使用。平均修复时间为3个月。经过3年的运行,我们累计使用了1440个月的车轮电机,在此期间有8个故障严重到足以要求使用备用电机。这使我们的每个车轮马达的MTBF为180个月。为了在12个月的规划期内实现95%的间隔可靠性,我们需要3个备件。

假设我们希望最大限度地降低每月的总成本,包括停机成本和持有成本。如果卡车由于缺少轮式电机而无法运行,我们估计每月损失1500000美元。备件的持有成本是每月2000美元。在这种情况下所需的备件数量是4。

或者,假设我们希望所有卡车都能运行99%的可用时间,对此只需要1个备用。当然,卡车可以并且将由于与备用轮马达不可用无关的原因而遭受停机。该计算仅涉及缺少备件的贡献。人们对确保正常运行时所需的少量备件感到惊讶。这通常是因为关键项目往往是高度可靠的,因此修复时间只是MTBF的一小部分。

注意,在这些示例计算中,所需的备件数量总是超过我们手头需要的4个备件,只是为了服务基于时间的大修,我们建议应该分开管理。

这种扩展的车轮电机示例是可能的,因为在3年的操作中积累了数据,这是新操作所不具备的。我们已经注意到新操作中面临的一些备件挑战,因为第一个运行期与稳态情况不同。此外,必须考虑无可用数据的挑战。该业务可能不得不依赖于原始设备制造商的建议。

# 13.14　本章小结

我们已经了解了 RCM-R 及其增强功能如何直接添加到 RCM 分析中,将它们与风险管理联系起来,集中到它们将发挥最大作用的地方,并通过应用 Weibull 分析使它们更加准确(并且更加与具体的故障模式相关)。根据我们的军事项目经验,我们已经了解了一种利用前期设计分析的常识方法,RCM 分析结果有助于建立一个完整的支持基础架构,该架构非常适用于系统和管理的故障模式。我们已将综合后勤支持(ILS)概念应用于更广泛的工业市场。我们的 RCM-R 分析通过相继更详细的设计阶段进行迭代,以揭示潜在的设计流程和修正,其中可能需要为访问和支持设备提供服务,以及应考虑哪些主要的保险备件。即使在早期设计阶段,我们也可以了解对模拟器、培训师甚至设施等支持系统的需求。随着设计的不断复杂,我们的分析深度会增加,从而可以非常精确地确定支持要求,直至备件及其数量。这样做有助于我们实现在军事应用和新飞机中通常看到的:相对无故障地调试和启动、容量快速提升、以及如果遇到启动初期问题则快速返回服务。我们的系统更快地得到充分利用,从而使资本投资得到更快的回报。最好的时机是在设计阶段,那时我们对生命周期成本以及新系统的长期可生产性具有最大的影响。本章还提供了简化的 ILS 工艺、工业生命周期支持定义。使用这个方法可以帮助实现通过新的国际资产管理标准 ISO 55001 所希望实现的大部分价值。对所有 RCM-R 分析输出的支持可以被定义、获取并定位在最适合做的地方,包括备件、材料、工具、测试设备、培训(需要时的新技能)、培训支持(例如培训师及其住宿)、起重和运输能力/容量、车间能力和容量,以及支持维修的技术文件。作为培训,记录保存系统、CBM 设备,以及正确使用支持设备和工具所需的所有培训。利用 RCM-R 分析的特定输出进行扩展分析,可以使你的组织能够进行长期、成功和可持续的运营,从而实现你希望实现的系统性能——它将希望变成了真正的选择。

# 附录 A　故障查找任务频率

　　故障查找任务用于查找隐藏故障。隐藏故障发生在提供某种保护或备份功能的保护装置中。

　　在正常操作中,受保护功能是运行的,保护设备在待机模式下休眠,当被唤醒时可操作。如果受保护功能失效,则保护装置可被唤醒用于减少或消除失效的后果。

　　如果保护装置在保护功能失效(即,它不可用)时已经失效,则称已经发生了多次故障。这两种失效的结果是保护功能丧失,则保护装置意图避免的后果将会发生。

　　由于保护装置通常处于休眠状态,它们的故障很少被操作员所察觉。一旦它们失效,它们将保持这种方式(不可用)直到被检测到。当受保护功能失效,并且唤醒保护设备运行或者确认它仍在工作时,就会发生这种情况。

　　发生多次故障的概率是被保护功能失效(产生对保护的需求)的概率和保护装置不可用的概率的乘积。

　　受保护功能对应的保护装置平均故障间隔(MTBF)是需求率,通常从维护记录、操作历史或其他类似应用系统的历史记录中得知。我们将需求之间的平均时间视为需求的 MTBF 或 MD。

　　如果我们没有测试保护装置,可能就不知道它们有多么不可用,但是我们可能知道它们多久会失效(或者历史上已经失效)。同样,它们的 MTBF(MV)可能是已知的,或者我们可以通过研究来了解它。

　　注意:如果故障是与年限或使用相关的,那么可以使用 TBM 处理,并且我们可以忽略故障的发现。然而,如果故障是随机的(通常如此),那么我们需要确定保护装置的测试间隔,以将其不可用性降低到可以接受的水平。如果故障是随机的(即故障模式 E),则它们具有恒定的故障(危险)率 $\lambda$,这个故障率是MTBF 的倒数。

　　对于随机失效的设备,它们在任何时间点的可靠性(即生存概率),假设它已经存活到那个时间,由下式给出:

$$R(t) = e^{-\lambda t}$$

它在那个时间点的不可用率是

$$u(t) = 1 - R(t) = 1 - e^{-\lambda t}$$

$e^{-\lambda t}$ 可扩展为幂级数：

$$1 + (-\lambda t) + \frac{(-\lambda t)^2}{2!} + \frac{(-\lambda t)^3}{2!} + \cdots$$

如果忽略高阶项并代入 $u(t)$，就会得到近似值

$$u(t) = 1 - (1 + (-\lambda t))$$

$$u(t) = \lambda t$$

用 MTBF 代替 $\lambda$，得到

$$u(t) = \frac{t}{M}$$

## 1. 单保护装置：基于风险的决策标准

用 $M_v$ 代替 $M$，保护装置的瞬时不可用性变为

$$u_v(t) = \frac{t}{M_v}$$

我们感兴趣的是它在测试间隔 $I$ 之间的一段时间内的平均不可用性。

为了确定平均值，我们将方程在 $0 \sim I$ 的一段时间内积分并除以区间 $I$ 的长度：

$$U_v(I) = \int_0^I \frac{u_v(t)}{I} \mathrm{d}t = \int_0^I \frac{t}{I \times M_v} = \frac{I}{2M_v}$$

简化为

$$U_v = \frac{I}{2M_v}$$

解出 $I$，就得到

$$I = 2M_v U_v \tag{A.1}$$

这是确定随机失效的单个保护装置的测试间隔的通用公式。

两个故障同时发生的概率（$1/M_m$）可以使用保护功能失效概率和保护设备失效概率的乘积来计算：

$$\frac{1}{M_m} = \frac{1}{M_v} \times \frac{1}{M_d}$$

重新排列：

$$1/M_v = M_d/M_m$$

代入方程（A.1），得到

$$I = 2 \frac{M_d \times M_v}{M_m} \tag{A.2}$$

**2. 单保护装置:基于风险的标准与测试失败概率**

如果测试失败的概率为 $p$,那么我们需要考虑两个失效事件和两个不可用组件。对于非由于测试而导致的设备故障,不可用性是总不可用性减去由测试导致的不可用性,即

$$U_{v} = \frac{M_{d}}{M_{m}} - p$$

保护装置本身由于测试以外的原因而失效的概率($Po$)由 $p$ 降低为

$$P_{o} = P_{v}(1-p)$$

表示为 MTBF:

$$\frac{1}{M_{o}} = \frac{1}{M_{v}(1-p)}$$

$M_{v}$ 变为

$$M_{v} = \frac{M_{o}}{1-p}$$

将 $U_{v}$ 和 $M_{v}$ 代入式(A.1),得到

$$I = 2\frac{M_{o}}{1-p}\left(\frac{M_{d}}{M_{m}} - p\right) \qquad (A.3)$$

注意,如果 $p \to 0$,那么 $M_{o} \to M_{v}$,我们最终得到

$$I = 2\frac{M_{d} \cdot M_{v}}{M_{m}}$$

**3. 单保护装置:基于经济的决策标准**

这适用于我们有操作性或非操作性的情况。我们需要确定执行故障查找测试的相对成本与多故障的成本。从基本方程(A.1)开始:

$$I = 2 \times \frac{M_{d} \cdot M_{v}}{M_{m}}$$

多重故障的概率是其 MTBF 每单位时间的倒数:

$$\frac{1}{M_{m}} = \frac{I}{2M_{d} \cdot M_{v}}$$

每次故障出现的成本是 $C_{m}$(包括维修和停机成本),因此每单位时间的成本是

$$\frac{C_{m}}{M_{m}} = \frac{C_{m} \cdot I}{2M_{d} \cdot M_{v}}$$

每次完成故障查找任务的成本都是 $C_{ff}$。每单位时间发现故障的成本是

$$C_f = \frac{C_{ff}}{I}$$

当发现故障保护装置时,需要以每单位时间 $C_v / M_m$ 的成本进行维修。增加成本要素,得到总成本

$$C = \frac{C_m \cdot I}{2M_d \cdot M_v} + \frac{C_{ff} \cdot M_m}{I} + \frac{C_v}{M_m}$$

我们希望在时间 $I$ 中最小化总成本 $C$,因此取导数并将其设为零:

$$\frac{\mathrm{d}C}{\mathrm{d}I} = 0 = \frac{C_m}{2M_d \cdot M_v} - \frac{C_{ff}}{I^2}$$

对 $I$ 重新排列和求解,得

$$I^2 = \frac{2M_v \cdot M_d \cdot C_{ff}}{C_m}$$

$$I = \left( \frac{2M_v \cdot M_d \cdot C_{ff}}{C_m} \right)^{1/2} \tag{A.4}$$

### 4. 更复杂的配置

如果只有一个保护装置或一个简单的保护系统可以作为单个装置处理(大多是在这种情况下),那么只需要利用式(A.1)~式(A.4)。

但是,你的保护装置可能由多个具有不同故障率(或 MTBF)的组件组成。

重要的是要考虑设备的"逻辑"连接而不是物理配置。如果物理上彼此并行连接的设备必须同时操作以保护系统执行其功能,那么从可靠性角度来看,它们是逻辑上串联的。如果它们真的彼此冗余,则设备只从逻辑的角度并行运行。当确定串联和并联组合的故障率(或 MTBF)时,则有一定的偏差。

对于随机失效的设备的可靠性,我们处理的是指数函数。在串联组合中,部件的故障率相加为组合的故障率。从数学上讲,我们是在增加指数。请记住,故障率是 MTBF 的倒数(更常用的是测量)。当添加一系列表示为 MTBF 的故障率时,不能只将它们加在一起。

### 5. 构成单个保护装置的系列设备(系统)

如果保护装置实际上是串联连接的一系列装置(例如,传感器、接线、电池、灯或警报器)或者具有多种故障模式,那么它的故障率是所有各种装置(或故障模式)故障率的总和:

$$\lambda_v = \lambda_1 + \lambda_2 + \cdots$$

表示为 MTBF:

$$1/M_v = 1/M_1 + 1/M_2 + \cdots$$
$$M_v = 1/(1/M_1 + 1/M_2 + \cdots)$$

因为，$U_v = M_d / M_m$，因此故障查找间隔 $I = 2 \times U_v \times M_v$ 变为

$$I = 2 \frac{M_d}{M_m} \times \cfrac{1}{\cfrac{1}{M_1} + \cfrac{1}{M_2} + \cdots}$$

$$I = 2 \frac{M_d}{M_m} \cfrac{1}{\displaystyle\sum_{i=1}^{n} \frac{1}{M_i}} \tag{A.5}$$

式中：$n$ 为串联设备的数量或故障模式；$M_i$ 为每个设备的 MTBF。

对于基于成本的公式，用 $\cfrac{1}{\cfrac{1}{M_1} + \cfrac{1}{M_2} + \cdots}$ 替代 $M_v$：

$$I = \left( \cfrac{2 M_d \cdot C_{ff}}{\displaystyle\sum_{i=1}^{n} \frac{1}{M_i} \cdot C_m} \right)^{1/2} \tag{A.6}$$

### 6. 冗余保护装置的并联组合

设备的并联组合确实是多余的。与串联组合不同，串联组合中任何设备出现故障都会导致整个系统瘫痪；当并联连接时，两个设备都发生故障，才能使系统失去功能。向任何系统设计添加冗余是提高可靠性的强大设计工具，尽管它有成本——你必须添加更多的设备（资本成本），并且你必须测试它们（操作成本）。当故障的后果可能是严重且不可容忍时，由于冗余设备提供风险缓解，因此成本是合理的。然而，仅仅在没有证明的情况下添加冗余可能是昂贵的设计方法。如果可以在系统设计中获取和使用这些设备，则使用高度可靠的设备也可以很好地工作。但是，请记住，大量串联连接的设备，即使每个设备都高度可靠，也可能成为不可靠的组合。并行冗余有其自己的位置，测试它们以确保它们还没有失效是一种故障管理方法。

测试冗余设备有两种可能性：它们可以彼此分开测试，也可以同时测试。如果它们以平均间隔 $I$ 彼此分开测试，则平均可用性略高于在同一时间测试它们。如果它们一起测试（这实际上更有可能），那么 $I$ 必须缩短一点才能达到相同的可用性。

首先，我们考虑彼此独立地测试它们（不太可能的情况）。

### 7. 两个并行冗余设备测试 —— 彼此独立

并行添加的每个保护设备都可能发生故障，从而留下不可用的时间段。一个设备不可用性是 $U_v$，因此两个提供保护的不可用性现在是 $U_v^2$。

多重失效的可能性现在变成了

$$P_m = P_d \cdot U_v^2$$

$$U_v = (P_m/P_d)^{1/2}$$

由于 $P \propto 1/M$，并且使用 $M_t$ 作为 $1/P_m$ 的目标值，则

$$U_v = (M_d/M_t)^{1/2}$$

$$I = 2(M_d/M_t)^{1/2} \cdot M_v$$

之所以出现常数 2，是因为故障是随机的，并且假设平均值在两次测试之间的中间位置。为了达到这个目的，测试间隔必须平均到 $I$。为此，独立的并行设备应该相互独立地进行测试，而不是同时进行测试。它们的平均测试间隔应该是 $I$。这在大多数计算机维护管理系统（CMMS）中是一个挑战。

### 8. 三个并行冗余设备测试——彼此独立

$$P_m = P_d \cdot U_v^3$$

$U_v = (P_m/P_d)^{1/3}$；用 $M_d$ 和 $M_t$（耐受性）分别取代 $P_d$ 和 $P_m$：

$$U_v = (M_d/M_t)^{1/3}$$

$$I = 2(M_d/M_t)^{1/3} \cdot M_v$$

同样，这些设备应该彼此独立地进行测试而不是同时进行测试，这对于在维护管理系统中安排测试是具有挑战性的。

由于 CMMS 的局限性以及规划者和调度员可能同时分配所有测试任务的倾向，我们需要确定发生这种情况时的 $I$。在这种情况下，$I$ 不再是两个或多或少随机间隔的"平均"。

现在，我们考虑同时测试设备。

### 9. 同时测试 $n$ 个冗余保护装置：基于风险的标准

由于保护装置将在测试后以相同的速率老化，因此它们的累积失效概率将一起攀升，并且随之不可用。

每个设备失效的概率是

$$u = 1 - e^{-\lambda t}$$

将指数项扩展为幂级数，得到

$$u = 1 - \left( 1 + (-\lambda t) + \frac{(-\lambda t)^2}{2!} + \frac{(-\lambda t)^3}{2!} + \cdots \right)$$

假设 $\lambda$ 是一个小数（失败率应该非常小），我们可以忽略高阶项来得到近似值：

$$u = \lambda t$$

多个设备一起失效的概率 $U$ 是

$$U = (1 - e^{-\lambda t})^n$$

在故障查找间隔 $I$ 上的平均不可用性为

$$U(I) = \int_0^I \left( \left( 1 - e^{-\lambda t} \right)^n \right) \mathrm{d}t / I$$

将上述近似值代入 $U$，得到

$$U(I) = \int_0^I \left( (\lambda t)^n \right) \mathrm{d}t / I$$

$$U(I) = (\lambda I)^n / (n+1)$$

组合系统(保护加保护)的失效概率变为

$$P_m = P_d \cdot (\lambda I)^n / (n+1)$$

重新求解 $I$ 为

$$I = 1/\lambda \cdot \left( P_m \cdot (n+1)/P_d \right)^{1/n}$$

分别用 $1/M_m$、$1/M_d$ 和 $1/M_v$ 代替 $P_m$、$P_d$ 和 $\lambda$，得到同时测试的 $n$ 个多个冗余设备的测试间隔的通用公式：

$$I = M_v \left( \frac{(n+1) M_d}{M_m} \right)^{1/n} \tag{A.7}$$

注意，如果 $n=1$，则得到单个保护装置的公式即式(A.2)：

$$I = 2 \frac{M_d \cdot M_v}{M_m}$$

### 10. 同时测试 $n$ 个冗余保护装置：基于经济的标准

如前所述，在单一保护装置的情况下，我们考虑各种成本，将它们加在一起作为总计，并对变量 $I$ 取一个导数，然后将其设置为零，以确定总成本最小化的 $I$。

多故障事件的成本是 $C_m$（维修和停机成本），因此每单位时间的成本是 $C_m/M_m$。

为 $M_m$ 重新排列 $I = M_v [ (n+1) M_d / M_m ] 1/n$，并分成 $C_m$，得到

$$\frac{C_m}{M_m} = \frac{C_m I^n}{(n+1) M_v^n M_d}$$

与以前一样，每单位时间发现故障的成本是

$$\frac{C_{ff}}{I}$$

一旦发现问题，维修系统的维修费用就会增加

$$\frac{C_v}{M_m}$$

总成本变为

$$C = \frac{C_m I^n}{(n+1) M_v^n M_d} + \frac{C_{ff}}{I} + \frac{C_v}{M_m}$$

如果 $I$ 太短,成本会上升,因为我们会有更多的故障。如果 $I$ 太频繁,成本也会上升,因为我们会做太多的测试。在两个极端之间是当成本曲线的斜率为零时得到最小值。

成本曲线的斜率是其导数:

$$\frac{\mathrm{d}C}{\mathrm{d}t} = \frac{nC_{\mathrm{m}}I^{n-1}}{(n+1)M_{\mathrm{v}}^n M_{\mathrm{d}}} - \frac{C_{\mathrm{ff}}}{I^2}$$

将 $\mathrm{d}C/\mathrm{d}t$(斜率)设置为零使我们能够求解 $I$:

$$0 = \frac{nC_{\mathrm{m}}I^{n-1}}{(n+1)M_{\mathrm{v}}^n M_{\mathrm{d}}} - \frac{C_{\mathrm{ff}}}{I^2}$$

重新求解 $I$ 为

$$\frac{C_{\mathrm{ff}}}{I^2} = \frac{nC_{\mathrm{m}}I^{n-1}}{(n+1)M_{\mathrm{v}}^n M_{\mathrm{d}}}$$

$$I^{(n+1)} = \frac{C_{\mathrm{ff}}(n+1)M_{\mathrm{v}}^n M_{\mathrm{d}}}{nC_{\mathrm{m}}}$$

$$I = \left( \frac{C_{\mathrm{ff}}(n+1)M_{\mathrm{v}}^n M_{\mathrm{d}}}{nC_{\mathrm{m}}} \right)^{\frac{1}{n+1}} \tag{A.8}$$

**11. 复杂的保护系统**

在设施方面,或许比工厂和移动设备更为重要,我们拥有整个防火系统、有害气体检测和安全保护系统。这些系统可以设计用于整个建筑物甚至整个校园,包括许多建筑物。整个系统都是必须进行测试的保护装置。根据它们要防范的目标,对它们的操作需求总是由系统本身以外的因素驱动——例如,释放有毒气体、发生火灾、武器或爆炸物通过检查站、小偷或恐怖分子闯入,或监狱中的囚犯越狱。

这些系统将是串联和并联设备的复杂组合,它们可能涉及触发信号到本地面板的多个传感器。可能有许多本地面板向集中式面板发送另一个信号,甚至可以向远程监视器发送信号。

考虑一个简单的家庭安全系统,它可以包括门上的开放传感器、外门上的锁闭传感器、窗户、走廊和房间中的运动探测器、烟雾传感器和二氧化碳传感器。这些信号可能都提供给家庭安全面板,而家庭安全面板又可能通过互联网调制解调器或电话线连接到安全公司的中央监控站。

考虑到每个部件的功能及其互连,这些系统的测试通常需要分部分进行。例如,通过简单地触发任何传感设备,可以证明到远程监测站的通信的功能、中央面板拾取信号和传输信号的能力。触发设备通过一系列连接的设备发送信号。整个系统要么工作要么失效。

但是,每个传感设备及其连接必须单独测试。每个感应"腿"独立于其他。它们彼此并行运行,但不一定在逻辑上并行。鉴于它们安装在不同的区域,如果检测到问题并将其隔离到特定位置非常重要,它们就不会真正地作为冗余设备相互支持。每个设备都需要独立测试。但是,如果你只想知道有入侵者,或者有火灾,那么结构中的位置就不那么重要了,因为该区域的烟雾探测器可能无法检测到某个区域的火灾,但它很可能被相邻的探测器探测到。测试可能不那么频繁,测试频率可以考虑安排的并行冗余性质。

每个设计都是独特的,因此绘制显示各种并行和串行组合的线图、确定这些组合的逻辑测试策略以及计算每个组合的故障排除测试间隔是有用的。

### 12. 投票系统

另一个可能出现的复杂情况是,当使用投票系统时,例如,在你认为情况处于警报状态之前,需要让三个检测器中的两个启动。一个简单的并行冗余是两个表决逻辑系统中的一个。这些情况出现在 IEC 61508 所覆盖的安全仪表系统中,该标准包括用于设计这些系统可靠性的方法。仪器系统和自动化协会(ISA)也提出了一系列技术报告,涉及安全仪器系统,甚至包括常用设备的MTBF 表(ISA-TR84. 00. 02-2002)。

如果我们确定投票系统的失效概率 $P_{vs}$,那么我们可以把它用在通用方程式(A. 1)中,$I=2U_v \times M_v$,用 $P_{vs}$ 代替 $1/M_v$。

Mirek Generowicz 提出了 IEC 标准中使用的方程的推导,该公式在这里也适用。对于表决逻辑系统

$$P_{vs} = \left( \frac{N!}{(N-M+1)!(M-1)!} \right) \frac{\lambda I^{(N-M+1)}}{N-M+2} + \frac{\beta \lambda I}{2}$$

式中:$M$ 表示 $N$ 个设备中必须工作以触发警报或关机的个数;$\lambda$ 为各个设备的故障率;$\beta$ 为具有共同原因的故障的比例;$I$ 为测试间隔。用于我们目的的 $P_{vs}$ 是我们认为可以容忍的概率(即 $I/M_m$)。

故障的常见原因(由 $\beta$ 表示)在逻辑中表现为单通道故障。如果我们忽略这些,严格地处理系统的投票部分,可以得到

$$P_{vs} = \left( \frac{N!}{(N-M+1)!(M-1)!} \right) \frac{\lambda I^{(N-M+1)}}{N-M+2}$$

对 $I$ 进行重新排列,用 $1/M_v$ 代替 $\alpha$,用 $1/M_m$ 代替 $P_{vs}$:

$$I = M_v \left( \frac{(N-M+1)!(M-1)!(N-M+2)}{M_m N!} \right)^{\frac{1}{N-M+1}} \quad\quad (A. 9)$$

## 13. 故障查找间隔(FFI)公式综述

1)使用术语

$C_{ff}$——故障发现任务成本;

$C_m$——多重故障成本(包括维修和运营成本);

$I$——故障查找测试间隔;

$M$ 和 $N$——投票逻辑安全系统中 $N$ 个设备中的 $M$ 个计数;

$M_d$——受保护功能的 MTBF;

$M_i$——组成单一保护系统的一系列 $n$ 个组件中每个组件的 MTBF;

$M_m$——多重故障的 MTBF(由多重故障的可容忍概率确定);

$M_o$——非测试引起的保护装置的 MTBF;

$M_v$——保护装置的 MTBF;

$n$——每个具有 $M_i$ 或多个冗余(并行)保护设备的组件数量;

$p$——测试时保护装置失败的概率;

$U_v$——保护装置的不可用性。

2)公式

基本情况:

$$I = 2U_v \cdot M_v \qquad\qquad (A.10)$$

单一保护装置(风险标准):

$$I = 2\frac{M_d \cdot M_v}{M_m} \qquad\qquad (A.11)$$

如果在测试中存在单个保护装置失效的可能性:

$$I = 2\frac{M_o}{1-p}\left(\frac{M_d}{M_m}-p\right) \qquad\qquad (A.12)$$

单一保护装置(成本标准):

$$I = \left(\frac{2M_v \cdot M_d \cdot C_{ff}}{C_m}\right)^{1/2} \qquad\qquad (A.13)$$

多组件单保护系统(风险标准):

$$I = 2\frac{M_d}{M_m}\frac{1}{\sum_{i=1}^{n}\frac{1}{M_i}} \qquad\qquad (A.14)$$

多组件单保护系统(成本标准):

$$I = \left(\frac{2M_d \cdot C_{ff}}{\sum_{i=1}^{n}\frac{1}{M_i} \cdot C_m}\right)^{1/2} \qquad\qquad (A.15)$$

233

多个冗余(并联)保护装置(风险标准):

$$I = M_v \left( \frac{(n+1)/M_d}{M_m} \right)^{1/n} \qquad (\text{A. 16})$$

多个冗余(并联)保护装置(成本标准):

$$I = \left( \frac{C_{ff}(n+1) M_v^n M_d}{n \cdot C_m} \right)^{\frac{1}{n+1}} \qquad (\text{A. 17})$$

$N$ 个投票逻辑中的 $M$(风险标准):

$$I = M_v \left( \frac{(N-M+1)!(M-1)!(N-M+2)}{M_m \cdot N!} \right)^{\frac{1}{N-M+1}} \qquad (\text{A. 18})$$

# 附录 B  术 语 表

**ACA**  资产关键性分析

**Acceptable condition**  可接受的条件。该条件符合特定用途,不低于法定的要求条件;符合设备运行的功能标准

**Activity board**  活动板。由团队或小组准备的信息共享显示,以促进整个生产维修(TPM)环境中操作员和维修人员之间的通信

**Acute loss**  急性损耗。偶尔或一次性的性能不足,实际性能与最佳性能之间的差距;通常与主要缺陷有关

**Adjustments**  调整。轻微调整动作只需要手动工具,没有部件,通常持续不到半小时

**AM**  资产管理

**Apprentice**  学徒

**ARB**  英国航空登记委员会

**Area maintenance**  区域维修。一种维修组织,其中第一线维修人员负责特定区域内的所有维修事务

**Asset(s)**  资产。企业的物理资源,例如工厂、设施、车队或其零部件

**Asset information management(AIM)**  资产信息管理,所有与物理资产相关的技术以及其他信息的治理和管理

**Asset list**  资产清单。通常包含制造商、供应商、规格、分类、成本、保修和税收状况等信息的项目登记表

**Asset management**  资产管理。一种在经济生活中对物质资源的系统规划和控制

**Asset number**  资产编号。列表中资产的唯一字母数字标识,位于数据库中,用于管理

**ATA**  美国航空运输协会

**Autonomous maintenance**  自主维修。由操作员执行的日常维修、PM 和PDM,在维修交易员的帮助下或没有维修交易员的帮助下进行,维修交易员通常与操作员属于同一团队

**Availability**  可用性。资产能够执行其指定功能的预定时间段,以百分比

表示

**Available** 可用性。准备使用的状态，包括由于维护以外的原因而导致的运行时间和停机时间

**Backlog** 待办事项。正在等待完成的工作；已评估并等待的计划、优化、调度和执行

**Bar code** 条形码。用不同宽度的线编码数据的符号，表示字母、数字、字符

**Benchmark** 基准。基于对具有相似关键性能驱动因素的可比业务或业务流程的调查或研究而制定的可衡量的高性能标准

**Benchmarking study** 基准研究。旨在确定达到这些高绩效水平的基准和实践的正式研究

**Best practice** 最佳实践。

**Bill of materials( BOM)** 物料清单。从完整装配到资产的各个组件和零件的组成列表，通常按照总组件到次要组件的分层结构

**Breakdown** 故障。资产未能达到功能标准

**Breakdown maintenance** 故障维护。一种除非某项产品不再符合其功能标准，否则不进行维修的策略，通常在资产完全不能运行时执行

**Callback** 回调。由于原始修复没有纠正错误而重新执行的作业

**Callout** 呼叫。在正常工作日之外调用维修工人的做法

**Capital spares** 资本备件。通常是大的、昂贵的、不容易获得的或有很长交货期的备件，是在意识到没有备件的风险后，作为资产的一部分而购买的。会计经常将这些备件视为资本项目，其价值随着时间的推移而贬值

**Catalogue** 目录。维修设备的部件或其他库存或非库存项目的描述

**CBM** 基于状态的维护和基于状态的监测

**Change-out** 更换。删除组件或部件，并将其替换为新的或重建的部件

**Charge-back** 后期费用。向要求工作的用户部门收取的维修费用

**Chronic loss** 长期亏损。经常出现的绩效缺口，实际与最优绩效之间的差距

**Cleaning** 清洗。清除所有污物、碎屑和污染源，以防检查和避免长期损失

**CMMS** 计算机维修管理系统

**Code** 代码。符号标识，用于识别

**Component** 组件。资产的组成部分，通常是模块化和可替换的，有时根据其应用程序的重要性和可互换性进行序列化

**Component number** 组件编号。通常由系统、组或序列号构成的名称

**Computer, mainframe**　大型计算机。具有高容量、高速率和高性能的数字处理器,通常用于公司级

**Computer, micro**　微型计算机。相对于小型或大型计算机,通常为台式机,由个人用户操作的具有中等能力的数字处理器

**Computer, mini**　微型计算机。一种数字处理器,容量大,但小于大型机,通常用于公司或站点级别

**Computer, workstation**　计算机,工作站。通常为键盘和显示器的设备,用于访问大型机或小型计算机;有时用来描述一个人的工作区域,有时用来描述个人使用的台式微型计算机

**Conditional probability of failure**　条件失效概率。在某一特定时期内发生故障的概率,前提条件是该项目能够存活到该时期的开始

**Condition-based maintenance**　基于状态的维护。根据资产当时的状况修复或恢复;也称为条件维修

**Condition-based monitoring**　基于状态的监测。监测设备性能或其他条件参数,以确定设备或系统的状况是否为"健康"。基于状态的监视用作预测性维护程序的一部分,以确定对基于状态的维护的需求

**Contract maintenance**　合同维修。由承包商进行的维修工作

**Contractor**　承包商。根据合同,为另一方提供特定服务、任务或特定结果的个人或公司

**Coordination**　协调。日常维护活动的调整,以实现最佳的短期资源使用或适应服务需求的变化

**Corrective maintenance**　纠正性维修。使资产恢复其标准功能性能的维护

**Costs, life cycle**　成本,生命周期。项目整个生命周期的总成本,包括设计、制造、操作、维修和处理

**Critical spares**　关键备件。具有高价值或长交货期的备件,或对所使用的重要和不可忽视的设备具有特别高价值的备件。无备用设备是指没有安装备用设备或在故障时无接管服务的设备。它们被用来避免发生故障时的过度停机

**Criticality**　关键性。衡量资产相对于其他资产的重要性的指标

**Defect**　缺陷。导致设计或预期性能偏离,导致失败的情况;一个错误

**Deferred maintenance**　延期维护。可以或已经从计划中推迟的维护

**Detective maintenance**　检测维护。对资产进行测试以确保其仍然具有功能;主要用于检查休眠设备,这些设备可能以一种无法察觉的方式失效,直到它们需要工作时才被发现

**Deterioration rate** 劣化率。一个项目偏离其功能标准的速率

**DM** 检测维护

**DoD** 美国国防部

**Down** 停机。通常由于故障、不满意的状况或生产计划而停止服务

**Downtime** 停机时间。一段时间,在这段时间内,无论是否计划,项目都不处于执行其预期功能的状态

**EAM** 企业资产管理系统

**EBAM** 循证资产管理

**Emergency** 紧急情况。因设备故障引起的安全、环境或经济风险需要立即采取纠正措施的情况

**Engineering work order(EWO)** 工程工单。来自工程的控制文档,授权对先前的设计和配置进行更改或修改

**Equipment confguration** 设备配置。通常用于模拟过程、功能或顺序流程的资产列表

**Equipment repair history** 设备维修历史。按时间顺序列出的关键资产的违约、维修和成本清单,以便识别和纠正长期问题,并做出经济决策

**Equipment use** 设备使用。资产完成其功能的累计小时、周期、距离、吞吐量等的度量

**ERP** 企业资源管理系统

**Evident failure** 明显故障。一种在正常运行情况下对资产使用者来说显而易见的故障模式

**Examination** 检查。通过测量和物理测试进行全面检查,以确定项目的状况

**Expert system** 专家系统。支持基于数据库中的规则或经验参数做出或评估决策的软件

**FAA** 美国联邦航空局

**Failure** 失败。终止项目执行所需功能到所需标准的能力

**Failure analysis** 故障分析。研究故障以分析根本原因、改进或消除减少故障的发生

**Failure coding** 故障编码。对设备故障的原因进行索引,根据这些原因可以采取纠正措施,例如,缺乏润滑、操作人员滥用、材料疲劳等

**Failure effect** 失效效应。在失效发生后发生事件链的陈述

**Failure finding task** 故障查找任务。用于检测资产是否处于故障状态的计划任务,通常用于通常处于休眠状态的资产(例如安全设备、备份)

238

**Failure mode**　故障模式。导致故障的事件

**Fault**　故障。缺陷

**Fault tree analysis(FTA)**　故障树分析。一种自上而下的演绎故障分析，使用布尔逻辑分析系统的不良状态，以确定可能导致不良状态的较低级事件和条件的组合

**Five S**　源自日语单词 seiri(组织),seiton(整洁),seiso(纯净),seiketsu(清洁)和 shitsuke(纪律);专注于工作场所和有助于设备状况的成功习惯

**FMECA**　故障模式、影响和关键性分析。一种逻辑的、循序渐进的方法，用于了解故障的根源及其对生产、安全、成本、质量等的后续影响。用作 RCM 的一部分

**Forced outage**　强制停机。故障导致的停机时间

**Forecasting**　预测。最有可能的预测,如预测故障和维修活动

**Functional failure**　功能性故障。资产不能完全满足某一特定功能或达到预期性能水平的情况

**Functional maintenance structure**　功能维修结构。一种维修组织,其中第一线维护人员负责进行特定类型的维修,例如泵维修、暖通空调维修等

**Hard time maintenance**　硬时间维修。严格按照日历时间进行定期预防性维修

**Hazard and Operability Analysis(HAZOP)**　危险和可操作性分析。对过程或操作进行结构化和系统化检查,以确定可能对人员和设备带来风险的潜在问题。它旨在识别可能被忽视的风险设计和工程问题

**Infant mortality**　初期死亡率。过早发生的故障;通常这些故障是由于设计、材料、工艺、安装或在启动资产用于服务之前所做的任何工作中的质量问题而发生的

**Inherent capability**　固有能力。资产最初能做什么

**Inspection**　检查。检查以确定设备的维修需求、状况和优先级

**Inventory**　库存。实际存放在库房或其他地方的库存物品

**Inventory control**　库存控制。管理物料和备件的采购、接收、储存和发放;管理库存的投资效益

**Inventory turnover**　库存周转率。每年发行的材料和零件价值与现有材料和零件价值的比率,以百分比表示

**ISO**　国际标准化组织

**Issues**　出口。通过商店消耗的库存

**Labor availability**　劳动力可用性。维修人员在规定的工作时间内自由从

事生产工作的时间百分比

**Labor utilization** 劳动力利用率。维修人员在规定的工作时间内从事生产工作的时间百分比

**Lean manufacturing** 精益制造。一种制造系统,专注于最大限度地减少生产产品或服务所需的资源

**Level of service(stores)** 服务水平(商店)。通常以库存量与总店的比率来衡量

**Life cycle** 生命周期:资产存在的阶段序列。概念化、计划、评估、设计、构建/采购、操作和维护、修改、处置

**Life cycle cost(LCC)** 生命周期成本。资产在整个生命周期中所有成本的总和,包括对资产所做的所有工作、折旧和其他所有权成本;通常 LCC 考虑货币的时间价值

**Logistics engineering** 后勤工程。为军事武器系统开发的系统工程概念;它提倡在设备程序的所有阶段考虑维护,以实现特定的可靠性、可维修性和可用性要求

**Maintainability** 可维修性。可以快速轻松地执行维修操作,以帮助防止故障或在发生故障时进行纠正,通常以平均修复时间(MTTR)来衡量

**Maintenance** 维修。为了将物品保留在或恢复到可接受的使用条件或满足其功能标准而进行的任何活动

**Maintenance audit/review** 维修审核/评审。由独立的第三方进行的维修管理实践和结果的正式评审,目的在于评估性能和确定优点、缺点和改进的机会

**Maintenance engineering** 维修工程。员工职责,为了确保维修技术的有效性,设计设备以达到最佳的可维修性,分析持续的和长期的问题,并采取纠正措施或修改

**Maintenance history** 维修历史。维修活动和结果的记录

**Maintenance policy** 维修策略。指导资产维护决策的原则(例如,此资产将运行至故障然后进行修复,对比于该资产将被监测以避免意外地发生故障)

**Maintenance prevention** 预防维修。资产设计,避免维修需要

**Maintenance route** 维修路线。通过设施的既定路线,维修人员根据惯例进行主动维修、检测性维修和小修

**Maintenance schedule** 维修计划。根据指定时间段内的优先级,综合列出计划维修及其发生顺序

**Maintenance shutdown** 维修停机。指工厂、部门、过程或资产因维修而从服务中移除的一段时间

**Maintenance strategy**　维修策略。对愿景、任务和目标的高级声明,其中描述了实现这些目标的总体计划;还用于描述维修特定资产的特定方法

**Maintenance window**　维修窗口。在不引起任何意外生产损失的情况下进行维修工作的时间范围

**Major defect**　主要缺陷。可能导致设备故障和操作损失的单个缺陷

**Margin of deterioration**　边缘恶化。期望资产与资产固有能力之间的差距

**Material safety data sheet(MSDS)**　材料安全数据表。化学品附带的信息表,给出化学/化合物的正式名称、毒性描述、处理说明、使用警告和暴露的急救处理

**Menu**　菜单。软件显示中的一系列功能选项

**Meter reading**　仪表读数。使用计时表、里程表或其他设备对资产累计使用情况的数值读数

**MIL-STD**　美国军用标准

**Minor defect**　次要缺陷。单个缺陷本身不会造成损失,但可能与其他次要缺陷一起造成损失

**MRO**　维修、修理和大修。用于描述支持维护活动的材料资源需求

**MSG**　维修指导小组

**MTBF(mean time between failures)**　平均故障间隔时间。可靠性

**MTTR(mean time to repair)**　平均修复时间。可维修性

**Natural deterioration**　自然退化。资产因使用或老化而自然发生的固有退化

**NDT**　无损检测。利用超声波(厚度)、液体染料渗透剂(裂纹)、X 射线(焊接不连续性)和兆赫兹(测量电阻的电压发生器)等技术对设备进行无损检测,以检测物理、化学或电气特性中的异常。某些形式的无损检测具有损坏物品或增加被测试物品的失效概率的风险(例如,需要拆卸设备的兆赫兹和染料渗透剂),有些则是完全没有侵入性的(例如,X 射线)

**NES**　英国海军工程标准

**Nonroutine maintenance**　非例行维修。不定期进行的维修(通常是修理),每项工作都是唯一的,并且是根据检查、故障或状况进行的

**OEE**　设备整体效能

**Online**　在线。CMMS 运行时可用和可访问的状态

**Opportunity maintenance**　机会维修。在未预期的维修窗口中执行的维修工作,或者利用计划的维修窗口完成比计划更多的工作

**Outage**　断供期。在个别行业术语,例如,电力供应指的是设备或系统停止

使用期间

**Outsourcing** 外包。承包组织所需的全部或大部分维修工作

**Overall equipment effectiveness** 整体设备效能(OEE)。是资产可用性、生产率(即可用时间的利用率)和质量率(生产单位与质量规格的比)的组合度量

**Overhaul** 大修。全面检查并将资产恢复到可接受的状态

**Pareto** 分析以确定导致大多数问题的少数设备

**PDM** 预测性维护

**Pending work** 未决工作。已执行但尚未完成的工作;过程中的维护工作

**Performance indicators** 性能指标。指示某一特定函数执行的程度的度量

**Performance management** 绩效管理。使用绩效评估作为识别不足并纠正缺陷的手段,旨在提高整体绩效结果

**Performance measurement** 绩效衡量。用绩效指标衡量绩效的行为

**Performance standard** 性能标准。用户希望或需要资产达到的性能水平

**Periodic maintenance** 定期维护。根据维修历史数据、使用情况或运行时间,定期执行循环维修操作

**P-F interval** P-F 间隔。潜在故障和功能性故障之间的时间间隔

**Pick list** 拣配清单。为工作订单或任务选择所需的物品,通常由商店用来预先包装所需的使用材料

**Plan** 计划。需要完成的维修工作的全面描述,包括任务清单、所需的零件和材料、所需的工具、需要遵守的安全预防措施、许可证和其他文件要求、工作时间、工作量和成本的估计

**Planned component replacement(PCR)** 计划组件更换。预期报废

**Planned maintenance** 计划维护。根据任务、技能和资源的书面计划进行维护

**Planner** 规划师。计划工作的人通常,规划者也会安排工作

**PM** 预防性维护

**PM frequency** PM 频率。执行 PM 工作的频率,也用于检查 PDM 和 DM 频率

**PMO** 预防性维护优化

**Potential failure** 潜在故障。可检测的操作或设备状况,可用于指示故障即将发生或正在发生

**Predictive maintenance(PDM)** 预测性维护。在发生故障之前,使用已测量的物理参数来检测,分析和识别设备问题,包括振动分析、声波测试、染料测试、红外测试、热测试、冷却剂分析、摩擦学和设备历史分析;用于确定对 CBM 的需求

**Preventive maintenance(PM)** 预防性维修。按预定的间隔或其他规定的标准进行的维修,旨在减少功能性故障的可能性

**Preventive maintenance optimization(PMO)** 预防性维修优化。分析现有 PM 程序以优化其性能的过程,有时用作 RCM 的替代或补充

**Priority** 优先级。单个作业相对于其他作业、操作需求、安全等的相对重要性,以及作业应该完成的时间;用于安排工作单

**Proactive** 前瞻性。一种积极主动的计划,包括 PM 和 PDM

**Process safety management(PSM)** 过程安全管理。旨在提高制造过程的安全和环境性能的法规要求

**RAM** 可靠性、可用性和可维修性分析

**RBI** 基于风险的检查

**RCFA** 故障根源分析

**RCM** 以可靠性为中心的维修

**RCM-R** 为资产和流程制定故障管理策略的优化流程,包括五大支柱,即数据完整性,每 SAE 个 JA1011/1012 的 RCM,RAM 分析,Weibull 分析和持续改进

**Reactive maintenance** 及时维修。作为对故障事件的即时响应而进行的维修工作,通常没有计划,是不定期的

**Rebuild** 重建。根据原始设计规范将项目恢复到可接受的状态

**Refurbishment** 整修。使工厂或设施恢复到可接受的运行状态而进行的大量工作

**Reliability** 可靠性。物品在规定时间内在规定条件下执行所需功能的能力;通常表示为平均故障间隔时间

**Reliability analysis** 可靠性分析。识别重要项目的维护过程,并根据安全、环境、操作和经济后果对故障进行分类。识别一个项目可能的故障模式,并指定一个适当的维护策略来应对它。子集是故障模式、影响和关键性分析、故障树分析、风险分析和危险与可操作性分析

**Reliability centered maintenance(RCM)** 以可靠性为中心的维修。用于为当前操作环境中的任何资产确定适当的故障管理策略的方法

**Repair** 修理。通过对磨损或损坏部件的更新、更换或修理来使物品恢复到可接受的状态

**Restoration** 恢复。将资产恢复到期望的功能状态所采取的措施

**Return on investment(ROI)** 投资回报率。投资的财务绩效

**Return on net assets(RONA)** 净资产收益率。以产生利润的有形资产净值的百分比表示的利润

**Rework**　返工。重做的工作

**Risk assessment**　风险评估。确定与明确的情况和公认的威胁相关的,风险的定量或定性估计

**Root cause**　根本原因。失败发生的原因,可能与设计、安装、操作/维护、管理或其他事项有关

**Root cause failure analysis(RCFA)**　故障根源分析。用于确定故障的潜在原因或原因的分析,以便采取步骤来管理这些原因并避免将来发生故障;有时被称为根源分析(RCA)

**Rotable**　可旋转的。在其使用寿命后重建并通过维护商店重新使用的组件。可修复的物品

**Routine maintenance**　日常维护。定期维修

**Run to failure**　运行到失效。一种故障管理策略,允许资产运行到失效状态,无须在事件发生之前预测或预防

**Running maintenance**　运行维修。在资产投入使用时可以进行的维护

**SAE**　汽车工程师学会

**Schedule**　进度表。分阶段的工作清单

**Schedule compliance**　时间表遵从性。在批准的时间表所涵盖的期间内实际完成的计划工作数量;实际工作时间数与计划工作时间数相比,以百分比表示

**Scheduled discard**　预定报废。以固定的、预定的间隔更换物品,不论其当前状况如何;PM 类型的一种,计划组件替换(PCR)

**Scheduled maintenance**　定期维护。任何在预定时间内按优先顺序进行的维护;维护工作可以是计划内的,也可以是计划外的

**Scheduled outage**　预定停机。用于维护、保养、操作或其他目的的停机时间

**Scheduled restoration**　计划修复。以预定的时间间隔修复或恢复资产,不论其当前状况如何;PM 类型的一种

**Scheduler**　调度员。安排工作的人;规划师

**Scheduling cycle**　调度周期。为工作积压进行调度的时间长度,通常为半星期或一星期

**Scoping**　范围。概述要做的工作的范围和细节以及所需的资源

**Seasonal maintenance**　季节性维修。在一年中的特定时间进行的维修工作;例如,修理北部气候地区坑坑洼洼的道路,在假期修理校舍

**Service level**　服务水平。按需发放的备件百分比的表达;承包商需要达到的服务标准的描述

**Servicing**　保养。补充消耗品以保持物品处于工作状态(如润滑油、油墨、磨损表面、工作表面的清洁等)

**Setup and adjustment**　设置和调整。从一个制造配置更改为另一个制造配置的过程,以适应在同一资产上生产的产品的变化

**Shelf life**　保质期。储存期间物料处于可接受状态的时间

**Shutdown**　停机。设备停止运行的一段时间;也指主要维护工作,其中主要生产资产在维护期间停机

**Shutdown maintenance**　停机维修。资产停止运行时进行维修,如年度停机

**Six losses**　六项损失。TPM 中,这些是因设备操作或条件不当而造成的主要损失,包括故障、设置和调整、小停机、速度降低、质量缺陷和返工及产量降低

**Specifcations**　规格。符合最低可接受标准所需的设备、部件或工作的物理、化学或性能特性

**Sporadic loss**　零星损失。急性损耗

**Standard job**　标准作业。预先计划的维护作业,包含工作执行所需要的所有细节(通常在 CMMS、EAM 或 ERP 中),以供重复使用

**Standby**　备用。被用作备份的资产,已安装或可用但未使用的

**Standing work order(SWO)**　常规工作单。通常用于年度预算周期的工作单,以容纳有关小型工作或特定任务的信息

**Stock**　库存。用来描述通常存放在库房中的零件的术语

**Strategy**　策略。(1)管理特定物理资产生命周期的总体方法(例如,维修策略);(2)业务的总体方向和灵活的高层计划

**Successful practice**　成功的实践。一种能够在特定过程中获得卓越绩效或成果的实践;有时被称为"最佳实践",这意味着它是执行实践的唯一方法

**Superintendent**　负责人。负责维修小组或部门的二线经理

**Supervisor**　主管。负责一组业务人员的一线经理

**Survey**　检查。对工厂、设施、民用基础设施或车辆进行的检查,以检查其状况和缺陷

**Tactics**　策略。为实现策略和管理组成业务的人员、流程和物理资产基础结构而做出的选择

**Task**　任务。任务列表中通知检查人员或维修人员要做什么的单个项目;一条指令

**Task list**　任务列表。指导检查人员或维修人员告诉他或她要做什么以及按照什么顺序,如检查油位、清洗、调整、润滑、更换等

**Terotechnology** 维修工艺学。将管理、财务、工程、运营维修和其他应用于物理资产的实践相结合，以追求经济的生命周期

**Total productive maintenance(TPM)** 全面生产维修。公司范围内的设备管理计划，强调操作员参与设备维护和设备有效性的持续改进

**Trade** 商业。特定领域的特定技能或相关技能（例如，工人、电工、机械师、锅炉、木匠、装配工等）

**Tradesperson** 行业人士。通常指已完成学徒计划的技术工人；在某些司法管辖区，某些商人必须在各自的行业中接受测试和并获得执照

**Unplanned maintenance** 计划外维修。未经计划而进行的维修；可能与故障、运行维修或纠正工作有关；计划外维修可以在正常的计划周期内进行

**Up** Up。用于引用可用和正在使用的资产

**Uptime** 正常运行时间。一个项目在某个条件下执行其预期功能的时间段，不管它是否在使用中

**Utilization factor** 利用率。资产的使用情况，表示为计划时间的百分比

**Variance analysis** 差异分析。解释实际与某些规范，预算或估计之间差异的原因

**Visual control** 视觉控制。使用易于阅读的指示器显示设备状态和性能（例如：红色、黄色或绿色仪表标记；正常读数区域指示器；彩色编码的油罐和滤嘴盖）

**Warranty** 保修。因设备、材料或服务供应商造成的缺陷而造成的修理费用的覆盖范围

**Weibull analysis** Weibull 分析。用于寿命数据分析的统计分析，包括在对数刻度纸上绘制故障时的操作时间与累积故障的百分比

**Work in process(WIP)** 在制品。在生产过程的某个过渡阶段部分完成的"产品"；在交付前仍在进行中的产品

**Work order(WO)** 工作指令。一种全面描述待完成工作的独特控制文件；可能包括维护、授权和收费代码的正式申请，以及实际完成的工作、时间和使用的材料的记录

**Work request(WR)** 工作请求。对维修服务或工作的简单请求，不需要计划或调度，但通常是问题的陈述；通常在发布工作命令之前

**Workload** 工作量。执行维修计划所需的工时数，包括所有计划内的和计划外的工作以及项目工作的维修支持

# 后　记

我们已经看到,以可靠性为中心的维修起源于航空工业,其中高可靠性是以合理的成本实现战斗安全的必要条件。在商用航空的早期,人类只是习惯了这种新的快速运输方式,但在维修工时和生命安全方面付出了高昂的代价。如果该行业要实现盈利增长,就必须将其维修工作与正在发生的故障的性质相匹配。早期的决策逻辑尝试在一定程度上有所帮助,但却导致了一些程序,这些程序会使得联邦医药行业变得无利可图。最糟糕的是,似乎有一个收益递减点:执行的维修越多,飞机系统的可靠性就越低。这并不可取。在 20 世纪 70 年代的联合飞机公司,Stan Nowlan 和 Howard Heap 进行了他们具有里程碑意义的研究——以可靠性为中心的维修[①],这将改变这种状况。将维修活动与故障原因相匹配,可以很好地改变正在进行的工作类型,降低成本并提高战斗安全性。他们的工作是所有后续 RCM 方法的基础,包括 RCM-R。

军事组织和核电工业迅速使原始工作适应其目的。商业变体开始出现,并且在 20 世纪 90 年代早期出现了两种主要的商业变化。到 20 世纪末,美国军方需要一种商业标准,可以取代对其复杂和笨重的军事 RCM 标准和手册的需求。应美国国防部的要求,汽车工程师学会(SAE)被要求制定这样的标准。各种行业专家为标准写作做出了贡献,这就是 SAE JA1011[②]。军方拥有降低采购成本所需的资源,而工业界有一个标准,来帮助定义和清除 RCM 方法和服务的竞争市场之间的混乱。几年后,SAE 还制定了一套应用 JA1011 的指南,称为 SAE JA1012。此后,RCM 领域的变化不大,工业应用的结果好坏参半。

在这期间,我们从事 RCM 的研究,除了获得 RCM 的专业知识外,还积累了大量如何应用的经验。这些相互独立,一个采用技术分析来增强该方法,另一个采用训练和交互方法以适应不断发展的市场。随着经济在大萧条中挣扎,公司

---

① Nowlan,F. Stanley 和 Howard F. Heap,以可靠性为中心的维修,美国国防部,华盛顿特区,1978 年,报告编号 AD-A066579

② SAE JA1011,以可靠性为中心的维修(RCM)工艺评估标准,1999 年 8 月

变得越来越精简(有些可能过于精简),人口统计学改变了劳动力的组成,影响了今天公司的经验水平。当我们在 2015 年相遇并讨论 RCM 时,我们意识到我们的综合见解对这个重塑市场具有重要价值,这个市场的需求超出了 RCM 首次创建时及其早期形成期间所存在的需求。RCM-R 始于 Jesús 关于 RCM 的技术改进及其与国际标准接轨的工作,这进一步加深了 James 对交付方法的领悟。我们决定汇集知识和经验,出版一本新书,介绍这种重新设计的方法,称为《以可靠性为中心的维修再造工程:RCM-R®》。

在接下来的一年半里,我们合作完成了你刚刚读完的这本书。在这本书中,描述了 RCM 的早期历史和发展,如果应用得当它会是成功的方法。使用 RCM 有一个明确而实质的商业案例,基于创建最具成本效益的故障管理程序,同时提高系统性能。这样可以实现更安全、更环保的运营,更可靠的生产和服务交付,以及出色的风险管理——不仅可以在发生时对其进行处理,还可以减少其发生。

RCM-R 比 RCM 功能强大。SAE JA1011 中定义的基础有效方法保持不变。RCM-R 增强了这种方法,将其与风险管理的国际标准联系起来,并增加了除军事、核能和航空工业领域外少见的技术严谨性。它更加强调成功实施该方法所需的内容——不仅作为一个项目(像其他 RCM 方法经常做的那样),还要作为一个可持续的计划,利用分析结果来实现价值最大化,同时紧贴新的国际资产管理标准 ISO 55001[①] 的意图和原则。

资产管理,被定义为是一个组织为实现资产价值而进行的协调努力。这需要平衡成本、风险、机会和性能,并且通常通过资产管理系统实现(不要与纯粹基于计算机的"系统"混淆)。达到这一新标准的要求需要一定程度上基于风险的努力。需要一种方法来识别这些资产所产生的风险,RCM-R 正是这样一种方法。它超越了其他 RCM 方法,强调技术的严谨性、可实施性和结果可行性。它真正使整个组织参与实现其资产在其整个生命周期中的价值,从概念设计到退役和处置。

SAE JA1011 中定义的 RCM,自标准首次颁布以来几乎没有改进。自 20 世纪 90 年代中期以来,商业利益一直主导着 RCM 的发展。进入 21 世纪以来,最初的思想领袖要么已经过世,要么已经默默无闻。对于新观点和可靠性的工具

---

① ISO 55001,资产管理－管理系统－要求,2015 年 1 月,国际标准组织

来说,时机已经成熟,它更符合当今资产管理的思想,在严酷的商业环境中更有效,利用今天的技术进步,适应我们越来越年轻化的人才环境。是时候重新设计RCM了。我们总结实验和经验提出了新方法,最终写进这本书中。我们希望本书中研究的改进方法,能够有助于在未来几年内实现安全、环境完整性、降低风险以及盈利的工业能力。

感谢您的阅读,我们一定竭尽所学来帮助您的组织在资产管理上做得更好,希望您对此抱有充足的信心。

Jesús R. Sifonte

James V. Reyes-Picknell